대학생이 알아야 할 리얼 철학

일러두기

∘ 각주에서 저자 주는 번호로만 표기, 편집자 주는 번호 아래 선을 넣어 구분했다.

∘ 원제목은 모두 각주 처리했으며 출간 연도는 ( )로 표기했다.

∘ 책 제목은 《 》로 표기했고 나머지 논문 및 영화 또는 드라마, 노래 제목은 모두 〈 〉로 표기했다.

∘ 인용문에서 출처 표기는 저자, 작품명 순으로 정리했고 중복해서 나올 때부터는 작품명만 표기했다.

∘ 철학자의 이름이나 도서명 등은 처음에만 원어 표기를 했고, 중복되어 나올 때는 삭제했다.

대학생이 알아야 할 리얼 철학

18-SAI DE MANABU TETSUGAKUTEKI RIARU - JOSHIKI NO KAIBOGAKU <revised edition>

by OHASHI Motoi

Copyrignt © 2017, 2019 OHASHI Motoi

All rights reserved.

Originally published in Japan by MINERVA SHOBO, Kyoto.

Korean translation rights arranged with MINERVA SHOBO, Japan

through THE SAKAI AGENCY and ERIC YANG AGENCY.

대학생이 알아야 할

리얼 철학

오오하시 모토이 지음 | 이진원 옮김

홍익출판 미디어그룹

차례

제IV부

세계를 정의롭게 하는 것은 권력인가 저항인가?

제 V 부

게릴라성 호우가 내릴 이유가 없다?

대학에 숨겨진 무법지대 선택에 따른 엇갈린 평행세계

거울을 바라볼 때마다 분노가 치민다. 어째서 이 지경이 되어버렸지? 이것
이 현시점에서 받아들여야만 하는 최종 결과란 말인가?

— 모리미 도미히코(森見登美彦), 《다다미 넉 장 반 세계일주》[1]

벚꽃이 흩날리는 4월. 대학의 캠퍼스가 1년 중 가장 활기를 띠는 시기다.

오리엔테이션에 모인 신입생, 캠퍼스 안내와 동아리 소개를 위해 동원된
재학생과 교직원들뿐 아니라 식당과 구매, 청소와 경비, 시설 관리에 이르
기까지 대학과 관련된 사람들이 모두 소집되었다.

신입생들은 새 학생증을 받아들고서야 드디어 어엿한 대학생이 되었음

---

1   원제: 四畳半神話大系(2010).

을 실감하고 안도하는 표정을 짓는다. 그리고 마침 옆에 앉은 초면의 동기에게 조심스레 말을 건넨다. 어디서 왔는지, 이 대학과 학부를 선택한 이유는 무엇인지, 커리큘럼에 재미있어 보이는 수업은 있는지, 어떤 동아리에 들고 싶은지 등등. 이런 어색한 대화를 이어가다 보면 서먹함도 사라지고 얼굴이 밝아진다. 그중에는 긴장이 풀리는 순간, 넉살 좋게 이성친구가 있는지 물어보았다가 비호감으로 찍히는 친구가 있기 마련이다. 그래도 이건 '젊은 혈기의 소치'일 수 있다.

이렇게 대학생활은 시작된다. 그런데 신입생은 아직 모른다. 즐겁게 전단지를 나눠주고 고민과는 거리가 멀어 보이는 명랑한 선배들의 머릿속에 앞의 '어째서 이 지경이 되어버렸지? 이것이 현시점에서 받아들여야만 하는 최종 결과란 말인가?' 하는 한탄 섞인 질문이 주문처럼 반복되고 있다는 사실을, 그리고 그 일들이 조만간 자신들에게도 일어날 것임을 말이다. 그렇다, 학생 대부분은 얼마 가지 않아 커리큘럼과 동아리, 아르바이트에 휘둘리고 있는 자신을 발견하게 된다. 대학생활이 공허하게 느껴짐과 동시에 그런 상태에 빠진 자신을 탓하게 된다.

단언컨대, 대학 3학년 봄까지 2년 동안, 결실을 거둘 만한 일 같은 건 무엇 하나 해놓지 못했다. 이성과의 건전한 교제나 학부 공부, 신체 단련 등 사회적으로 영향력 있는 인재가 되기 위한 준비를 소홀히 해왔다. 이성에게서는 고립되었으며 공부는 포기한 상태이고 건강도 예전 같지 않다. 어째서 실익도 없는 일에만 그토록 열심이었을까?

　　　　　　　　　　　　　　　　　　　　— 《다다미 넉 장 반 세계일주》

이런 식으로 과거를 후회하고 '아직은 시간 있어, 다시 해보자'라며 자신에게 용기를 북돋운다. 그러나 애초에 다른 사람이 부여한 목표나 과제만을 위해 시간을 보낸 탓에 지금 자신이 무엇을 해야 할지 갈피를 잡을 수가 없다. 설사 과감하게 무언가를 시도해보지만 안 된다는 사실과 마주하게 된다. '내일부터 분발하자'라는 비장한 다짐을 몇 번인가 더 해보지만 결국 학생 대부분이 덧없이 좌절을 맛보게 될 뿐이다.

이제 와서 이 인격을 변화시키려 애써 노력한들 무슨 소용이 있겠는가. 이미 단단하게 굳어 허공에 우두커니 서 있는 인격을 힘주어 구부리려 해봤자 힘없이 부러지는 게 고작일 것이다.

― 《다다미 넉 장 반 세계일주》

끝이 없는 현실 도피다. 그리고 그 앞에는 '만일, 그때 다른 선택을 했다면 결과가 달라지지 않았을까'라는 이룰 수 없는 바람에서 파생된 평행세계 속으로의 끝없는 여정이 기다리고 있다. 교토京都의 초라한 하숙집을 무대로 한 소설《다다미 넉 장 반 세계일주》속 이야기지만, 만약 다른 대학이었다면, 다른 학부였다면, 만약 다른 세미나였다면, 만약 다른 동아리였다면 등 허망한 상상은 끝나지 않는다.

물론 어떤 선택을 하든 자신이 바뀌지 않으면 결과에는 큰 차이가 없다. 그러나 자신을 변화시키기는 여간 어려운 일이 아니다. 따라서 후회하지 않는 가장 손쉬운 방법은 처음 내딛는 한 걸음을 소홀히 하지 않는 것이다.

정보보다 프로의 감을 따르자

앞의 소설과 같은 상황은 아직 먼 미래의 일이지만, 대학생활은 신입생 대부분이 지금까지 경험한 적 없는 사건과 선택으로 넘쳐난다.

비록 같은 학부 동기라도 소문으로만 전해들은 친구가 있거나 동아리에 들어갔는데 생뚱맞게 다른 대학의 학생이 와 있는 경우도 있다. 혹은 일본 전통 의상인 기모노 차림으로 교실에 나타나는 풍류논객 선배가 있을 수도 있고 강의 도중에 칠판에 논문 초고를 써 내려가는 교수도 있다. 이처럼 전국 각지에서 모인 정체불명의 남녀노소가 4년간 같은 캠퍼스에서 생활하게 된다. 캠퍼스는 지금까지 다닌 학교와는 질적으로 다른 타운Town 같은 분위기다.

대학 입학 직후에 신입생을 가장 괴롭히는 과제가 있다. 바로 진급이나 졸업에 필요한 학점을 따기 위해 스스로 시간표를 짜는 일이다.

고등학교 때까지는 한 번도 생각해본 적 없는 이 과제가 마음속 불안을 부추긴다. 그래서 많은 학생이 우연히 알게 된 친절한 선배나 학생들이 속내를 털어놓는 SNS에서 정보를 찾는다.

그러나 여기에 함정이 있다. 신입생이 의존하는 '정보원'에게 자신의 지식을 정확하게 전달하려는 선의가 있다 해도 그 대부분이 극단으로 치우친 관점을 갖는다는 사실은 피할 수 없다.

원래 정보의 거래가 성립하려면 공통의 관심사에 대한 지식의 차이가 존재한다는 전제가 있어야 한다. 여기서 관심사는 수업이며 주고받아야 할 정보는 그 내용과 수준에 관한 것이다.

그러나 이런 표면적인 정보라면 대학의 공식 커리큘럼이나 교원의 오리엔테이션으로도 충분하다. 신입생이 알고 싶은 것은 오히려 교수님이 무섭지는 않을까, 시험 칠 때 자료를 지참할 수 있을까, 리포트 제출이나 토론의 방식은? 등의 정보다. 신입생은 자신이 대학에서 공부를 따라갈 수 있을지 없을지, 전혀 예상할 수 없다. 따라서 흥미의 화살이 학점 취득에만 향하게 되고 정보의 유익함을 가늠하는 기준은 '쉬운가 그렇지 않은가'라는 한 점에만 집중된다.

그래서 신입생 환영회나 SNS에서는 옆에서 보았을 때 '저 사람도 학점을 받았으니 나도 괜찮을 거야'라는 안도감을 주는 선배가 늘어놓는 체험담이 유익한 정보원으로 인기를 모은다.

실제로 나도 학생 동아리가 만드는 비공식 정보 안내에서 수많은 비평을 받았다. 그중에서 인상 깊은 한마디가 있다.

"교수님이 개를 닮았어."

꽤 재치 넘치는 촌평이지만 대체 무슨 참고가 되었을까?

아무튼 신입생에게 공통된 '학점을 따고 싶다'는 최소한의 욕구가 잘못된 정보를 선택하게 한다. 경험이 없다는 사실에서 생긴 불안감이 학생을 '크게 흥미는 없지만 학점을 쉽게 딸 수 있을 것 같은 수업'으로 몰아가고 대학생활의 첫 학습의욕을 좌절시킨다.

그런데 한 가지 사실을 떠올려보자. 여러분은 대학에 입학하기까지 십몇 년 동안 수십 명에 달하는 선생님의 수업을 들어왔다.

그중에 이런 선생님은 없었나? 예컨대, 여러분이 즐겨하는 게임이 수학이나 물리 혹은 역사나 심리와 같은 전문 지식을 기반으로 만들어졌음을 알려주고, 그것이 공부에 대한 흥미로 이어지는 경험을 하게 해준 그런 선생님 말이다. 만일 없었다 해도 그런 경험을 불러일으키게 할 사람과 기대조차 할 수 없는 사람의 차이는 알 수 있을 것이다.

그런 의미에서 학생은 수업을 받는 전문가이다. 수강할지 말지는 우선 수업에 참가한 후에 자신이 길러온 '프로의 감'에 따라 혼자의 힘으로 결단하는 편이 낫다. 무엇에 흥미를 가질 수 있을지는 자기 외에는 아무도 알 수 없기 때문이다.

대학에서는 학생이 '교사'를 선택한다. 시간표 작성은 여러분이 획득한 권리이자 대학에 자신의 보금자리를 만드는 첫걸음인 셈이다.

철학은 정말 무익하고 난해한가?

그렇다고 해도 학생들은 철학이 개설된 강의실에 발을 들여놓기를 주저한다. 불투명한 현대사회에서 살아남기 위해 재학 시절부터 장래를 설계하는 모범 학생일수록 '철학은 무익하고 괴짜 교수만 있을 뿐'이라는 상식에 사로잡혀 있기 때문이다.

"철학이 무슨 도움이 되나요?"

새 학기 첫 수업에서 어김없이 학생들이 던지는 이 악의 없는 질문은 교수의 할 말을 잃게 만든다. 왜냐하면 질문의 내용은 철학의 유래나 주제, 방법도 아닌 '자신의 생활 속에서 무슨 목적에 어떤 수단이 될 것인가'를 묻는 것이기 때문이다.

철학은 진실과 거짓, 선과 악, 아름다움과 추함 등 다른 학문이 전제하는 가치나 그 논의를 뒷받침하는 논리가 정말로 신뢰할 수 있는 것인지를 다룬다. 이를 일상생활로 끌어와보자. 철학은 평범한 우리가 획득하려고 노력하는 것이 획득할 만한 가치가 있는지를 자문해보는 것이지 획득 방법을 가르쳐주지는 않는다. 다시 말해, 철학의 문제는 학생의 질문과는 다른 차원에서 설정되어 있다. 그래서 철학은 상식에 기초한 일상생활에는 거의 도움이 되지 않는다. 오히려 사회에 불안과 혼란을 야기하는 위험사상으로 꺼릴 정도다.

철학의 조상으로 불리는 소크라테스 Sokrates, 470/469~399 B.C.는 사물의 진리를 알고 있을 사람들을 논파하여 '무지의 지'로 이끈 탓에 청년들을 현혹했다는 죄로 사형에 처해졌다.

그러니까 교수는 고작 '자네가 의문을 갖는 것에 스스로 납득할 만한 방법으로 답하기 위해 말의 의미나 사용법을 재정립하는 것이다'같이 적당히 답할 수밖에 없다. 그리고 그 말을 들은 학생은 쓴웃음을 지으며 침묵하게 된다. 교수는 교수대로 '또 괴짜라는 말을 듣겠군' 하고 혼잣말을 하게 된다.

옆에서 보면 정말 우스꽝스러운 광경이 아닐 수 없다. 게다가 그중에는 연타를 날리는 몰인정한 학생도 있다.

"그럼 학점을 받으려면 어떻게 공부해야 좋을까요?"

일단 도서관에 가서 '철학 입문'이나 '철학 개설'이란 제목의 책을 빌려 각각의 학설을 이해하려 노력하는 것이 보통일 텐데 이것은 매우 어려운 문제다.

이른바 대부분의 철학 교과서는 시대나 지역 혹은 테마별로 내용을 분류하는 경우가 많은데 이것이 너무나 광범위해서 독자는 자신이 흥미를 가질 만한 대상을 쉽게 발견할 수 없다.

게다가 '지혜를 사랑한다'라는 의미의 고대 그리스어에서 유래한 필로소피philosophy는 단어 자체에 철학은 '일정한 원리로 특정 대상을 분석하고 설명하는 학과'라는 이미지를 연상시키는 뜻을 지니고 있다. 따라서 그 안에 형이상학과 논리학, 윤리학과 미학 등의 구분이 있음에 초보자는 당황하고 혼란을 느끼게 된다. 더구나 철학자에 따라 사상과 방법적 차이가 있다는 점에서 '경험론'이니 '관념론'이니 또는 '실존주의'나 '삶의 철학' '분석철학' '실용주의pragmatism' 같은 명칭이 등장하면 머릿속은 패닉 상태에 빠진다.

원래 아무리 간략하게 되어 있어도 전문용어로 쓰인 이론을 읽고 혼자 힘으로 구체적인 예를 적용하고 타당성을 생각하는 작업은 처음 공부하는 사람에게는 만만치 않은 일이다. 대개 이론은 미리 이해한 상태에서 특정한 관점에 해설을 부가하며 제시하는 순서로 배울 때 이해하기가 쉽다. 그런데 동서고금의 이론을 인류의 지적 유산으로 열거하는 철학 교과서로는 좀처럼 잘되지 않는다. 마치 이미 알고 있는 사람이 자신의 지식을 확인하려는 사전처럼 되고 만다. 그래서 철학은 배우기 어렵다.

웬만한 각오와 근성이 없는 한 책상 위에 책을 쌓아둔 상태로 끝나버린다. 그러나 모든 것은 생각하기에 달렸다.

상식적으로 보면, 대학 교실과 같이 안전한 공간에서 무익한 위험사상을 설명하는 괴짜의 모습을 관찰할 기회가 흔한 것은 아니다. 이를테면 그곳은 상식에서 해방된 지적 무법지대다.

현재의 자신과 세상에 만족한다면 철학에 흥미를 갖지 않아도 어쩔 수 없다. 하지만 조금이라도 불안과 불만을 가지고 있다면 교실 모습을 살짝 엿보는 것도 하나의 재미일 수 있다. 철학에는 지금 그대로는 도달할 수 없는 또 다른 미래에 대한 힌트가 들어 있을 수도 있기 때문이다. 물론 철학자만큼은 아니지만 역사를 개척해온 주체는 눈앞의 이익에 집착하지 않고 비상식적인 이상과 신념을 관철한 괴짜들이다.

'철학하기' 위한 무시 기술

그런데 만약 철학을 수강하기로 결심했다면 다른 과목에서는 할 수 없는 경험도 각오해야 한다.

강의실이나 동아리에서 친구와 시간을 보낸 후에 "다음 수업은 뭐야?"라는 질문을 받게 될 것이다. 그리고 여러분이 "철학!"이라고 답하는 순간 그 친구는 뭐라 말로 표현할 수 없는 복잡한 표정을 지으며 "아, 그래. 그럼, 또 보자"라는 한마디를 던지고는 그대로 가버릴 것이다.

나는 이런 대화를 캠퍼스 계단이나 식당의 출입구에서 적어도 세 번은

들은 적이 있다. 그리고 그때마다 허둥지둥 기둥 뒤에 숨었다. 그렇다, 교수
뿐 아니라 수강생마저 괴짜가 아닐까 하는 의심을 받을 수 있다.

그럴 때는 걱정할 필요 없이 '자투리 시간을 때우기 위해서'라거나 '교
직을 이수해야 해서'라고 말하면 된다. 철학에 마뜩잖은 기색을 보이는 친
구의 상식에 맞추어 어쩔 수 없는 일이라는 뉘앙스를 내비쳐 그 자리에서
혐의를 벗도록 하자. 그것이 현명한 방법이다.

> 나는 생각한다, 고로 나는 존재한다.
>
> — 르네 데카르트, 《방법서설》[2]

이 한마디로 근대 철학의 문을 연 프랑스의 철학자 르네 데카르트René
Descartes, 1596~1650는 틀에 박힌 학교 교육에 만족하지 못하고 20세에 대학
을 자퇴한 뒤 유럽 각 지역을 방랑했다.

당시에는 가톨릭의 영향이 강했지만 국가나 지역에 따라서는 사고방식
이나 생활 습관이 달랐으며 '성서'의 기술에 얽매이지 않는 근대 과학이 싹
트기도 했다. 데카르트는 이 같은 시대 상황을 전적으로 수용하고 '참된 지
식'을 얻을 기반을 발견하기 위해 의심스러운 점을 모두 제거하는 '방법적
회의'를 시도했다.

이때 그는 주변의 편견이나 세상의 유혹에 휩쓸리지 않고 조용히 철학하

---

2 원제: Disours de la Metode, Discourse on the Method(1637).
   《이성을 잘 인도하고, 학문에서 진리를 탐구하기 위한 방법서설, 그리고 이 방법에 관한
   에세이들인 굴절광학, 기상학 및 기하학(Discours de la méthode pour bien conduire sa raison,
   et chercher la vérité dans les sciences Plus La Dioptrique, Les Météores et La Géométrie qui sont
   des essais de cette Méthode)》이란 책 제목의 첫 번째 에세이로 뒤의 자연과학적 주제를 탐
   구하기 위한 서론에 해당한다.

기 위해 '잠정적 도덕'이란 대책을 생각해냈다.

① 법률과 관습을 따르고, 어려서부터 지닌 종교를 유지하며 가장 온건한 의견(중용)을 지지한다.
② 자신이 결단한 행동은 그것이 의심스럽더라도 일관성을 지킨다.
③ 세계의 질서보다는 자신의 욕망을 바꾸고 자신을 극복하려 노력한다.

쉽게 말하면 이 세 가지 규칙을 따라 생활하면 상식에 어긋나는 일 없이 주위로부터 괴짜라는 모략을 받거나 위험인물로 경계의 대상이 되지도 않으며 사생활을 유지하면서 연구에 몰두할 수 있다.

역사에 이름을 남긴 철학자조차 이런 처세술로 자신을 지켰으니 우리도 용서받을 수 있을 것이다. 사실 '상식을 의심한다'고 하는데 상식에 의존하지 않고 생활하는 것은 애초에 불가능한 일이다. 이 기술을 익혀두면 일단 안심하고 철학을 시작할 수 있다.

여러분은 대체 무엇이 의심스러운가? 연애든 명품이든 스포츠든 코미디든 주제는 무엇이든지 상관없다. 이 세상에 있는 것이든 없는 것이든 모든 '존재하는 것'이라면 철학은 그 무엇도 배제하지 않는다. '사고나 재해를 당하는 것은 우연일까, 필연일까' 또는 '왜 자신은 '무엇이, 무엇이나' 말고는 될 수 없는 것일까' '어떻게 하면 아무것도 하지 않을 수 있을까'라는 생각을 할 수 있다.

그러니까 무엇을 어떻게 생각하든 막연하더라도 이미지가 잡히면 그다음은 간단하다. 문제가 발견된 순간 철학 교과서에 적힌 복잡기괴한 '문자의 나열' 속에서 조금씩이긴 하지만 자신에게 의미가 있는 정보가 모습을 나타낼 것이기 때문이다.

예컨대 그 속에서 자신과 비슷한 철학자를 찾아보는 것도 한 방법이다. 만약 전문가가 아닌 자신에게는 아무래도 어렵다면, 이 책을 힌트로 삼으면 된다. 여기서는 우리가 현대의 사회생활에서 직면하는 사건을 철학적으로 어떻게 이해할 수 있을까 하는 관점에서 다루기 때문이다.

이 책은 '철학입문'에 앞선 입문서다. 이 책으로 '철학' 속에 발을 들여놓았더라도 사회과학이나 자연과학으로 되돌아가도 상관없다. 학교 공부와는 무관하게 호기심이 발동했기 때문이라고 해도 대환영이다.

여러분이 자신과 유사한 철학자를 발견했을 때 그들은 여러분을 상식에서 끌어내줄 비밀 친구가 될 것이다.

그 철학자는 우정을 존중하는 성실하고 정직한 고대 그리스인일 수도 있고, 내전의 공포에 떨며 '바다괴수'를 소환한 영리한 영국인일 수도 있다. 혹은 이 세상에 악이 존재하는 이유를 설명한 만능 독일인일 수도 있고, 사회로부터 비난을 받으며 고독과 싸운 덴마크인일 수도 있다.

어쩌면 혁명에 몸을 던진 솔직 담백한 프랑스인일지도 모르며 사물에 절대적 근거 따위는 없다고 웃어넘긴 호탕한 미국인일 수도 있다. 그건 아무도 알 수 없다.

모든 것은 자신에게 달렸기 때문이다.

제 I 부

이제
정체성은
필요 없다?

제 1 장

아름다운 나라의
낯가림하는 나

1. 일본의 풍토가 키워낸 온화한 연대의식과 교활한 처세술

아름다운 풍경이 주는 공감

"어머, 사람이 오면 어쩌려고?"

—고레에다 히로카즈(是枝裕和) 감독, 〈바닷마을 다이어리〉[1]

여름날의 해 질 녘. 언니가 거실로 들어서다 놀라서 소리쳤다. 미닫이문
이나 덧문을 열기라도 하면 마당에서 안이 훤히 들여다보이는 거실에 막
목욕하고 나온 여동생이 서 있었다. 게다가 몸에 둘렀던 목욕 수건을 펼쳐
들고 온몸으로 시원한 선풍기 바람을 쐬고 있는 게 아닌가.

언니에게 한 소리 들은 동생은 "들켰네" 하고 장난기 가득한 표정으로
허둥지둥 자기 방으로 도망친다. 언니는 그 모습을 어이없다는 표정으로

---

1 원제: 海街 diary(2015).

지켜보다가 기쁜 듯 미소 지었다. 6개월 전에 한집에서 살게 된 이복동생이 중학생 나이에 걸맞은 천진함을 그대로 드러낼 수 있게 된 것에 안도감이 들었기 때문이다.

영화 〈바닷마을 다이어리〉는 이런 평범한 정경들을 통해 조금 복잡한 사정을 지닌 네 자매의 일상을 그린 작품이다. 어머니 역할을 하는 성실한 큰딸 코다 사치, 지고는 못 사는 자유분방한 둘째 딸 요시노, 괴짜 셋째 딸 치카, 넷째 딸 아사노 스즈가 등장한다. 야마가타山形에서 자란 스즈는 아버지 장례식에서 처음 만난 언니들 집에서 기거하게 된다. 네 자매가 서로 거리를 좁혀가면서 스즈는 자신이 머물 곳을 발견하고, 본래의 밝은 성격을 되찾는 과정을 축으로 이야기는 전개된다.

다만 이 작품은 단순한 '스즈의 성장 스토리'가 아니다. 얼핏 정형화된 캐릭터 설정을 따르는 것처럼 보이는 언니들도 각각의 일과 연애에 관한 고민과 가족에 대한 응어리를 안은 현실적인 인물로 그려진다. 그 결과, 결코 당연하지 않은 네 사람의 한 지붕살이가 서로에 대한 배려와 애정으로 유지될 수 있음이 부각된다. 말하자면 이 영화의 숨은 주역은 그들의 가정 자체인 것이다.

그래서 스즈조차 이따금 학교 친구들에게 자신의 심정을 털어놓는다.

"아빠 이야기는 언니들에게 말하기가 곤란해."

- 〈바닷마을 다이어리〉

언니들과 보내는 날들이 즐거운 한편, 자신에겐 돌아가신 아버지와 추억

---

2 멸치나 청어, 정어리 등의 치어를 날것으로 밥 위에 올린 덮밥. 일본 현지에서는 나마시

도 있다. 예컨대 자매끼리 '생멸치덮밥²'을 먹을 때면 자연히 아버지 얼굴
이 떠오른다. 스즈에게는 자상한 아버지이지만 언니들에게는 자식을 버리
고 집을 나간 무책임한 사람일 뿐이다. 그리고 셋째 딸에게는 아버지에 관
한 기억조차 거의 남아 있지 않다. 그런 상황에서 아버지와 함께한 즐거운
추억을 언니들에게 말할 수는 없다. 그래서 쇼난湘南³의 명물인 '생멸치덮
밥'을 처음 먹어본 것처럼 행동할 수밖에 없었다. 어린 스즈는 이런 식으로
언니들을 배려한 것이다.

가마쿠라의 고풍스러운 일본 가옥과 수려한 사계절 풍경이 이런 네 자매
의 복잡한 심경을 물들인다.

키 낮은 밥상을 사이에 둔 시끌벅적한 식사, 기둥에 남아 있는 언니들의
키 재기 흔적, 온 가족이 달라붙어 문살에 창호지 바르기, 정원의 나무에서
딴 매실로 술 담그기, 흐드러지게 핀 벚꽃으로 둘러싸인 터널, 수국에 방울
방울 떨어지는 빗방울, 툇마루에 앉아 일광욕하기, 자매가 유카타浴衣⁴를
입고 앉아 피우는 막대 폭죽, 제방에서 바라보는 인적 끊긴 해안……

이러한 장면과 풍경이 보여주는 분위기와 색채는 자매의 심정과 결합된
'정경'으로서 영화를 보는 이의 마음에 스며든다. 확실히 이것은 그때그때
자매가 느끼는 심경을 표현하고 있다. 그러나 관객 처지에서 볼 때 현대에
는 거의 볼 수 없게 되었지만 자신이 그들과 똑같은 자연과 문화 속에서 살
고 있음을 떠올리게 해주는 기호이기도 하다. 이것은 일본인에게 벚꽃이
상징하는 바를 생각하면 쉽게 알 수 있다. 그래서 우리는 스크린에 비치는

라스동(生しらす井)이라 한다.

3 일본 가나가와현의 바닷가 쪽 지역. 가마쿠라와 에노시마 등도 여기에 속한다.

4 일본의 전통 의상. 일본 여관에서 목욕한 후나 우리나라 추석과 비슷한 일본 명절인 봉
오도리(盆踊) 때, 불꽃놀이할 때 주로 입는다.

정경에서 그리움을 느끼고 가마쿠라에서 살아가는 '가공의 네 자매'의 일거수일투족에 마음이 흔들리는데, 그것은 그들 이야기는 일본인 이야기라는 리얼리티를 장착하고 우리에게 다가오기 때문이다.

눈을 맞추지 않는 배려

일본인은 풍요로운 자연이 길러낸 섬세한 감수성을 지녔다는 이미지가 폭넓게 침투되어 있다. 실제로 일본 사람 중 상당수가 공적인 자리에서 자기주장을 하는 것에 서툴고 논리정연한 대화보다 막연한 공감을 선호한다. 그리고 타인과 분쟁을 피하면서 평화롭게 사는 것을 행복으로 느끼는 경향이 있다. 이런 일본인의 사고방식은 어디서 유래했고 그 의의는 무엇일까?

지금부터 대학 입시 문제로 친숙한 철학자 와쓰지 데쓰로和辻哲郎, 1889~1960의 저서 속에서 이 물음에 답이 될 만한 단서를 찾아보겠다.

그의 저서 《풍토風土》1935에 따르면 '특수 몬순형'으로 분류되는 일본의 고온다습한 기후는 풍부한 자연과 생활하기 좋은 환경을 제공하여 사람들의 기질을 온화하게 안정시킨다. 그곳에서 펼쳐지는 분명한 사계의 순환은 그들의 감수성을 섬세하게 키워낸다. 그런 한편으로 일본에는 태풍으로 대표되는 돌발적인 자연재해가 해마다 찾아온다. 일본의 가옥이 나무와 종이로 만들어진 이유가 여기에 있다. 열기와 습기가 정체되지 않고 통풍이 잘되게 하는 동시에 잘 부서지지만 고치기 쉬운 건물로 만들기 위해서다.

그래서 일본인은 집의 안과 밖의 차이가 모호하고 공사 구별에 집착하지 않는 생활방식을 얻었다. 그리고 이를 토대로 지역공동체와 일체화하는 기질을 습득하여 재해가 발생했을 때 즉각적으로 서로 도우며 현명하게 부흥을 꾀하는 태도를 공유하게 되었다.

와쓰지는 이 같은 풍토 덕에 일본인이 지니게 된 일체감을 '거리를 두지 않는 결합, 소리 없는 애정'이라 부른다. 그리고 이를 바탕으로 발달한 협동 작업에 대한 감정, 즉 자기 이외의 사람들과의 위기에 신속히 대처하고 자신을 뒤로 미루기를 마다하지 않는 공조共助 사고방식에 '차분한 격정, 전투적인 염담'[5]이란 표현을 부여한 것이다.

그러면, 일본에서 성립된 이 같은 윤리 규범은 어떠한 것일까? 와쓰지에 따르면, 사람들을 공동체적 존재로서 우리답게 만드는 관계 혹은 사이의 도리인 것이다.[6] 여기서 관계는 인간 자신이 구축한 인위적 세계를 의미한다. 하지만 이는 동시에 각자가 그 속에 내던져져 그곳에서의 생활양식과 가치관을 익히는 환경으로서 '자연적 세계'이기도 하다. 따라서 관계는 공간과 시간을 넘어 확장되면서 사람들의 삶의 방향을 결정짓는데 그것은 행동과 가옥, 경관 속에도 드러난다.

예컨대 소꿉친구처럼 허물없는 관계에서는 상대를 상처 입힐 수 있는 내용을 전달할 때, 말하는 사람이 듣는 사람의 얼굴을 똑바로 보지 않는다. 눈이 마주치지 않도록 시선을 돌려 자신의 손끝이나 창밖을 보는 척하며 마치 혼잣말을 하는 양 이야기를 꺼낸다. 우리는 어려서부터 '상대방의 눈을 보며 말하라'는 교육을 받았음에도 대화가 거북해질 기미가 보이면 어느새

---

5   염담(恬淡): 사물에 집착하지 않고 욕심 없이 편한 마음.

6   와쓰지 테츠로, 《인간의 학문으로서 윤리학(人間の学としての倫理学)》 참조. 그의 시도는 다이쇼(大正, 일본 다이쇼 천황 시대의 연호, 1912~1926)에서 쇼와(昭和, 쇼와 천황의 통치에 해당하는 1926년 12월 25일부터 1989년 1월 7일까지로, 일본 역사상 최장수 연호)에 걸쳐 일본이 청일, 러일 두 전쟁에 승리하고 해외에서 정치적 패권을 확대하던 무렵에 생겨난 사조, 즉 메이지(明治, 메이지 덴노가 천황으로 재위했던 1868~1912년 사용한 연호다) 초기에 수입된 '서양 철학'을 '이국 취미'로서 선호하거나 '본받을 만한 모범'으로 신성시할 것이 아니라 더 비판적으로 수용·개량하고자 한 사상 경향의 일환이었다. 당시 일본의 대표적 철학자로는 니시다 키타로(西田 幾多郎, 1870~1945), 구키 슈조(九鬼周造, 1888~1941), 미키 키요시(三木清, 1897~1945)가 있다.

시선을 다른 곳으로 돌린다.

이처럼 시선을 회피하는 것은 듣는 사람이 기분이 상해 화낼 것이 두려워서만은 아니다. 그 이상으로 상대의 놀란 모습이나 상심한 표정을 보기가 불편하여 머뭇거림이 담기는 것이다. 또 듣는 사람도 평정을 가장할 여유를 가질 수 있다는 점에서 그러한 배려가 담긴 태도를 기대한다. 따라서 대화 후에 그들이 입가에 미소를 띠우는 것은 기쁘거나 즐거워서가 아니라 상대에게 걱정을 끼치지 않기 위함이며, 앞으로도 계속 같은 관계를 이어가고자 하는 바람의 표명인 것이다.[7]

이러한 관계는 다른 가치관을 지닌 독립된 개인으로서 서로를 인정하는 사람들의 것이 아니다. 집과 마을 등 전통적인 공동체 속에 서로를 자리매김하면서 그 일원으로서 관계 유지를 우선하는 공동체적 존재가 만들어내는 정경이라 할 수 있다.

'낯을 가리기 때문'이라는 면죄부

이러한 와쓰지의 견해는 대체로 일본인의 문화 특성을 정확히 파악하고 있다고 볼 수 있다. 그러나 한편으로는 집단에 대한 과도한 귀속 의식으로 개인으로 대우받기를 회피하는 소극적 태도가 따르고 있음도 분명하다.

'무사안일주의' '분위기 파악' '힘 앞에는 굴복해라' 등의 말에는 자신이 속한 집단의 동향을 따르는 경향이 잘 나타나 있다. 하지만 이 말들이 반드시 부정적인 뉘앙스로만 사용되지는 않는다. 예컨대, 정부나 관공서의 '자숙을 바란다'는 기묘한 요청은 '굳이 금지는 하지 않지만 협력이 당연한 것

---

7 이러한 '정경'의 묘사로 서양사회에서 유포되고 있는 일본의 이미지를 만들어낸 것은 〈늦봄〉이나 〈도쿄이야기〉를 만든 오즈 야스지로(小津安二郎)의 영화다. 다만, 영화 속 세련된 풍경이 일본의 실상과 겹쳐질지는 의문이다.

이다'라는 동조 압력을 수반한다. 또 언뜻 상대를 존중해 적극적인 논의를 호소하는 것처럼 보이는 '말해보면 알 수 있다'는 말에도 '동료 사이니까 자리를 같이하면 서로 공감할 수 있을 것이다'라는 모호한 기대가 숨어 있곤 한다.

덧붙이면 이러한 집단에 대한 동조는 다음과 같은 폐해를 불러온다. 우선, 각자는 그 판단을 집단에 의존하기 때문에 개인으로서 명확한 의사를 가지지 않는다. 그러다 보니 자신이 왜 그렇게 하는지 이유를 자각하지 못한다. 그리고 누가, 언제, 어떻게 그것을 결정하고 어떠한 절차나 분담을 거쳐 실행했는지 모르기 때문에 집단의 행위에 관한 책임 소재가 불분명하다. 게다가 의사결정에서 협의가 충분하지 않으므로 대처해야 할 문제에 관해 그 집단에서 계승되어온 전례가 우선시된다. 따라서 원래는 그 자리에서 바로 실행되어야 할 해결책을 뒤로 미루게 된다.

이것은 일본의 정치, 행정, 경제 분야에서 빈번하게 거론되어온 문제다. 그러면 개인보다 집단을 존중하는 일본 문화가 이런 야합으로 흐르게 된 이유는 무엇일까?

와쓰지가 상정한 '인간'상을 그대로 일본인의 실상으로 가정한다면, 그로부터 공동체적 존재로서 인간은 집단을 구현할 수는 있어도 그것을 거부할 권리는 갖지 못한다는 문제점을 발견할 수 있다. 왜냐하면 주변의 요구를 '거부하지 못한다'는 것은 혼자 힘으로 '선택할 자유가 없다'는 것이며 그러한 상태에서는 개인으로서 나와 너의 구별도 성립될 수 없기 때문이다. 그리고 그러한 우리가 만드는 세계는 의견 대립도 없지만 그 때문에 조정도 필요 없는, 동조밖에 허용되지 않는 세계가 된다.

물론 이 같은 견해는 극단적이기는 하지만 이 주장이 전혀 틀리지 않았음을 보여주는 사례를 학생의 일상생활 속에서도 쉽게 발견할 수 있다. 예컨대 대학에서는 세미나를 하거나 동아리에서 행사를 개최할 때 사전 회의에서 장소 준비나 뒤풀이 등 외부 단체와 교섭하는 일을 누가 맡을지 의논하는 경우가 있다. 이때 주변 사람들에게서 추천받은 학생이 "나는 낯을 가리기 때문에"라며 사퇴하면 이를 받아 "그럼, 어쩔 수 없겠네. 누구 할 수 있는 사람 없을까?" 하고 답하는 상황이 자주 발생한다.

이 '낯을 가리기 때문'이란 말은 언뜻 주변 사람의 요구를 거절하는 것처럼 보인다. 그러나 실제로는 '사실은 협력하고 싶은데 성격상 잘 못하니까 이해해주길 바란다'는 희망을 전하는 것이다. 그리고 그 말을 들은 사람들도 그것이 시간 제약이나 정신적 질병처럼 부득이한 이유가 아님에도 상대가 기분이 상하거나 부담을 느껴 참가를 포기하지 않도록 굳이 이유를 캐묻지 않고 순순히 허용한다. 이 사례에서는 개인의 의지나 능력보다 세미나나 동아리와 같은 집단의 조화를 중시하는 경향을 확인할 수 있다.

아무래도 일본인은 타인이나 자기 자신에 대해 하나의 독립된 개인으로 생각하는 것에 익숙하지 않은 것 같다. 왜냐하면 이런 개인의 불확실성은 서양사회에서는 거의 찾아볼 수 없는 경향이기 때문이다. 이는 제2차 세계대전을 전후해 계속 되풀이해온 '일본인은 자유 의지를 확립하지 못했다'라는 자기비판과 겹치는 내용이다.

그러나 이것이 정말로 일본인 고유의 특징일까? 그리고 일본인은 자유 의지를 획득할 수 없을까? 이러한 물음에 관해 서양과 일본이 어떻게 대비되어 왔는지 확인하는 것을 출발점으로 검토해나가고자 한다.

2. 기독교에서 걸어 나온 근대적 자아의 자유 의지

일본론의 고전《국화와 칼》

그렇다면 서양인에게는 일본인이 어떻게 비칠까? 태평양전쟁이 한창이던 중에 문화인류학자 루스 베네딕트Ruth Benedict, 1887~1948가 집필한《국화와 칼》[8]에서 그 전형적인 예를 찾을 수 있다.[9]

서양인에게 일본 문화는 매우 기묘하게 보일 수 있다. 할복을 해 배 속을 드러냄으로써 자신의 결백을 호소하거나 승산이 없는 전쟁에서도 '특공'을 시도하고 국가를 위해 목숨을 바치는 등 충성심 넘치는 태도는 자립된 개인으로서 자기 자신을 소중히 하기보다 집단이나 주군에게 충실함을 보여준다. 그리고 생명에 집착하지 않는 깨끗하고 아름다운 죽음을 찬미하고 자신보다 집단의 명예를 소중히 여기는 사고를 존중한다. 이 같은 독특한 사생관 때문에 일본인은 마치 각자의 독자적인 가치관이나 윤리관을 가지지 않고 스스로 의사결정을 못 하는 민족처럼 보일 수 있다.

베네딕트에 따르면 서양사회는 종교상의 규율이나 국가가 정한 법률처럼 도덕의 절대적 표준을 정해놓고 이를 따를지는 양심에 의존하는 경향이 있다. 사람들에게는 죄의식을 바탕으로 선행을 하도록 방향이 주어지고 실제로 죄를 저질렀을 경우에는 그것을 고백함으로써 구제나 속죄의 가능성이 부여된다. 이러한 '죄의 문화'에서 인간은 개인으로서 자신이 해야 할

8 　원제: The Chrysanthemum and Sword(1946).

9 　베네딕트의 견해에는 19세기 후반부터 20세기 중반에 걸쳐 서구 열강이 열을 올리던 제국주의나 식민지 정책에 호응하여 타국에서 어떤 정책을 취해야 할지 정부가 검토하기 위한 '자료'를 제공하는 학문으로 그 지위를 굳히던 시기의 문화인류학의 관점이 짙게 반영되어 있다. 그리고 연합국최고사령부(General Headquarters)에 의한 일본의 점령 정책에도 적지 않은 영향을 주었다.

일을 스스로 묻고 답하며 사회규범을 따를지 아닌지를 결정한다.

이에 비해 일본에서는 상하 관계 속에서 은혜나 의리에 기초한 효행과 충언, 다시 말해 위에 대한 권리가 동반되지 않는 밑에서 하는 봉사를 의무로 간주한다. 사람들이 실천해야 할 행위는 그 사람에게 주어진 지위나 가족의 요구와 평가에 따라 결정된다. 이때 이 같은 의무 수행으로 사람들을 행동하게 하는 강제력은 이를 실행하지 않을 때 얻게 되는 수치를 회피하게 한다. 만약 어떤 사람이 수치를 당했다면 그것은 단순한 개인의 것이 아니라 그 사람에게 그러한 행위를 허용한 집단의 수치이기도 하다. 따라서 일본 문화는 각자가 집단을 위해 서로를 속박하는 '수치의 문화'이다.

그리고 이러한 특징으로 유추해보면 '수치의 문화'가 몸에 밴 일본인은 자신이 처한 상황이나 주종관계의 변화에 따라 판단을 바꾸는 유연함을 가지는 반면, 확고한 도덕적 신념은 가지지 않는다. 이 때문에 그때까지 의존했던 관계성을 잃게 되면 어떤 행동을 할지 예상할 수 없는 위험성을 숨기고 있는 것이다.

베네딕트는 일본인을 이렇게 분석하면서도 그것을 무지나 광기의 산물로 배척할 것이 아니라 오히려 일본 고유의 문화로 존중해야 한다고 호소한다. 그러나 일본 문화의 공功과 죄罪를 아는 우리에게 그것은 '그대로도 괜찮은 것'이 아니다. 그런데 자유 의지의 확립을 목표로 삼으려 해도 그것이 어떠한 것인지를 모르면 전혀 이해할 수 없다. 그래서 이어서 서양사회에서 자유 의지가 무엇인지 그 개요를 확인하겠다.

'지혜의 나무'는 자아에 기반한다

현대에 이르는 자유 의지의 원형은 데카르트의 《방법서설》로 마련되었다. 이미 르네상스와 종교개혁을 거친 뒤였지만 유럽은 여전히 가톨릭 교회의 영향력이 강해 진리와 선은 《성서》를 통해 전파되었고, 학문은 기독교를 추인하는 역할 외에 기대되는 것이 없었다.

다시 말해, 인간의 영혼이나 육체는 신에게 받은 것이며 세속의 생활은 신의 마음을 따라야 한다고 정해져 있었다. 데카르트는 이러한 속박으로부터 학문을 해방하기 위해 확실한 진리에 도달하는 기반으로서 자아를 찾아냈다. 그리고 그것을 토대로 인간이 자유 의지를 행사하여 스스로 선을 찾고 자신을 다스릴 가능성을 제시했다. 이것은 직접 교회와 맞서는 것은 아니었지만 인간이 독립적으로 사고하고 행동할 권리를 확보하려는 시도였다.

다음은 조금 돌아가더라도, 그가 구상한 학문체계를 개관해 그 도달점에 상정된 자유 의지의 구체상에 다가가고자 한다.

데카르트에 따르면, 인간이 올바른 지식을 얻기 위해서는 '자신이 명석판명 clair et distinct 하게 인식한 것만을 진리로 간주한다'는 '진리의 명증설'에 근거한 네 가지 규칙을 따라야만 한다 [도표 1-1 참조]. 그리고 여기서 말하는 '명석'은 '의심할 여지없이 정신에 명백하게 나타나는 모습'이며, '판

〈도표 1-1〉 데카르트가 주장한 학문의 여러 규칙

① **명증의 규칙**
속단과 편견을 피하고 자신이 명증적으로 진리라고 인정한 것 이외에는 진리로 받아들이지 않는다.

② **분석의 규칙**
문제를 가능한 한 많이 해답에 필요한 만큼 작은 부분으로 나눈다.

③ **종합의 규칙**
가장 단순하고 인식하기 쉬운 것부터 시작해 서서히 복잡한 것으로 나아간다.

④ **열거의 규칙**
하나도 빠뜨리지 않았다는 확신이 들 때까지 완벽하게 검증을 계속한다.

명'은 '다른 것과 명확하게 구별되고 명석한 것 이외의 어떤 것도 포함하지 않는 모습'이다.

그러나 이 명석판명한 지식은 개개인이 열심히 관찰, 추론, 검증만 해서는 '참된 지식'임을 보증받지 못한다. 그것을 고찰하는 자신이 내적 혹은 외적으로 여러 모습을 지니거나 일정하지 않을 경우, 대립된 여러 개 지식이 진리로 간주될 가능성이 남기 때문이다. 따라서 학문에는 이 점만은 틀림없다고 말할 수 있는 기반이 필요하다.

그래서 데카르트는 의심할 여지없는 원리를 발견하기 위해 '모든 것을 의심하고 조금이라도 의심스러우면 부정'하는 '방법적 회의'로 감각과 추리 등 인간의 지적 활동을 구성하는 다양한 요소를 탐구하였다. 그 결과 '내가 의심한다는 사실은 의심할 수 없다'라는 사실을 발견하였다. 그리고 데카르트는 의심은 '정신의 양태'이며, 이러한 사고 작용은 각기 다른 것이 아니라 하나의 공통된 사고 주체로서 자아의 존재를 전제한다고 보았다. 따라서 인간의 정신은 신과 달리 유한하지만 학문적 지식의 기반이라는 의미에서 '실체'라고 결론지었다[도표 1-2 참조].

이처럼 데카르트는 다양성을 지닌 인간의 정신을 사고 작용을 하는 중심으로서 자아로 순수화했다. 그런 다음 공간 확장의 속성을 지닌 물체에 관해 그것을 정신이 고찰한다는 근대적 사고의 기본 구조를 끌어내 보편타당한 참된 지식을 추구하는 학문의 지평을 개척했다. 그리고 이러한 '물심

〈도표 1-2〉 데카르트 형이상학의 실체 구별

무한실체: 신	
유한실체: 정신(=사유) ⇒ 자연과 인간의 진리를 설명하는 기반	
물체(=연장) ⇒ 참된 지식의 내용이 되는 주제의 기반	

〈도표 1-3〉 '지혜의 나무'로 불리는 학문체계

뿌리	형이상학	자기와 신과 세계의 근본 관계를 파악한다.
줄기	자연학	공간, 물질, 물체의 운동법칙을 파악하고 세계를 역학적으로 그린다.
가지	기계학	지레, 물레방아, 시계와 같은 기계의 구조나 움직임을 설명한다.
	의학	신체뿐 아니라 정신을 위해서도 건강을 실현한다.
	도덕학	형이상학과 자연학으로 뒷받침되는 완전한 도덕을 지향한다.

이원론物心二元論'에 입각한 데카르트의 학문체계는 '지혜의 나무'라는 형태로 정리되었다. 인간 자신이 학문의 주제가 되며 신체는 의학에 의해 건강으로 이끌리고 정신은 도덕학에 의해 참된 도덕에 도달한다고 보았다[도표 1-3 참조].

도도한 자유 의지는 서로를 자랑으로 여긴다

그렇다면 데카르트는 자유 의지를 어떻게 정의 내렸을까? 간략하게 말하면 자유 의지는 종교를 포함한 속박으로부터 해방된 상태에서 학문적 노력을 기울여 자기 자신을 도덕적으로 다스리는 인간 본연의 정신 자세이다. 그리고 그 목표는 '고매한 마음generosite'을 얻는 것에 있다.

데카르트에 따르면 각자의 노력을 방해하는 요소에는 교회의 인습이나세속의 편견뿐 아니라 자신의 육체에서 생기는 욕망이나 나아가서는 그로부터 유래하는 질투나 증오, 비굴과 오만 등의 수동적 감정도 포함된다. 그러나 자신의 정신을 통해 사물의 진리를 찾을 수 있는 사람은 도덕학을 통해 이러한 수동적 감정을 제어하고 능동적 감정으로 전환할 수 있다.

우리가 일상적으로 느끼는 자존심은 자신의 지위나 부, 건강을 타인의 것과 비교한 만족이며 여기에는 다른 사람을 깎아내림으로써 기쁨을 느끼는 저열한 감정이 동반된다. 이에 비해 도덕학이 불러일으키는 자존심은 신변의 사소한 일을 떠나 정신의 관점에서 진리와 선을 파악하고 자유 의지를 가지며, 단호한 결단과 의연한 행동을 하는 자신에게 고상함을 느끼는 것이다. 더구나 그로부터 타인을 동일한 자유 의지를 행사할 수 있는 존재로 존중하는 관대한 감정이 생긴다. 이것이 데카르트가 인간이 획득할 수 있는 최고의 도덕적 경지라고 상정한 '고매한 마음'의 요점이다.

인간에게 스스로를 존중하는 정당한 이유를 부여하는 것은 단 하나밖에 없다. 그것은 우리의 자유 의지를 사용하는 것이며, 우리 스스로의 의지 사용을 지배하는 것이다. (······) 그로써 자유 의지는 인간을 어떤 의미에서 신과 유사한 것으로 만든다.

– 데카르트, 《정념론》[10]

이 같은 근대 서양의 자유 의지에 관한 원형을 확인했을 때, 우리는 그곳에서 볼 수 있는 개인의 자립성과 상호 존경이 '관계의 윤리'나 '수치의 문화' 등의 개념으로 이루어진 일본인의 집단 동조 기질과 크게 동떨어진 것임을 깨닫고 만다.

그러나 이때 유의해야 할 점이 있다. 기존의 일본론을 그대로 일본의 현실과 동일시하여 '일본인은 서양인과 같은 자유 의지의 행사를 할 수 없다'

---

10 원제: 영혼의 정념들, 情念論, Les passions de l'âme(1649).

라고 단정해서는 안 된다. 원래 서양사회의 자유 의지는 기독교 문화 속에서 갈등하며 조금씩 형성된 것으로, 그 분기점에 데카르트의 철학이 등장했다. 따라서 일본 문화에 맞는 형태의 자유 의지가 성립될 가능성이 없다고는 할 수 없다.

3. 일본인인 채로 자유 의지를 행사할 수는 없는가?

내 방향성을 결정짓는 '우리'

앞의 내용을 바탕으로 한 경우, 일본인에게는 개개인의 자유 의지를 통해 우리로서 동조성을 좀더 자각적인 협조성으로 강화하는 것이 바람직할 것이다. 그러나 그것은 서양 문화의 자유 의지를 모범으로 받아들이기만 해서는 달성할 수 없다. 왜냐하면 최근 서양사회에서 개인은 데카르트가 이상으로 내걸고 베네딕트가 상정했던 것처럼 자기를 다스리는 진지한 태도나 타인에 대한 존경을 유지하지 못하고 과도한 개인주의로 흘러 이기적이고 타산적인 행위자로 전락해버렸기 때문이다. 그래서 서양에서는 개인을 전제로 한 이론에서 다 그려내지 못한 인간생활의 측면, 즉 개인의 가치관과 집단의 가치관의 연속성을 재평가하는 경향이 나타나고 있다.

경건한 가톨릭 신자이자 인권옹호와 사형폐지, 군사력 축소, 퀘벡Quebec주 분리 독립 반대 등의 사회운동에 적극 참여해온 캐나다 철학자 찰스 테일러Charles Taylor, 1931~는 인간을 '자기 해석 하는 동물'로 이해한다.[11] 인간의 자기이해는 언어라는 매개체를 통해 이루어지기 때문에 언어화될 때마다 의심하고 수정할 여지가 남는다. 그러므로 인생이라는 이야기는 자기 자신의 '진정성authenticity'을 추구하려 끝없이 탐구하는 것이다.

다만 이러한 탐구가 사적인 가치관에 기초한 해석으로 완결되지 않는다는 점을 주의해야 한다. 테일러에 따르면 서양에서는 각자가 독립된 개인으로 자신의 삶을 구축할 수 있도록 이론화되었으며 당사자들도 그렇게 생각해왔다. 그러나 현실 속 인간은 자신이 속한 공동체의 '공공선common good'에 따라 도덕관과 행복관이 좌우되어 의사결정의 방향이 정해진다.

이는 우리가 스스로를 평가할 때 사용하는 형용사를 분석하면 알 수 있다. 인간이 사물을 평가하는 방법에는 두 가지가 있다. 하나는 자신의 욕구나 기호에 이끌려 내리는 판단으로, 선택 사항 중 무엇이 좀더 바람직한 결과를 가져올지 '양적으로 비교'하는 약한 평가이다. 다른 하나는 이를 행위함으로써 자신을 형용하는 '질적 구별', 즉 '존경해야 할/경멸해야 할'이나 '자랑스러운/부끄러운'과 같은 양립 불가능한 구별을 통해 자타의 의욕과 행위에 의미를 부여하는 강한 평가이다.

강한 평가는 개인에 의한 평가에 그치지 않고 같은 집단의 성원으로부터 동등하게 부여되는 평가가 아니면 그 타당성을 주장할 수 없다는 점에서 전통적 공동체의 공공선을 기반으로 한다. 더구나 이 강한 평가는 개개인의 입맛에 따라야 할 약한 평가에도 제약을 준다. 예컨대, 우리가 파티에 초대받았을 때 주최자가 드레스 코드를 지정하지 않았어도 자신이 좋아하는 옷보다는 그 자리에 어울리는 복장을 선택하는 것이 하나의 예이다. 그런 의미에서 인간은 대부분 사물의 판단기준을 자신이 속한 공동체로부터 공급받는다. 그리고 자기 이외 가족의 '부끄럽게 여겨야 할 행위'를 자기 자신의 수치로 느끼는 경우가 있을 만큼 단순한 개인으로 완전히 독립된 존

---

11 테일러, 《진정성의 윤리(The Ethics of Authenticity)》 참조. 또 이 추세의 대표자로서 매킨타이어(MacIntyre, 1929~)를 꼽을 수 있다.

재가 아니다.

'덕이 있는 사람'은 우애를 추구한다

이런 인간상을 채택하는 철학자는 여전히 소수파지만 기독교 보급과 근대사회 성립 이전, 고대 그리스로 거슬러 올라가면 그 전례를 찾을 수 있다.

아리스토텔레스Aristoteles, 384~322 B.C.에 따르면 "인간은 본성상 도시국가polis를 구성하는 동물이다." 아리스토텔레스《정치학》[12] 인간은 벌이나 개미 등의 군서 동물과 달리 언어를 사용하기 때문이다. 동물도 쾌락과 고통을 표현하는 음성을 가지지만 사물을 평가하거나 서로의 이해를 가리지는 못한다. 이에 비해 인간은 언어로 선과 악을 구별하고, 그를 기반으로 공동생활의 질서를 유지할 수 있다.

사람들은 이런 도시국가라는 공동체 안에서 자신에게 주어진 일을 완수해야 하는 기대를 안게 된다. 그리고 그것을 성취했을 때 다른 사람들로부터 '좋은 시민'으로 칭송을 받고 그 만족감을 행복이라고 느낀다. 이때 이들은 임무 달성을 가능하게 할 기능과 마음가짐을 뜻하는 '덕arete'을 익혀야 한다. 더구나 덕은 도시국가 안에서 요구되기 때문에 각자의 행복뿐 아니라 국가의 존속과 공동생활의 안정 등 다른 성원의 행복에도 기여한다. 아리스토텔레스는 이러한 덕이 적절히 발휘될 수 있는 기준으로 '중용中庸, mesotes'이라는 감각을 제시하고, 사람들은 그 감각을 일상생활 속 타인과의 관계에서 익히고 '에토스ethos, 성격상의 기풍'로 체득해야 한다고 했다[도표 1-4 참조].

이와 같이 아리스토텔레스는 도시 국가의 질서는 사람들이 덕을 적절

---

12 원제: Politika.

〈도표 1-4〉 '덕'의 밸런스 시트

덕목(성과)	과소 ← 중용 → 과잉	
용기의 덕(국가의 방위)	겁쟁이	무모
절제의 덕(부의 배분)	방탕	둔감

하게 발휘할 때 성립된다고 보았다. 그러나 아무런 일탈도 없이 순조롭게 진행되지 않으며, 경우에 따라서는 법의 심판이란 지지대가 필요하다. 그래서 그는 법이 충족해야 할 기준으로서의 '정의 dike'[13]를 정리했는데[도표 1-5 참조] 그 이유는 정의를 실현하는 법이 사람들의 머리 위에 군림하고자 함이 아니었다. 왜냐하면 만약 가치관이 같은 사람들이 서로를 동등한 '선한 시민'으로 보고, 상대방이 '그 사람'이기 때문에 소중하다고 느낄 수 있는 '우애 philia'가 성립된다면 사람들은 스스로 '정의'를 실현할 수 있을 것이라 생각했기 때문이다.

사람은 서로가 친구라면 더 이상 정의를 필요로 하지 않지만, 설사 정의로운 사람이라도 우애를 필요로 한다.

– 아리스토텔레스, 《니코마코스 윤리학》[14]

우애란 도시국가의 시민들에게 주어진 '선善'이 그들의 발언이나 행동을

---

13 그리스 신화에서 율법의 여신 테미스와 제우스 사이에서 태어난 정의의 여신으로 정의라는 뜻의 어원이다. 디케는 정의가 훼손된 곳에 재앙을 내린다.

14 원제: Ἠθικὰ Νικομάχεια, Nicomachean Ethics(B.C. 4세기).
아리스토텔레스의 《윤리학 강의안》 세 편 가운데 하나. 세계 최초의 체계적인 윤리학 저서로, 아리스토텔레스 사후 아들 니코마코스가 편집하였다. 총 10권.

〈도표 1-5〉 아리스토텔레스의 정의 분류

1. 법에 관한 일반적 정의
　　각자의 행위는 국가의 법에 적합해야 한다.

2. 평등에 관한 특수적 정의
　　2-1. 배분적 정의: 시민이 협력해 얻은 재화는 협의를 해서 각자의 능력과
　　　　업적에 맞게 결정, 배분해야 한다.
　　2-2. 조정적 정의: 범죄나 절도 등으로 발생한 사물의 훼손은 원상회복과 손
　　　　해보상을 받아야 한다.

통해 실현된 상태에서 시민이 서로를 칭찬하고 신뢰하며 자존심을 가지는 행복한 상태를 뜻하는 개념이다. 다시 말해, 그곳에서는 개인과 전체가 대립하는 일 없이 조화를 이루는 것이다.

　이처럼 아리스토텔레스가 구상한 세계는 매우 아름답다. 그러나 이것은 자유 의지를 갖춘 개인의 발상이 뿌리내린 현대사회에서는 그대로의 형태로는 다시 부흥할 수 없는 것이다. 고대 그리스에서는 개개인의 욕망과 희망은 하찮은 잡념이며, 도시국가에서 전통적으로 계승해온 선에서 벗어난 것으로 여겨 부정했기 때문이다.[15] 그것은 자연의 순환을 신뢰하며 하루하루를 살고, 과거의 전례를 따르면 대처할 수 있는 문제만 일어나는 시대적 상황을 배경으로 할 때에만 성립되는 조화이다.

자립과 이별은 다른 것

　최근의 서양사회에서는 개인과 집단의 관계에 관한 재검토가 요구되고

15　고대 그리스에서는 인간이 만든 '법률(nomos)'보다 신이 준 '자연(physis)'을 우위에 두는 발상이 일반적이었다. 그것은 인간이 실수를 저지를 수 있기 때문이며 정치적으로도 과거의 전례를 중시하는 경향이 있었다.

있다. 그래서 우리는 서양을 이상화하여 그것을 모방할 것이 아니라 우리의 현주소를 직시한 후에 나아가야 할 방향을 결정해야 한다. 이때 와쓰지나 베네딕트가 제시한 일본인상의 재검토가 토대가 될 것이다. 물론 그 타당성을 정확히 판정하기는 어렵지만 적어도 다음 사항은 분명하다.

우선, 현재 일본인은 와쓰지의 말처럼 헌신적이지 않다. 일본인은 결단과 행동을 피하는 이점이 '보신'이란 점을 알고 있다. 결정하지 못하는 것이 아니라 부담을 피하기 위해 정하지 않는 것이다. 그리고 일본인에게는 베네딕트가 말한 만큼의 강한 충성심도 남아 있지 않다. 현대사회에는 생활 전반을 규정하는 전통적인 상하 관계는 보이지 않고, 무조건 충성을 맹세해야 할 상대도 존재하지 않는다. 이 때문에 우리가 두려워하는 수치의 내용도 공동체 내부의 강력한 제재가 동반되는 치욕에서 비웃음당하는 기묘한 괴짜로 바뀌고 있다.

이런 상태를 벗어나 각자가 자유 의지로 자립하는 것은 바람직한 일이다. 그렇다고 해서 공동체나 집단이 갖는 전통적인 귀속의식을 완전히 버릴 필요는 없다. 왜냐하면 인간은 집단 속에서 자신이 설 곳을 확보해야 개인으로도 자립할 수 있기 때문이다.

앞에서 언급한 〈바닷마을 다이어리〉에서는 네 자매의 가정이 서로의 배려와 마음으로 이어져 있지만, 언제 무너질지 모르는 불안정한 집단임을 보여준다. 그 위태로움은 영화보다 오히려 원작 만화에 깊이 표현되어 있다.

만화 〈바닷마을 다이어리〉 끝부분에는 네 자매에게 상냥했던 마음 따뜻한 사람들이, 한때 마을을 떠날 수밖에 없었던 소년을 생각하며 자신들이 그를 위해 무언가 할 수 없었을지 자문하는 장면이 있다. 그 소년은 〈바닷마을 다이어리〉의 전작인 〈러버스 키스〉[16] 에피소드에 등장하는 후지이 토모아키로, 그는 동일한 가마쿠라를 무대로 방탕한 애정과 비행 등 '소년,

소녀'가 휘말리게 되는 안타까운 실화의 등장인물이다.

부모에게 버림받고 학교에서도 설 자리를 잃은 그는 고등학교를 자퇴하고 혼자서 오가사와라小笠原로 이주한다. 전통적이고 안정적인 가정과 학교 같은 공동체로부터 외면을 당했을 때 그는 자신을 아끼는 주위 사람들에게 작별을 고해야만 했다. 그것은 자립하려고 소중한 것을 버리는 슬픈 이별이다.

그러나 〈바닷마을 다이어리〉의 스즈는 토모아키와는 다른 형태로 자립을 계획한다. 그녀는 현지 축구팀에서 활약을 인정받아 시즈오카현의 축구 강호 고등학교로 진학을 고려한다. 이대로 가마쿠라에서 살고 싶지만 좀더 축구를 열심히 하고 싶다. 그런데 집을 나가는 것은 자신을 돌봐주는 언니들에 대한 투정이나 배신이 아닐까? 이런 고민을 하는 스즈를 주위의 어른들은 거리를 두고 지켜본다.

'고민하거나 멈춰 설 수 있는 장소가 (스즈에게) 지금은 있다. / 그것은 결코 사라지지 않는다. / 그것을 알면 분명 다시 앞으로 나아갈 수 있다.'

— 《바닷마을 다이어리》 6권

자신이 설 자리가 사라지지 않는다는 확신을 갖는 데 필요한 것이 있다. 그것은 단순히 주어지는 것이 아니라 자신이 책임져야 한다는 자각일 것이다. 왜냐하면 그러한 각오에 바탕을 둔 의지가 있어야만 미래에 대한 확신이 생기기 때문이다.

---

16 원제: Lovers' Kiss(2002).

일본인이란 사실에
열등감을 느끼는가?

팔레스타인계 미국인 비교문학자 에드워드 사이드(Edward
Said, 1935~2003)는 《오리엔탈리즘(Orientalism)》(1978) 등의 저서에서 다음과
같이 주장했다. 서양에 보급되는 중동과 아시아의 이미지는 서양 주요 국가가
제국주의와 식민지 정책을 추진하고 정당화하기 위해 만든 허상이라는 것이다.
그에 따르면 이러한 이미지는 서양인에게 '이국주의(Exoticism)'나 '로맨티시즘'
과 같은 타향에 대한 동경(여기에는 '서양보다 뒤떨어진 열등한 문화'라는 편견이
포함된다)을 갖게 하고 동양 진출에 대한 반발을 완화한다. 그리고 다른 한편으
로는 동양 사람들에게도 자신의 문화가 서양인들이 그리는 이미지와 같다고 믿
게 함으로써 서양의 문화와 지배를 받아들이도록 했다는 것이다.
그렇다면 우리의 의식 속에 '이(異)문화'나 '이(異)민족'에 대한 열등감은 없을까?
또 그 유래는 어디에서 왔을까?

제 2 장

결국 배신자는
나 자신이었다

1. '네 기분을 이해해'라고 말하는 사람일수록 신뢰할 수 없다

> "상황이나 폭력에 관해 진부한 의견을 들으면 나의 뇌는 셔터를 내려버린다."
>
> — 후지와라 아키오(藤原章生), 《아프리카에서 온 그림엽서》[1]

남아프리카공화국의 보도 사진기자 케빈 카터 Kevin Carter, 1960~1994는 내전이 한창이던 수단의 난민 캠프에서 사진 한 장을 찍었다. 기아로 여위고 말라서 움직일 수 없을 정도로 쇠약해진 어린 소녀와 그 아이를 덮치려는 것인지, 아이의 죽음을 기다리는 것인지 메마른 대지에 우뚝 내려선 독수리 한 마리가 하나의 프레임 안에 담겨 있다.

이 작품은 발표되자마자 전 세계적으로 화제가 되었고, 1994년 보도기획 부문 퓰리처상을 수상했다. 그러나 영광도 잠시 카터에게는 온갖 비난

---

1 원제: 繪はがきにされた少年(2010).

이 쏟아졌다.

"왜 소녀를 구하지 않았나?"

"소녀를 위태롭게 하면서까지 유명해지고 싶었나?"

그리고 무슨 이유 때문인지는 몰라도 카터는 같은 해에 서른세 살의 젊은 나이에 스스로 목숨을 끊어버렸다. 서두에서 인용한 발언은 생전의 인터뷰에서 자기가 처한 상황을 어떻게 생각하느냐고 질문을 받았을 때 그가 한 말이다.

실제로 카터가 죽은 뒤에도 언론과 학교에서 '저널리즘의 사명이란 무엇인가?' '피사체를 위험에 빠뜨리는 사진 촬영을 허용할 것인가?' 등의 테마에 대해 계속 논의를 거듭하고 있다. 그만큼 그의 사진은 충격적이었다.

그러나 여기서는 카터가 한 행위의 시시비비나 저널리즘의 윤리 같은 논점은 일단 접어두고 〈독수리와 소녀〉를 세상에 발표한 것이 그의 인생에 어떤 의미가 있는지를 생각해보자.

카터는 아직 인종차별정책이 남아 있던 남아프리카로 이주한 영국의 중류층 가정에서 태어났다. 그는 소년 시절부터 가까이서 흑인 차별을 접하고 그 불합리성에 반발심을 느끼며 성장했다. 그리고 학교와 직장에서 흑인 친구가 차별당하는 것에 항의했다가 자신마저 설 자리를 잃는 경험을 여러 차례 반복했다.

그러던 중에 그런 세계와 혼자 힘으로도 맞설 수 있는 종군 카메라맨이 되고자 했다. 그러나 전쟁터는 가혹했다. 아침에는 적도 될 수 있고, 저녁에는 아군도 될 수 있는 현지인들의 도움을 받으며 정보와 돈을 동원해 최전선으로 향했다. 드럼통 뚜껑과 부서진 문을 방패삼아 쏟아지는 포화 속을 뚫고 다니며 순간 포착의 기회를 노렸다.

이 직업은 매일 그런 극도의 긴장과 끝없는 공포가 교차하도록 강요당한다. 카터는 신변의 안전과 안정된 수입조차 보장되지 않는 생활 속에서 어떤 행복과 미래를 추구했을까? 아마도 직업상의 지위나 높은 보수를 받겠다는 욕망, 아프리카의 평화라는 이상, 가족과 동료들과 보내는 휴가 등 다양한 요소가 포함되어 있었을 것이다.

그리고 언론 활동에 젊은 열정을 바치는 사람이라면 동종업계 사람들로부터 공로를 인정받아 자기 이름이 역사에 새겨지기를 꿈꾸기 마련이다. 서른세 살 무명의 사진가에게 퓰리처상은 오랫동안 동경했던 명예였을 것이다.

그러나 〈독수리와 소녀〉로 스포트라이트를 받은 직후 그가 선 무대는 암전暗轉이었다. 꿈에 그리던 목표에 도달했을 때, 지금까지 자신이 지켜온 모든 신념과 노력을 부정하는 비판의 폭풍이 그를 기다리고 있었다.

무너지기 쉬운 정체성

하지만 이것은 카터만의 이야기가 아니다. 우리는 저마다 학업과 일에서 나름의 성공을 거두어 행복한 삶을 얻으려고 노력한다. 그러나 인생에는 걸림돌이 많다. 그리고 그것을 만난 순간, 지금까지 자신을 지탱해온 가치관이 무의미한 것으로 전락하고 현재의 자기 자신을 견딜 수 없게 만든다.

어렵게 몸담은 일에서 직면하는 이상과 현실의 간극, 자신의 능력이나 실적에 관한 자존심과 조직이나 주위로부터 주어지는 평가 사이의 거리, 좋은 결과를 예상하고 한 일이 반대로 상대를 불행하게 만드는 예측하지 못한 사태……. 때와 장소에 따라 충격의 정도는 다르지만 이 모든 것은 '나는 지금 이대로도 괜찮다'는 안도감을 무너뜨리는 사건이다.

이것을 '정체성의 위기'라고 한다. 카터는 자신의 처지를 받아들이고 새롭게 출발을 계획할 만한 정신적 여유가 없었다. 그는 처음에는 "독수리는 죽은 짐승의 고기만 먹는 습성을 갖고 있어 촬영 중에 소녀를 공격할 가능성은 거의 없었다"는 변명을 되풀이했다. 그러다 점차 말을 잃더니 결국은 마음을 닫아버렸다. 자신을 비난하는 사람뿐 아니라 돌봐주고 마음을 써주는 가족과 친구들마저 믿지 못하게 되었다.

그러다가 카터는 나와 같은 경험을 하지 않은 사람이 내 마음을 알 리가 없다며 갑자기 태도를 바꾸었다. 그것은 자신이 한 행동의 이유를 타인에게 이해받고자 했던 마음의 포기이자 자신을 이해하지 않는 사람들과의 만남을 거절한 것이기도 했다.

카터와 함께 난민캠프를 방문했던 동료 카메라맨에 따르면, 카터가 공항에 붙은 포스터와 수단을 위해 모은다는 성금에 대해 이야기하며 의기소침해해서 여러 차례 위로했다고 한다.

"그런데 내가 보기엔 조금 우스꽝스러워. 소녀를 구하라니, 구하라고? 바로 옆에 아이 엄마가 있었는데? 아프리카 여자는 그악스러워서 내가 섣불리 아이를 안아 올리기라도 했으면 혼쭐이 났을 거야. 그러니 누가 손을 댈 수 있었겠어?"

이 일에 몸담지 않은 사람은 우리 일을 이해하지 못한다……는 카터의 말 속엔 자포자기 심정이 스며들어 있는 것 같았다. 그리고 결국 그는 스스로 목숨을 끊었다. 정체성의 상실이라는 아픔이 그를 그 지경으로 몰아붙인 것이다. 이런 식으로 타인을 거절하고 스스로 고립하려는 심정은 정도 차이는 있어도 인생의 전환기에 직면했을 때 누구나 넘어야 할 벽이다.

다른 사람은 아무것도 모른다

확실히 다른 사람을 이해하기는 어렵다. 스스로도 자기 마음을 잘 모르는데 다른 사람을 이해하려고 하다니, 그건 불가능에 가깝다. 더욱이 의사소통의 수단인 말은 의외로 표현의 폭이 좁고 의미를 공유하기도 쉽지 않기 때문에 우리 기분을 완전히 표현하기란 도저히 불가능하다.

가장 좋은 사례가 통증과 같은 감각 데이터일 것이다. 몸이 아파 병원에 갔을 때 '어떻게 통증을 느끼나요?'라는 의사의 질문에 말문이 콱 막힐 때가 있다. 어떤 말로도 자신의 통증을 정확히 표현할 수 없기 때문이다.

"이가 쿡쿡 쑤신다"고 말하자 "힘들겠네. 그런데 나는 더 아픈데도 참았어!"라고 하는 친구의 말을 듣고 조금 언짢았던 적이 있다. 통증을 느끼는 방법은 천차만별인데 그런 말 한마디로 더 아팠다고 단정짓는 것이 싫었기 때문이다.

카터도 그러지 않았을까? 그는 이해하는 척하는 사람일수록 신뢰할 수 없다는 불신감이 일었을지 모른다. 하지만 그렇다고 해서 자기 안에 틀어박히거나 다른 사람의 이해를 구하려는 노력조차 포기하는 것은 너무나 소극적인 행동이다.

카터가 스스로 목숨을 버린 것을, 그리고 그 이유를 완전히 이해하기는 불가능할 것이다. 그러나 이해할 수 없기 때문에 더 이해하길 원하고, 그 실마리를 찾는 것이 타인과 살아가기 위한 출발점이다. 인생을 완전히 바꿔 버리는 순간이 누구에게나 찾아올 수 있다. 그리고 그때 바로 정체성이 여지없이 무너진다. 그렇게 걸핏하면 담장이 허물어지듯이 대책 없이 무너져 버리는 정체성은 대체 무엇일까?

2. '내가 누구인가'를 증명할 수 있는 것은 신체인가, 기억인가?

왜 자신이 신경 쓰일까?

1970년대 이후 정체성이란 단어가 우리 일상생활에 보급되었다. 심리학자 에릭슨E. H. Erikson, 1902~1994이 '인격통합의 위기'에 관한 이론을 발표한 것이 그 계기였다. 이는 인격의 분열을 특정 정신질환에서 발생하는 질병으로만 보지 않고 일상생활 속 문제나 삶의 과도기에 생기는 정신적 갈등으로 분석하는 시각을 제시했다. 그리고 이것은 학문의 틀을 넘어선 사회적 영향을 불러왔다. 왜냐하면 '위기'에 관한 그의 지적은 비약적인 경제성장과 생활환경의 변화에 적응하지 못하고 어려움을 겪는 당시 사람들의 심경을 대변했기 때문이다. 그런 까닭에 정체성은 사회학과 문학, 예술과 매스컴 등에서 광범위하게 다루어지며 일상용어로 보급되었다.

이 개념은 '자기동일성identity'으로 번역되는 것으로도 알 수 있듯이 하나의 사고주체로서 '자아I'를 가진 사람이 '자신self'을 사고 대상으로 삼았을 때 '스스로 확인할 수 있는 모습의 자신'에 만족하는 상태, 적어도 그것을 수용하는 상태를 의미한다.[2] 예컨대, '케빈 카터'라는 이름을 가진 '나I'는 '종군 사진기자로서 자신myself'에 만족한다는 식이다.

다만, 여기서 주의해야 할 것이 있다. 정체성의 확보는 타인이 자신을 어떻게 평가하는지를 포함하기 때문에 자기 평가만으로는 완결되지 않는다는 점이다. 이는 카터가 '퓰리처상 수상 후 자신'을 조절하지 못한 것만 봐

---

2 '자기'라는 말은 심리학의 전문용어로는 에릭슨의 경우처럼 의식적인 사고의 주체로서의 자아로는 다 헤아릴 수 없는 '무의식'을 포함한 전체성을 의미하는 경우가 많다. 철학에서도 그러한 용법을 채택하는 경우가 있다. 그러나 이 책에서는 본문에서 제시한 일상적인 의미로 사용했다. 또한 사회과학에서는 정체성에 포함되는 집단 귀속적인 면이 강조되는 추세다.

도 알 수 있다. 다시 말해 정체성에는 자신에 관해 스스로가 어떻게 생각하는가 하는 주관적 측면과 타인이 어떻게 생각하는가 하는 대타적 측면이 뒤섞여 연결되어 있다.

그렇다면 우리는 왜 '나는 나 자신이다'라는 동일성을 필요로 하게 되었을까? 원래 공부나 일에 쫓기는 평상시 생활에서는 그것을 의식하거나 고민하지 않는다. 그런데 어떠한 계기로 자신에 대해 위화감을 느끼고 나면 주체할 수 없는 불편함이 엄습해오고 그것을 항상 떨칠 수 없게 된다. '나는 나답게 살고 싶다' 또는 '지금의 나는 '진짜 내'가 아니다' — 평소에는 의식하지 않아도 우리가 '자기동일성'의 성립을 당연하게 여기기 때문에 정체성 위기는 우리 인생의 위기일 수 있다. 그렇다면 이 같은 발상은 언제, 어떻게 우리 생활에 뿌리내렸을까?

'인격'은 '기억'을 필요로 한다

그 학술적 기원은 17세기 후반 영국의 철학자 존 로크John Locke, 1632~1704가《인간지성론》[3]에서 '인격의 동일성'을 다룬 데서 찾아볼 수 있다. 이전에도 철학에서는 사람이 인간이라는 '페르소나persona'를 가질 수 있는 이유에 관해 다루어왔다. 어떤 특정 동물을 신과 유사한 모습인 인간스럽게 하는 근거는 무엇일까? 그것은 정신과 육체 어느 쪽에 있을까? 그 결과, 인간은 어떠한 특징과 사명을 담당하는가 등 절반은 종교적인 테마가 몇 세기에 걸쳐 논의되었다. 그러나 로크는 그러한 전통에서 등을 돌려 현실의 법정에서 다루어지는 인간상, 즉 '권리와 책임이 따르는 실천적 개인'을 이해하는 개념으로서의 '인격person'에 관한 재정의를 제안했다. 그리고

---

3 원제: An Essay Concerning Human Understanding(1689/1690).

인격이 갖는 자기동일성의 중요성을 강조했다.

그 배경에는 다음과 같은 시대적 상황이 있다.

당시 유럽에는 지금까지의 봉건적 사회구조가 무너지고 토지와 재산을 '사유물'로 획득, 축적하여 마음대로 처리하고 싶어 하는 민중의 요구가 높아졌다. 그리고 각 국가는 그러한 추세를 따라 서서히 일반 국민이 동등한 '사적 소유권'을 보장받을 수 있게 법률을 정비했다. 이는 종교적 원리에서 벗어나 인간의 삶을 결정하는 '법 지배'의 시작이기도 했다. 이렇게 인간은 각각의 구체적인 생활에 앞서 자신의 육체, 생각, 발언, 행동에 관한 자유를 타인에게 방해받지 않을 '권리'를 지닌 '인격'으로서 존재 성격을 지니게 되었다.

단, 이러한 권리에는 다음과 같은 책임이 따른다. 다시 말해 그러한 권리를 보장하는 법질서를 유지하기 위해 '의무'를 담당해야 한다. 그리고 '타인의 권리에 대한 침해'나 법질서를 지탱하는 '국가 권력에 대한 반역'을 범했을 경우는 그에 대한 응분의 제재를 받아야 하는 책임이 있다. 이러한 맥락에서 어떤 인물이 그것을 담당할 수 있는 인격이 충족해야 할 조건은 무엇인가 하는 문제가 생겼고, 그것이 근대사회에서 정체성을 다루는 최초의 뼈대가 되었다.

로크는 이 문제에 어떤 답변을 내놓았을까. 바로 개개인이 지닌 기억의 지속성이었다. 어떤 사람이 '나는 나다'라는 자각을 할 수 있으려면 단순히 자신의 이름으로 불린다든가, 자신의 외모를 유지한다든가 하는 외형적 조건을 만족하는 것만으로는 부족하다.

확실히 얼굴이나 지문, 치아 치료기록 등 신체와 관련된 객관적 증거는 어떤 사람이 '그 사람'이라는 것을 제3자가 특정하기 위한 지표다. 그리고 본인도 매일 아침 거울을 보며 그러한 외모의 특징을 통해 무의식으로라도 자기 자신의 연속성을 확인한다. 그러나 그것만으로는 그 사람의 행동에 관한 책임을 귀속시킬 수 없다. 왜냐하면 근대법의 책임은 다음과 같이 정의되어 있기 때문이다.[4]

일반적으로 국민은 자신에게 부여된 권리의 테두리 안에서 자유롭게 행동할 수 있는 인격으로서, 무엇이 허용되고 무엇이 금지되는지를 인식, 판단할 능력을 가진다. 그러한 인격은 무언가 행동할 경우 그 결과로서 맞게 될 상태를 사전에 의도한다.

다만 인격의 행위가 타인의 권리 침해를 의도한 경우 혹은 그 영향이 간접적으로 타인의 권리 침해를 야기할 것이 예상됨에도 실행되었을 경우, 그 인격은 죄를 범할 의도가 있었다는 이유로 법률에서 정하는 제재를 받고 자신의 죄를 보상하여야 한다. 이것이 인격에 부여되는 책임이다.

반대로 말하면 자신의 행위가 죄이거나 죄를 범할 수 있다는 사실을 사전에 인식, 판단하지 못하는 사람은 인격의 자격을 갖추지 못하였기에 자신의 죄에 대한 책임을 경감 또는 면제받을 수 있다.

이상의 원칙에서 보면 인격이 자신에게 부여되는 책임의 정당성을 자각하려면 최소한 '행위를 한 과거의 자신'과 '책임을 추궁당하는 현재의 자신'이 동일하다고 인식할 수 있어야 한다. 왜냐하면 그러한 인식이 없는 사람에 대한 제재는 그 사람에게 자신의 권리에 대한 부당한 침해가 되기 때문이다.

따라서 '자신이 무엇을 했는지, 어떠한 의도로 그렇게 했는지'를 기억하

---

4 의무와 책임은 일상생활에서 명확한 구별 없이 사용하는데 이 책에서는 특정 행위를 하도록 사람을 구속하는 원인이 그 행위 자체에 있는지, 그 이전 행위의 결과에 있는지 하는 점에서 구별하였다. 여기에는 '책임(responsibility)'에 포함되는 '반응'과 '응답'이라는 어감을 살린다는 목적이 있다.

지 못하면 그 사람은 자기 행위의 결과에 대해 책임을 질 수 있는 인격으로 볼 수 없다.

로크는 이상과 같은 이유로 기억의 지속성을, 근대적 법질서 안에서 생활하는 사람들의 인격을 필수불가결한 자기동일성의 근거로 보았다. 그리고 이 정의는 오늘날에도 여전히 우리 생활을 지탱하는 사회질서의 기본원칙으로 남아 있다.

타인의 눈에 비친 '나 자신'

그러나 앞에서 말한 의미에서의 '자기동일성'은 우리가 평소에 사용하는 '정체성'의 의미와 일치할까? 기억의 지속성이 법정에서 인격 개념의 핵심임은 확실하다고 해도 기억의 유지만으로는 정체성이 성립될 수 없다. 이 점을 카터의 사례를 들어 검증해보자.

① 카터는 난민캠프에서 〈독수리와 소녀〉를 촬영하여 내전 상태에 있는 수단의 참상을 보도했다.
② 카터는 〈독수리와 소녀〉로 퓰리처상을 수상하는 한편, 각 방면에서 자신의 보도 자세를 비난받았다.
③ 카터는 다른 사람들의 이해 구하기를 단념하고 자살했다.

①에서 ③에 이르는 과정에서 카터의 행위는 어떠한 법률도 위반하지 않았으며 기억의 지속성도 잃지 않았다. 결국 그는 일관되게 인격으로서 자기동일성을 유지했다. 그러나 ①의 카터와 ③의 카터 사이에는 분명히 심경의 변화가 생겼으며 분명 ②단계가 그 전환점이 되었음이 틀림없다. 그리고 이때 '정체성의 위기'가 일어났다고 추측할 수 있다. 그것은 종군 사진기자의

이상적 자세에 관한 카터 자신의 견해와 그에게 의문을 제기하고 비난을 쏟아낸 사람들이 지닌 견해의 불일치에서 기인했다고 생각할 수 있다.

이는 우리의 정체성이 법률상의 인격 이상이라는 점을 시사한다. 즉, 법률에 저촉되지 않는 허용 범위 내라도 다른 사람과의 관계에서 어떻게 행동해야 할지 등의 사회적 평가에 근거한 것이라 할 수 있다.

그러면 그러한 사회적 평가를 수용한 형태로 성립되는 정체성은 철학에서 어떻게 다루어져 왔을까?

3. 상호승인에 기초해 성립하는 정체성

자기의식은 타인을 필요로 한다

우리가 흔히 말하는 정체성에 대해 처음 제시한 사람이 19세기 독일 철학자 게오르그 헤겔 Georg Wilhelm Friedrich Hegel, 1770~1831 이다. 그는 《정신 현상학》[5] 등의 저서에서 자기의식 Self consciousness 을 말했다. 이는 한마디로 다른 사람들이 자신의 외모나 행동을 어떻게 인지할지에 대해 감각하거나 인식하는 모든 정신 작용을 일컫는 말이다.

헤겔이 말하는 자기의식은 사물을 생각하는 사고 작용의 출발점인 자아나 자신에 대해 마음속으로만 되돌아보는 자의식과는 다른 것이다. 자기의식이 대상에 대해 의식하는 것이니 자신의 눈앞에 존재하는 대상으로서 자아를 파악하는 것이어야 한다. 그러나 거울을 통해서는 겉모습만 확인할 수 있을 뿐 자신의 내면이나 타인들의 평가는 투사되지 않는다. 그러면 어

---

5 원제: Phenomenologie des Geistes(1807).

떻게 해야 자아가 의식의 대상이 될 수 있을까?

우리는 자신의 발언과 행위에 대해 타인의 반응을 확인함으로써 자신의 생각이나 행위가 어떻게 받아들여졌는지, 자신이 생각한 그대로의 자신으로 인정받았는지를 알 수 있다. 따라서 자기의식은 다른 사람의 승인으로 성립되는 것이다.

단, 여기서 주의해야 할 것이 있다. 자신의 생각대로 되었다고 해서 타인이 자신을 승인한 것은 아니라는 점이다. 예컨대 사랑하는 상대에게 고백했는데 상대가 받아들였다. 그러나 이때 상대의 목에 칼을 들이댔다면 그 수용은 거짓이다.

상대는 두려움에 굴복했을 뿐 기뻐서 사랑을 되돌려준 것이 아니기 때문이다. 다시 말해, 각각의 사람이 서로 수용하거나 거절할 수 있는 상태의 자유로운 인간관계가 아니면 정당한 상호승인에 근거한 정체성은 성립되지 않는다.

우리의 일상생활 뒤에는 항상 정체성의 위기가 숨어 있다. 왜냐하면 우리는 자신과 똑같이 자유로운 타인과의 관계에서 자신이 생각지도 못했던 반응이 돌아오는 양상으로, 언제 어디서 자신의 자기이해가 잘못되었음을 깨닫게 될지 모르기 때문이다. 이때 기존의 자신을 관철할지 혹은 새롭게 발견한 자신을 수용할지 아니면 부정할지 분기점에 서게 된다. 이럴 때 헤겔에 따르면 그러한 위기에 직면한 개인은 자신의 껍질에 틀어박힐 것이 아니라 타인과의 사회관계 속에서 평가받은 자신, 즉 새롭게 발견한 자신을 받아들이고 사회의 일원이라는 자각을 바탕으로 성장해야 한다고 보았다.

'상호승인'에 도달할 수 없는 이유

이러한 시각에서 볼 때 카터의 사례는 어떻게 해석할 수 있을까? 도표 2-1을 보자. 이것은 헤겔이 제시한 정체성의 확립 과정을 도식화한 것으로, 카터가 도달하지 못한 지점은 ×로 표시했다.

카터는 〈독수리와 소녀〉를 촬영했다는 강한 자부심을 지니고 있었다. 그때문에 자신의 껍질 속에 틀어박혀 타인의 의견을 부당한 비난이라 단정하고 반론이나 대안조차 듣지 않음으로써 '종군 사진기자'로서 행동의 옳고 그름이나 그 범위를 재검토할 기회를 갖지 못했다. 이처럼 자기가 생각하는 자신에 대한 집착은 타인과의 대화 통로를 스스로 차단하게 된다. 만일 그가 좀더 마음을 열고 다음과 같은 견해를 진지하게 받아들였다면 사태는 호전되었을지도 모른다.

보도의 근본 목적은 인간 일반의 생명과 권리를 지키는 데 있다. 확실히 보도사진은 많은 인명을 구하는 계기가 될 수 있지만 그것이 눈앞의 인명을 경시하는 데 대한 면죄부는 될 수 없다. 그러므로 촬영으로 피사체가 위험에 처하거나 자신이 손을 내밀지 않으면 목숨을 잃게 될 사람을 방치하는 행위는 '보도'의 목적을 배신하는 것으로 간주하여 피해야 한다.

이상은 카터의 행위에 대한 종군 사진기자들의 의견을 나 자신이 납득할 수 있는 형태로 정리한 것이다. 여기에는 전쟁의 비참함을 세상에 알리는 보도라는 직업의 이념을 실행하는 데 필요한 규칙이 제시되어 있다. 그들의 일에 대한 막연한 이미지를 말하는 주장이 아니라 시시각각으로 변하는 현실 상황 속에서 어떻게 결단하고 행동해야 할지를 결정하는 기준이다. 만약 이 규칙이 종군 사진기자라는 직업에 종사하는 사람들에게 공유되고 실행되었을 경우, 그들은 서로의 행위 속에서 자기 자신을 확인할 수 있다. 그리고 이를 통해 종군 사진기자인 '우리'의 일원으로서 자신을 인정하는

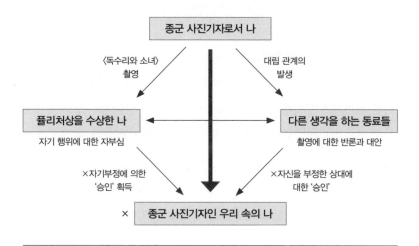

〈도표 2-1〉 카터의 경험 분석

종군 사진기자로서 나

〈독수리와 소녀〉
촬영

대립 관계의
발생

풀리처상을 수상한 나

자기 행위에 대한 자부심

다른 생각을 하는 동료들

촬영에 대한 반론과 대안

×자기부정에 의한
'승인' 획득

×자신을 부정한 상대에
대한 '승인'

× 종군 사진기자인 우리 속의 나

상호승인이 성립된다.

만일 카터가 이런 규칙을 동료와 공유하고 그것을 근거로 〈독수리와 소녀〉의 촬영이 정당했음을 주장하거나 반대로 동일한 상황을 보고도 촬영하지 않았을 경우의 조건들을 설명했다면 그가 빠진 정체성 위기는 피할 수 있었을 것이다. 그러나 카터는 기존의 자신에 대한 집착을 버리고 상호승인에 도달하는 길을 찾지 못했다.

'모든 것을 얻었지만 결국, (지금까지와 다르지 않은) 나 자신으로 있음으로 해서 모든 것을 망쳐버렸다.'

– 후지와라 아키오, 《아프리카에서 온 그림엽서》

아마도 그는 자신의 '고집'을 꺾을 말을 만나지 못했을 것이다. 그의 주위에 그런 생각을 하는 사람이 없었는지, 애초에 모든 의견을 거부했는지는 알 수 없지만, 그것이 카터의 불운이었다.

변증법이 개척하는 윤리적 세계

이상이 헤겔의 자기의식론적 시각에서 해석된 카터의 사례다. 쉽게 말하자면, 지나치게 고집을 부리지 않고 타인의 말이나 반응에 마음을 열고 자신을 돌아보면 머지않아 사회적으로 승인된 자신을 발견할 수 있다는 것이다.

분명 세상 물정을 깨달은 꼰대가 할 법한 설교로 들릴 수도 있지만 지금까지의 논의에서 우리는 알게 모르게 헤겔의 '철학세계' 속으로 끌려 들어가고 있다. 다른 점이라면 우리가 카터의 정체성 위기를 누구에게나 일어날 수 있는 불운으로 간주한 데 반해 헤겔이라면 그것을 '나쁜 일'이라고 부정까지는 하지 않더라도 사물에 잠재된 논리적 필연을 깨닫지 못한 '미숙한 자'의 말로로 분리했을 것이다. 헤겔에게 타인과의 대립에서 상호승인에 이르는 과정은 실제로는 일어나지 않을 수도 있지만 원래는 그렇게 되지 않을 수 없는 논리적 필연이다.

도표 2-2를 보자. 이것은 앞에서 말한 정체성의 확립 과정에서부터 구체적인 설명을 생략한 대신에 난해하다고 알려진 헤겔의 용어를 사용한 것이다.

헤겔은 자신의 철학을 '관념론Idealismus'이라 부른다. 그것은 정신세계의 바람직한 모습으로서 '이념Idee'이 인간의 지적 활동을 통해 자기실현하는 논리를 파악하는 관점이다. 도표의 세로축은 처음에는 '즉자적 존재', 즉 본래 이념이 잠재한 상태인 이념이 '즉각적인 동시에 대자적 존재'인 본래적 이념이 지知의 대상이 된 상태에 이르는 '현실화의 운동'을 나타내고

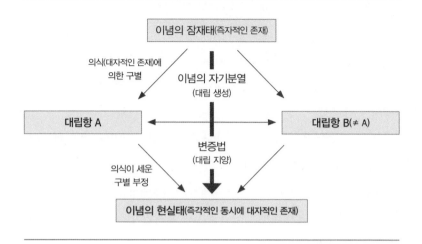

〈도표 2-2〉 헤겔 철학의 관점

이념의 잠재태(즉자적인 존재)

의식(대자적인 존재)에
의한 구별

이념의 자기분열
(대립 생성)

대립항 A

대립항 B(≠ A)

변증법
(대립 지양)

의식이 세운
구별 부정

이념의 현실태(즉각적인 동시에 대자적인 존재)

있다.[6]

　또 가로축은 인간이 사물을 이해하려고 할 때 세우는 의식적인 구별을 나타낸다. 예컨대 '나는 나다. 그러므로 네가 아니다'와 같은 경우이다. 의식은 그 구별을 전제로 '너는 내가 아니므로 너는 나를 이해하지 못한다'라는 식으로 사고하는 한 그 대립항의 배경에 잠재된 나와 너가 서로 승인하는 우리라는 이념을 실현 또는 인식할 수 없다. 그러한 상태에 있는 의식은 이념에서 분리되어 독립된 지적 존재, 즉 '대립적인 존재'이다.

　그러나 이러한 구별을 절대적으로 보는 상태에서 사고나 행위를 추진했을 때, 의식은 어떤 대립항이든 동일한 것으로 인식할 수밖에 없는 사태에 도달한다. 즉 '네가 제기한 규칙은 내가 막연히 지녀온 규범을 명확히 한

6　헤겔이 말하는 이념은 자연이나 정신의 활동 전체 속에 나타나는 사물의 본질이며, 그 정도는 그것을 인식하고 실현하는 인간의 지적 활동에 따른다. 이런 헤겔의 발상은 칸트의 '비판철학'이 이끈 인간적 이성의 한계를 뛰어넘으려는 것이다.

것'임을 깨닫고, '동일한 규칙을 따르는 우리는 같은 커뮤니티의 일원으로서 동일하다'라고 서로 승인하는 사태에 이른다는 것이다.

이 고정관념의 파괴로 이질적인 대립항의 근저에 잠재된 동일성이 제시하는 과정 및 그것을 파악하는 방법이 '변증법 Dialektik'이다. 그리고 그 결과로 성립된 통일체에는 그때까지 대립하던 구별항이 구성요소로서 '지양 aufheben'[7] 된다.[8]

이상의 과정을 세로축의 관점에서 다시 정리하면 처음에는 막연한 상태에 있는 이념이 인간의 의식 활동을 통해 '자기 분열'한 뒤에 의식이 세운 전제를 깨고 좀더 구체성을 가진 상태에서 자기실현하는 운동이라고 볼 수 있다. 헤겔에 따르면 이러한 이념의 운동은 개개인의 생각이나 과학적 예상을 초월하여 세계의 모든 사물을 관통하는 논리적 필연이다.

따라서 헤겔 철학의 관점에서 볼 때 카터의 좌절은 저널리즘의 이념이 현실화하기 위해 필요한 자기부정이 결여되어 있다는 점에서 논리적 필연에 반하는 것으로 볼 수 있다. 그리고 그 이유는 그가 '자신이 마음속에 그리는 자신'에 대한 집착, 나아가 이런 집착을 그에게 허용한 시대 상황에 있다. 헤겔이 《법철학》[9]에서 제시한 견해를 토대로 말하면 근대사회가 개인에게 심어준 자유에 관한 고정관념에 기인하는 것이다.

---

7 지양(止揚): 변증법의 중요한 개념. 어떤 것을 그 자체로는 부정하는 동시에 오히려 한층 더 높은 단계에서 이것을 보존 긍정하는 일을 말한다. 모순 대립하는 것을 뛰어넘어 해결함으로써 현재 상태보다 더욱 진보하는 것을 말한다.

8 통상, '변증법'의 도식화에는 정삼각형이 이용되는데 그 경우, 밑변의 양쪽 끝에 놓인 대립항이 정점을 향해 합성되는 인상을 주게 된다. 그래서 이 책에서는 '지양'의 '이념적 상'을 명시하기 위해 마름모꼴의 그림을 이용했다. 또한 기독교 문화권에서 지상의 '가치 상승'이 천상으로부터의 '신의 강림'과 떼어놓을 수 없음도 시사하고 있다.

9 원제: Grundlinien der Philosophiie des Rechts(1821).

헤겔에 따르면 '사적 소유권'을 기본 원리로 한 근대사회에서는 속박으로부터의 '해방'과 자신의 욕망과 이상을 실현하는 '자기규정', 이 두 가지만이 자유의 개념이라고 생각했다.

그러나 모든 속박에서의 해방은 모든 질서를 파괴하거나 은둔형 외톨이가 되거나 명상에 잠기는 것 외에는 더 나아갈 곳이 없다. 따라서 생존과 욕망을 충족하고자 한다면 좋든 싫든 타인과 관계를 형성할 수밖에 없고 자신의 의지를 배반하게 된다. 또 자기규정은 아무리 철저히 행사하려 해도 사회생활 속에서는 타인에 대한 의존과 사회적 규칙에 의한 구속을 피할 수 없다. 그러면 사람들은 '나는 자유롭지 못하다'는 생각에 다시 해방을 요구하게 된다. 다시 말해, 근대인은 해방과 자기규정의 끝없는 악순환에 빠지게 된다.

이러한 부자유한 상태에서 탈출하기 위해 필요한 것은 '나는 나다. 그러므로 나 이외의 아무것도 아니다'라는 구별에 대한 집착을 버리는 것이다. 이 고정관념에 사로잡혀 있는 한 인간은 자기 이외의 요소로부터 제약받는 상태를 '자유에 반하는 상태'라고 생각하게 된다. 이에 비해, 타인의 제약을 '자신을 부정하는 속박'으로만 볼 것이 아니라 '사회적으로 승인된 자신'을 실현하는 조건으로 다시 이해했을 때, 우리는 진정한 의미의 자유를 실현하고 자신에게 만족할 수 있게 된다.

헤겔은 그의 독자적인 자유에 '타자 속에서 자기 자신에게 있는 것'이란 정의를 내렸다. 이것은 우리가 '상호승인'에 기초한 우리의 일원으로서 정체성을 확립한 상태이다. 그리고 그러한 자유가 안정적으로 실현될 수 있는 상황으로 헤겔은 도표 2-3에 정리한 세 가지 행위 영역, 무엇을 해야 할지를 제시하는 윤리적 기준을 갖춘 집단으로서 '인륜Sittlichkeit'[10]을 제시했다.

헤겔에 따르면 근대 이후의 인간은 기본적으로 세 가지 행위영역 속에서 서로에게 요구되는 객관적 의무를 수행함으로써 상호승인을 확고히 해나가야만 한다. 우리의 정체성은 귀속 집단이라는 관점에서 볼 때, 예컨대 한 가정의 아버지이자 한 직장의 과장이며 한 국가의 국민이다. 이처럼 세 가지 계층을 묶는 형태로 성립되어 있다.

그러나 헤겔이 주장하는 사회적 관계 속으로 들어가 그 일원으로서 생활하는 상태를 우리가 추구하는 자유로 받아들일 수 있을까? 설사 그렇다 해도 세 집단은 각각 상호승인의 상태를 실현할 수 있을까? 또 세 집단의 상호 관계는 국가를 가장 높은 위치에 두는 것이 좋은 것일까?

자신의 귀속된 집단을 '개인적 자유'를 제한하는 주체가 아니라 '사회적 자유'로 발전시키는 곳으로 이해하면 그 조건을 충족한다. 이러한 관점에서 집단과 자타의 이상적 자세를 검토하는 시각을 확립했다는 의미에서 헤겔의 철학은 의의가 깊다. 그리고 근대 이후, 개인이 상호승인으로서 자유를 자각하지 못하기 때문에 두 개의 자기중심주의적 자유 쪽으로 치우치게 된다는 것이 헤겔의 시대 진단이었다.

그런데 실제로 상호승인이 사회 전체적으로 실현되고 있다고 할 수 있을까? 하는 앞의 논점에 관해서는 아무래도 헤겔이 상황을 낙관적으로 보아 자신의 이상을 지나치게 전면에 내세우지 않았는가 하는 의문이 남는다.

---

10 헤겔은 법철학에서 "인륜이란 살아 있는 선으로서 자유의 이념이며, 이러한 살아 있는 선은 자기의식 속에 자기의지와 의지의 활동을 지니고, 자기의식의 행동을 통해 자기의 현실을 지니지만, 다른 한편 마찬가지로 자기의식도 인륜적 존재 속에 자기의 지양적으로 존재하는 기반과 동적인 목적을 지니는바, ―결국 그것은 현존세계로 됨과 동시에 자기의식의 본성으로 된 자유의 개념이다"[『법철학』, 142절]. ― 출처 《헤겔사전》, 가토 히사다케, 구보 요이치, 고즈 구니오, 다카야마 마모루, 다키구치 기요에이, 야마구치 세이이치 공저.

<도표 2-3> 헤겔 《법철학》에서 '인륜'의 분류

인륜	내용
가족	연애를 계기로 성립되며 구성원이 생활을 함께하면서 형성된 '가족애'라는 축을 통해 존속되는 공동체이다. 가족 구성원들은 서로를 부모, 자식, 형제와 같은 관계성으로 이해한다.
시민사회	개개인이 욕망충족을 목적으로 경쟁하는 '욕구의 체계'인 동시에 그 충족을 서로의 생산물에 의지할 수밖에 없는 '상호의존 체계'로 성립되어 있는 경제영역이다. 그래서 개인은 욕구충족이라는 이기적 목적을 위해 노동이나 교환과 같은 사회적 규범을 따르지만 그 반대로 직업노동이 '동료'와 함께 '자부심'을 가지고 사회에 공헌한다. 이 같은 형태로 자신의 존재 의의를 뒷받침하는 활동임을 알고 특정 조직에 귀속된다. 따라서 시민사회는 '교양형성(Bildung)'의 영역이기도 하다.
국가	국내외에 발생한 다양한 문제를 '국가 전체의 행복'이라는 관점에서 해결하여, 시민들 사이에 애국심이 자라고 그것을 토대로 활동하는 정치영역이 있다. 국가는 시민사회와의 대립을 지양할 때 단순한 정치기구가 아닌 다른 두 행위 영역을 포섭하는 커뮤니티가 된다.

다음 장 이후 우리는 헤겔이 그린 인간상 혹은 세계관이 상식 속에 뿌리내리고 있다는 점과 그것이 현실적으로나 이상적으로나 붕괴되고 있음을 깨닫게 될 것이다. 이 때문에 아직 카터가 정말 '어리석었는지'에 관해서는 판단할 수 없다.

자기소개에서 알아줬으면 하는
자신은?

　　자기소개는 귀찮다. 이름이나 출신지 같은 의미 없는 소재는 지루할 수 있고, 인생의 목표나 신조는 있어도 너무 과장되고, 자신의 성격이나 특징은 자각하지 못하는 경우가 많기 때문이다. 그럼에도 자기소개는 인생의 중요한 전환기에 요구된다. 대표적으로는 취업을 위한 면접과 선발에 쓰이는 이력서 제출이 있다. 그 주요 항목은 지원자가 지금까지 어떤 조직에 속해 있었는지를 보여주는 학력과 직장 경력인데, 지원 이유나 기능, 자격 유무 등의 필수 항목뿐 아니라 취미나 장점과 같이 업무 내용과 무관해 보이는 항목도 포함된다. 그러나 그것들은 개인이 지닌 인성의 일부에 지나지 않는다. 그러면 이력서 항목에 어떤 내용을 정정·추가·삭제해야 좀더 적절하게 자신을 표현할 수 있을까?

제 3 장

약하고 모호한
'선과 악'의 경계선

1. 기억하지 못하는데 살인범으로 재판을 받는다면

책임의 근거와 기억의 상실

나는 책을 덮어 무릎 위에 내려놓았다. 그리고 내 책임에 대해 생각하지 않을 수 없었다. 내 흰 셔츠에 새로운 피가 묻어 있었던 것이다. (……) 아마도 나는 그 피에 대해 책임을 지게 될 것이다. 내가 재판에 회부되었을 때를 상상해본다. 사람들이 나를 비난하고 책임을 추궁하겠지. 모두가 내 얼굴을 노려보며 손가락질을 할 것이다. 기억에 없는 일에는 책임질 수 없다고 주장하겠지. 정말로 무슨 일이 일어났는지조차 모르겠단 말이다.

― 무라카미 하루키(村上春樹), 《해변의 카프카》[1]

해리성 정체 장애Dissociative Identity Disorder라는 질병을 앓고 있는 다무

---

[1] 원제: 海邊のカフカ(2002).

라 카프카는 자신의 기억에는 없는 살인, '다른 자신'이 저질렀을 범죄를 깨닫는다. 그 때문에 자신이 재판을 받게 되지 않을까 하고 스스로 질문한다. 해리성 정체 장애란 의식, 기억, 정체감, 환경에 대한 지각 등 정상적으로 통합되어야 하는 성격 요소들이 붕괴되어 나타나는 질환을 말한다.

《해변의 카프카》에서, 인격으로서의 동일성을 유지하지 못하는 그는 기억에 없는 행위에 대한 책임을 면제받겠지만, 카프카는 이마저도 실감하지 못한다. 그의 자아는 또 다른 자신의 존재를 인식하지도 못하고 그것을 타인으로도 떨쳐버릴 수 없기 때문이다. 그래서 반대로 자신이 기억하지 못하는 행동에도 책임을 져야 하지 않을까 하고 자문한다.

무라카미 하루키는 소설 속 카프카를 통해 불확실한 기억에 농락당하거나 기억을 그럴싸하게 왜곡, 날조하고 불쾌한 기억을 망각으로 몰아넣는 인간의 실상을 부각한다. 그로써 '기억의 동일성'이 중심인 인격으로 사회생활을 하는 우리의 위태로운 정체성을 드러낸다.

나의 기억은 진짜일까? 정신질환이 있는 사람뿐 아니라 우리 대부분이 언젠가는 마주하게 될 질문이다. 예컨대 나이가 들면 의식이나 기억이 단편화된 상태에 놓이기도 하고 타인으로부터 기억에 없는 자신과 동일인물 취급을 받으며 행동을 나무라거나 지적받게 되기 때문이다. 그러나 그들은 말한다.

누가 그 꿈의 진짜 소유자이든 너는 그 꿈을 공유한 것이다. 그러므로 꿈속에서 한 행동에 대해 너는 책임을 져야만 한다. 결국 그 꿈은 네 영혼이 어두운 통로를 지나 잠입한 것이므로.

— 《해변의 카프카》

그러나 카프카가 재판을 받는 모습을 상상했을 때, 그때까지 읽은 책에 그려진 실존인물과 자신을 하나로 보는 것은 그 인물이 자각하지 못하는 범죄에 대한 책임을 추궁당한다는 점에서 자신과 닮았다고 해도 다소 엉뚱하고 좀 거리가 먼 연상처럼 생각될 수 있다.

왜냐하면 카프카가 '또 다른 자신'이 살았던 현실로 해석하고자 했던 꿈은 아돌프 히틀러Adolf Hitler, 1889~1945의 꿈이며, 너로 불리는 피고는 나치 친위대의 고위 장교다. 그는 유대인 수십만을 강제수용소로 이송하는 임무를 맡은 최고 책임자 아돌프 아이히만Adolf Eichmann, 1906~1962이기 때문이다.

다시 말해서 카프카가 안고 있는 문제는 그 자신의 기억 유무에 기인하는 데 비해 아이히만에게 던져진 질문은 선과 악의 쟈각 유무, 즉 나치 체제의 일부로서 행한 자신의 행위를 '악행'으로 인식하지 못했는가 하는 문제였기 때문이다.

우리를 많이 닮은 '희대의 살인마'

1962년 예루살렘 법정의 피고인석에 앉은 아이히만은 방청석을 가득 메운 유대인의 분노에 찬 시선을 온몸에 받으며 쏟아지는 질문에 어눌한 말투로 대답했다. 마른 몸을 검은 정장 속에 숨긴 이 사내는 이따금 '내가 왜 이런 대접을 받아야 하는지 모르겠다'며 납득하지 못하겠다는 표정을 짓기는 해도 흥분해서 소리를 지르거나 후회의 눈물을 글썽이는 일 없이 평정을 유지했다.

이 재판은 아이히만이 도피처 아르헨티나에서 정부의 승인 없이 이스라엘 비밀경찰에 체포 연행된 점, 그리고 통상 전쟁범죄를 다루는 국제법정이 아닌 제2차 세계대전 후 설립된 유대 국가인 이스라엘의 군사법정에서 열리는 점 등 이례적인 재판으로 전 세계의 주목을 받았다.

그리고 법정에 모인 사람들도, 국내외 여론도 그를 대량학살에 적극적으로 참여한 희대의 살인마, 이른바 또 한 사람의 히틀러로 다루고자 마음먹은 것이다. 그러나 법정에 모습을 보인 사람은 예의 바르고 연약해 보이는 보통 사람이었다.

아이히만은 전쟁 중에 자신이 수행한 임무에 대해 매우 분명하게 기억하면서도 그것이 유대인 섬멸이라는 악랄한 의도에 기초한 행위였음은 인정하지 않고 일관되게 무죄를 주장했다. 물론 자신은 강제수용소에서 무슨 일이 벌어지는지 알았지만 어디까지나 조직의 명령에 따랐을 뿐이고, 단적으로 말해서 유대인을 운반하는 기차의 운행 시간만 관리하는 사람에 지나지 않았다는 것이었다. 그래도 양심에 따라 명령을 어겨야 하지 않았느냐는 비난에 대해, 그는 전시 상황에서는 군인에게 국가의 명령을 어길 그 어떤 여지도 없다고 대답했다.

그 당시에는 '너의 아버지는 배신자다!' 라는 말을 들었다면 친아버지라도 죽였을 것이다. 나는 그때 명령에 복종했고, 그것을 충실히 실행하는 일에 뭐랄까, 심리적인 만족감을 느꼈다. 명령받은 내용이 무엇이든 간에 말이다.

– 요헨 폰 랑(Jochen von Lang) 편저, 《아이히만 조서 – 홀로코스트를 가능하게 한 남자》[2]

근대국가에 잠재된 역설

어제까지는 명령에 따랐을 때 주위 사람들로부터 믿음을 얻었던 합법적

---

2 원제: Eichmann Protokoll(1982).

〈도표 3-1〉 사회규범의 분류

	규범의 유형	결정권자	재판
윤리(ethics): 규범(norm)의 총칭	법률(law) 관습(custom) 도덕(moral)	국가 집단 개인	형벌 경멸 후회

인 행위들이 갑자기 범죄로 역전되었다. 그렇다면 죄의식이 없는 범죄자는 자신에게 부여되는 책임을 받아들일 수 있을까?

물론 나치 독일은 여느 근대국가가 아니다. 제2차 세계대전의 완전한 청산이 시도된 뉘른베르크 재판에서 나치 독일은 국제법상 전쟁 범죄를 저지른 통상적인 국가가 아니라 국제법의 규정을 넘어선 범죄국가라는 판결이 내려졌다. 그 이유는 국가의 존재 이유가 특정 민족의 섬멸에 있었다는 점, 그리고 그 어떤 독재정권과도 비교할 수 없는 규모로 집단적 범죄를 저질렀다는 점에 있다.

또한 유대인으로 인정받은 여타 소수민족과 나치당에 소속되지 않은 사람 등 수많은 박해의 대상뿐 아니라 국내에서 생활하는 독일의 일반 국민도 그 권리를 언제 빼앗길지 모르는 상태에 놓여 있었다. 다시 말해서 정치권력이 필요하다고 여기면 누구에게나 자유를 박탈할 수 있는 권한을 법률로 인정했던 것이다.

따라서 나치 독일은 근대국가의 기본인 국민의 권리를 부정한 '이상한 국가'였다고 할 수 있다. 다만 그런 상태는 나치당이 민주적 절차를 무효화하거나 국민을 교묘하게 유도했더라도 역시 다수 국민의 지지와 복종으로 가능했던 일이다.

우리의 정체성이 사회적 인간관계에 의존하는 이상, 그곳에서 공유되는 사실 인식이나 가치관 속에 누군가에 대한 혐오나 적의가 포함되어 있는 경우에는 법질서를 바꿔 누군가의 권리 박탈을 합법 행위로 만들 우려가 따르게 된다. 이는 근대의 법치국가가 안고 있는 역설이다. 그것을 이해하기 위해 우리가 행동할 때 근거로 하는 규범을 분류했다[도표 3-1 참조].

원래 법률은 국민생활의 기반으로, 그것이 보장하는 권리의 테두리 안에서 지역사회로 대표되는 집단의 관습이나 개개인이 자기 자신을 다스리는 도덕이 성립된다.[3] 그리고 각각의 법률이 갖는 정당성은 헌법에 의해 보장된다. 이때 헌법은 국가의 기본 성격을 결정하고 정치권력의 폭주나 특정 사람들에 의한 통치기관의 사유화를 막는 '법률의 법률'이다.[4]

그러나 근대국가의 헌법은 '신의 뜻'이라는 종교적 권위에서 출발한 탓에 절대적인 법은 아니다. 개개의 법률보다 제정, 개정, 철폐의 장벽이 높다고 해도 인위적으로 제정된 이상 고치고 바꿀 수 있는 상대적인 법이다.[5]

예컨대 헌법을 제정한 이후 많은 시간이 지나 국가가 처한 상황이 처음과는 크게 달라져 새로운 문제에 대처하기 위한 법안들이 헌법에 저촉되어 제정되지 못할 수도 있다. 이때 일정한 절차를 밟으면 헌법을 개정해 새로

---

3 다만, '법률'은 그 제도에 앞선 '습관'에 의존하는 면을 가지며 외부에서 강제로 주어져도 쉽게 정착되지 않는다. 또한 '윤리'의 분류에 관해 이 책에서는 '선/악'을 결정하는 심급(결정권자)의 차이로 정리하였다. 단, 영미에서는 '관습' 중에서 선/악과 관련된 것 일반이 '도덕'으로 여겨지기도 한다. 또한 일본의 학교 교육에서는 국내에서 바람직하다고 여겨지는 행위를 이야기 형식으로 체득하게 하는 교과가 도덕(전쟁 전에는 '수신(修身)')이며, 동서고금에 학문적으로 정리된 행위규범의 원리를 배우는 교과가 윤리이다.

4 '헌법(constitution)'에는 '법의 법률'이라는 면과 동시에 '국가의 기본 성격' 제시라는 면이 있는데 후자에는 건국의 역사를 바탕으로 한 설립 이념이 포함된다. 그러나 일본에서는 이 논점도 무시되고 있다.

5 이러한 역설을 회피하기 위해 과거의 철학자는 '자연법(natural law)'이라는 발상을 내놓았다. 자연법이란 인위적으로 만들어진 것이 아니라 저절로 생성되는 법이다. 그 근대판에 대해서는 이 책 제11장 참조.

운 법률을 제정할 수 있다.

물론 그건 쉬운 일이 아니다. 왜냐하면 헌법의 개정은 각각의 조문만 편의적으로 정정할 수 있는 것이 아니기 때문이다. 또한 다른 조문과 정합성을 유지하는 형태여야 하며, 특정 사안만을 위해 국가의 성격 전체를 극적으로 변화시킬 수는 없기 때문이다.

그러나 나치 독일은 이른바 '전권위임법'6이나 '뉘른베르크 인종법'7을 동원해서 소멸시킨 바이마르공화국과 조금도 비슷하지 않은 '제3의 제국'을 탄생시켰다. 뉘른베르크 인종법은 유대인의 시민권을 박탈하고 독일인과의 결혼을 금지하는 반유대주의 법안으로, 유대인 탄압의 근거를 마련한 법률이다.

이를 통해 알 수 있는 사실은, 정부를 포함한 일반 국민의 정신이 일반적인 틀을 벗어나면 헌법으로조차 제어가 안 될 때가 있다는 사실이다. 이런 사태를 연상한다면 처음에는 엉뚱해 보였던 카프카의 상상도 꼭 틀렸다고만은 할 수 없다. 왜냐하면 우리가 알고 있는 '선/악'의 기준이 유동적인 것이라면 어떤 행위가 '선인지, 또는 악인지'에 대한 결정이 상황에 따라 달라지기 때문이다.

6　비상사태에 입법부가 행정부에 입법권을 위임(委任)하는 법률을 말한다. 일반적으로 1933년 독일에서 나치 독일 정권에 입법권을 위임한 법률을 가리킨다.

7　뉘른베르크 인종법(Nürnberger Gesetze)은 인종 분리, 경제 활동에서 유대인 배제, 국가 내의 시민사회 및 시민권에 관한 나치당의 강령과 독일의 전통적인 반유대주의를 실현하는 데 초점을 둔 차별법이다.

2. 평범한 공무원이 불합리한 범죄에 가담한 이유

자각이 없는 죄인은 재판받지 않는다

아이히만 재판에서 문제가 된 논점 중 가장 큰 하나는, 범죄의 수행에는 악을 행할 의도가 빠져서는 안 된다는 근대 법체계의 공통된 가설이었다. 유대인인 자신도 박해를 받고 유럽 각지를 전전하다 미국으로 이주한 정치 사상가 한나 아렌트Hannah Arendt, 1906~1975는 아이히만 재판을 방청한 뒤 이렇게 기술하였다.

선과 악의 기준을 상실한 상대에 대한 재판은 성립되지 않는다. 죄의식이 존재하지 않기 때문이다. 설령 재판 결과 아무리 엄한 형벌이 내려지더라도 피고는 자신의 죄를 후회하거나 뉘우치지 못하므로 복수의 행사나 범죄의 예방을 이루더라도 범죄자의 후회는 성취될 수 없다.

아렌트는 앞에서 언급한 '의도가 결여된 범죄'라는 문제를 직시하면서, 나아가 그 같은 사태를 초래한 이유를 고찰한다. 그리고 그 단서가 된 것이 악의 진부함, 즉 악행을 저지른 인물의 평범하고 변변찮음이라는 논점이 었다.

전쟁이 일어나기 전 아이히만은 가족을 사랑하는 친절한 이웃이었으며 성실하게 일하는 훌륭한 인물로 주위의 존경을 받았다. 그는 평화로운 시대에 일반적인 국가에서 살았더라면 인간을 함부로 죽이는 일 따위는 절대하지 않았을 것이다. 그런 아이히만이 자신의 근면함 때문에 주저 없이 집단적 범죄에 관여하고, 전쟁이 끝난 뒤에도 자신의 죄를 제대로 깨닫지 못하는 모습에서 아렌트는 대중사회가 인간에게 가져다준 사고의 결여를 발견했다.

저주는 지금도 풀리지 않았다

아렌트에 따르면, 대중사회야말로 전체주의의 토양이었다. 그녀는 《예루살렘의 아이히만》[8]에 이렇게 썼다.

이 시스템을 조종하는 사람들은 다른 모든 사람과 마찬가지로 자기 자신도 쓸모없다고 믿는다. 그리고 전체주의의 살해자들은 자신이 살든 죽든 신경 쓰지 않으며 이 세상에 태어났든 그렇지 않든 똑같다고 생각한다. 이 점이 더욱 위험하다.

산업혁명 이후 일반 국민의 생활을 안정시킨 서양의 선진국에서는 도시 인구가 증가하면서 사람들의 고립이 발생했다. 타인과 교류가 거의 끊어지는 동시에 인류의 과거와 미래 그리고 현재를 의미해온 종교도 빛을 잃었기 때문이다. 사람들은 직장이나 가정에서조차 자신이 왜 무엇을 위해 존재하는지를 확신하지 못하고 자신은 '뿌리 없는 풀'로 이 세상에서 쓸모없는 존재가 아닐까 하는 불안감에 휩싸인다.

그런 사람들은 특징이 없는 평범한 사람들의 집합체라는 의미에서 대중으로 편입된다. '대중의 불안'은 경제적 실업과 정치적 무기력의 경험으로 시작되었고, 타인과의 새로운 유대감을 찾는 절실한 욕구로 변해갔다.

이런 상황에서 제1차 세계대전의 패전으로 몹시 궁핍해진 바이마르공화국에서는 예전부터 전해져온 유대인 혐오감이 유대인 추방을 핵심으로

8　원제: Eichmann in Jerusalem(1963).

하는 이데올로기로 재편되었다. 나치는 '유대인이야말로 독일인들의 불행의 원천'이라는 과거와 '유대인이 사라지면 독일인, 나아가 전 세계인이 행복해질 수 있다'는 미래 사이에 현재를 자리매김하고 '유대인 섬멸'이 독일민족의 사명이라고 규정지었다.

이러한 이데올로기는 다양한 매체를 통해 대대적으로 선전되었고 자신의 존재 이유를 잃어버렸던 대중에게 삶의 목적을 부여했다. 대중은 그것을 믿음으로써 현실세계로부터 자신을 분리시켜 불안을 해소해주는 허위의 세계로 파고 들어가서 나치 체제의 인적 자원이 되었다.

오랜 유대인 혐오에 포함되는 수전노, 비겁자, 신을 죽이는 악마들이라는 편견은 명령을 내리는 지배자들에게는 편리한 것이었다. '왜 유대인이 악인가' '누구를 유대인으로 보는가'……. 이런 이유를 그때마다 상황에 맞게 바꿀 수 있었기 때문이다.

'반反유대주의'는 적대감을 유발하는 온갖 요소로 뒤섞여 있었으며, 다른 한편으로는 대중과 지배층을 결합하는 만능의 촉매였다. 더구나 이데올로기를 내세우는 히틀러나 나치당의 판단에는 실수가 없었다. 처음부터 '참/거짓'을 가름할 객관적 기준이 존재하지 않았기 때문이다. 그들은 정치권력을 이용해 대중을 조직하고 히틀러의 꿈을 현실화해나갔다.

문제는 이러한 이데올로기가 지배자에게 이용될 뿐만 아니라 지배자 자신을 이용하게 된다는 점이었다. 히틀러조차 최종 해결을 관철하는 도구로 변질되고 말았기에 그러했다. 나치 독일은 유대인 섬멸이라는 목적만으로 대중을 결속했기에 어떤 수단을 써서라도 그 실현으로 갈 수밖에 없었으며 히틀러가 명령을 내릴 필요까지도 없었다. 부하들이 이를 앞다투어 실행할 정도였다. 이렇게 독재자로 불린 사람을 포함해 한 사람도 자유 의지를 발휘할 수 없는 전체주의가 완성되었다. 아렌트는《예루살렘의 아이히만》에 이렇게 썼다.

전체주의가 20세기의 저주가 된 것은 전체주의 정치, 경제, 문화 등에서 발생하는 여러 문제를 공포스러운 방식으로 처리했기 때문이다.

이 세상 어디에도 있을 곳을 찾지 못하고 자신은 쓸모없는 존재가 아닐까 하는 불안감을 가진 대중은 이를 잠재우기 위해 현실세계 속에서 유대인이라는 쓸모없는 존재를 만들어냈다. 그리고 그들을 박해한다는 해결책에 매달리며 제멋대로 안도감에 빠져들었다. 거짓으로 만들어낸 꿈을 공유하고 아무 생각 없이 명령에 따르는 것이 가장 마음 편안한 삶이 된 것이다.

민주주의에는 문제가 없을까?

아이히만 재판은 대중사회에 속하는 인간은 이상한 집단에 소속되면 그 미친 행위를 '옳다'고 믿고 의심할 수 없게 된다는 사실을 드러냈다. 아이히만 재판이 우리에게 주는 교훈은, 우리는 자신이 속한 조직이나 사회나 국가에 대해 항상 반성과 비판의 태도를 유지해야 한다는 점이었다. 그리고 이것은 제2차 세계대전 후 인문·사회과학계 학문 전반의 기본자세가 되었다.

이러한 문제의식은 우리 실생활에도 통용된다. 우리는 어려서부터 민주주의는 모든 사람이 자신의 의견을 표명하고 대화하고 납득할 수 있는 형태로 국가나 집단의 방침과 규칙을 결정하는 구조라고 배웠다. 그리고 일본은 다시는 결코 같은 실수를 범해서는 안 된다고 배워왔다.

확실히, 신분이나 수입 등의 구별 없이 일반 국민에게 정치 참여 권리를 인정하고 논의를 축적함으로써 정치를 영위하는 민주제는 둘도 없이 소중하다. 그러나 현실에는 많은 문제점이 숨겨져 있다. 실제 정치에서 우리는 자기 의견을 얼마나 표명할 수 있을까? 투표하고 싶은 자신의 대변인이 실제로 존재할까? 헌법이 보장하는 한 표의 평등이 실현되고 있을까? 의회의 다수결이 국민의 의사를 반영한다고 말할 수 있을까? 위정자의 의사결정에서 소수자의 의견을 수렴하는 자세를 확인할 수 있을까? 애초에 정치 안건에 관한 알 권리가 충분히 보장되어 있을까?

우리가 정치에 참여하려는 의욕이 있더라도 이러한 문제에 대처할 방법을 터득하지 못한다면 그 의지를 실현할 수 있는 길은 없다.

원래 민주주의democracy란 국왕이나 귀족의 정치 독점을 철폐하고 민중이 정치에 참여하는 것을 의미한다. 협의한 후의 합의가 의사결정 방법인 반면에 중우정치mobocracy⁹나 대중 영합에 빠질 위험이 있어 제도가 마련되었다고 문제가 없는 것은 아니다.

그러나 제도로서 민주주의와 이상적인 국가 목표로서 민주주의가 혼용되어 거론되기 때문에 이 제도를 활용하기 위한 더 나은 태도를 고찰하는 방법으로까지는 나아가지 못한다. 민주주의의 실상에 대한 의문이나 비판은 민주주의라는 단어 앞에서 기가 눌려 침묵으로 돌아가기 때문이다. 이런 상태에 있는 한 우리의 정치의식은 아이히만의 '사고의 결여'와 크게 다르지 않다고밖에 볼 수 없다.

아무튼 기억의 일관성이 없는《해변의 카프카》속 카프카도, 죄의식을 갖지 못한 아이히만도 우리 생활의 연장선상에 있다. 그러나 거기에는 내용적으로나 제도적으로 탄탄한 경계선을 긋지 않으면 안 된다. 왜냐하면

---

9   중우정치(衆愚政治)는 선동과 군중 심리 등으로 다수결의 원칙이 비합리적인 판단으로 결론 내려질 수 있다는 민주주의의 단점을 부각한 말이다.

억울한 죄가 성립되거나 합법적인 범죄가 인정된다면 우리 세계는 질서 없는 혼돈으로 전락할 것이기 때문이다.

그럼 '선/악'의 경계선은 어떻게 해야 모든 사람이 납득할 수 있는 상태로 성립될까? 여기서 근대 이후 철학자들이 씨름해온 '규범의 근거 마련'이라는 윤리학의 과제가 떠오른다. 사회의 근대화로 서서히 영향력을 잃어가던 기독교 도덕을 근대인에게 납득할 수 있는 형태로 다시 구축하여 행위규범을 재건하는 시도가 있었기 때문이다. '너희는 살인하지 말라' '너희는 훔치지 말라' '너희는 간음하지 말라' 등등은《구약성서》의 〈십계〉로 전해져온 신이 신도들에게 부여한 율법이지만 그 타당성의 근거나 조건을 되물은 것이다.

이 책에서는 뒷부분에 근대 윤리학의 대표적 학설들을 소개하는데, 그 전에 그러한 시도 자체를 '종교의 재탕'이라고 비판한 철학자의 생각을 확인할 필요가 있다. 그의 이름은 프리드리히 니체F. W. Nietzsche, 1844~1900였다.

그는 젊은 나이에 대학 강단에서 쫓겨나 질병의 고통을 안고 유럽 각지를 떠돌며 집필 활동을 계속했다. 우리는 그의 사상을 더듬어가는 과정에서 사회규범을 재건할 때 빠져서는 안 될 함정을 확인하고, 동시에 사회규범이 없는 세계에서 살아가는 가혹함을 엿보게 될 것이다.

3. '선/악'의 도덕적 구별은 허구일 뿐이다

신은 죽었다! 신은 죽어버렸다! 그것도 우리가 신을 죽였다! 살인자 중의 살인자인 우리는 어떻게 스스로를 위로할 것인가? 지금까지 세상에서 가장 신성한 존재가 우리의 칼날에 피투성이가 되어 죽은 것이다.

– 프리드리히 니체, 《즐거운 지식》[10]

그때까지 기독교에서 신의 죽음이란 신이 인간을 사랑하여 예수라는 모습으로 현세에 나타나 인간의 죄를 짊어지고 죽음을 받아들인 사건을 가리키는 말이었다. 따라서 신이 스스로 죽음의 길을 걸음으로써 구세주 신앙으로서 기독교를 성립시켰다. 그것은 인간의 원죄를 속죄하기 위한 죽음이라는, 과거로부터 예수의 부활과 최후의 심판이라는 미래 사이에 현재를 자리매김하는 사건이었다. 여기서 현재는 구제받을 것인가, 받지 못할 것인가를 결정하는 시련의 장이 된다.

그러나 니체는 신의 죽음이라는 용어를 사용해서 다른 사안을 표현했다. 그것은 근대사회 민중의 정신상태, 다시 말해 경건한 신자인 척하며 사회적 신용을 얻으면서도 속으로는 신앙 따위는 갖고 있지 않은 기만에 찬 태도를 일컬었다. 그리고 니체가 볼 때 기독교적 도덕을 토대로 한 많은 근대 윤리학도 민중과는 반대로 표면적으로 혁신을 자처하면서도 결국은 기독교에 의존하는 기만으로 비친 것이다.

민중은 기독교적 도덕이 가치가 없음을 깨달아 그것을 버리고 본래의 삶을 회복해야 한다는 것이 바로 니체의 주장이었다.

약자의 원한과 도덕의 조작

니체는 기독교 도덕의 성립 과정에 내재된 허위를 폭로하는 방식으로 종교 비판을 감행했다. 기독교 도덕이 성립되기 이전에 고대 그리스 경기장

---

10 원제: Die fröhliche Wissenschaft(1882).

에서는 각 도시국가들을 대표하는 사람이 신체 능력과 기능을 겨루었고, 로마 제국의 투기장에서는 전쟁에 필요한 전투 능력을 시험했다.

그러한 경쟁장은 죽음과 종속이 표리일체인 가혹한 전쟁터를 기쁘게 즐기는 난폭성을 발휘하는 장소인 동시에 자신의 힘에 대한 자존심과 호적수에 대한 존경심을 기르는 장소이기도 했다. 따라서 승리를 갈망하는 경기자의 정신은 질투와 증오와는 무관한 순수하고 맑은 것이었다.

경쟁을 뚫고 나가는 강자에게 자기 힘을 마음껏 발휘하는 자신에 대한 성실성이야말로 행복의 원천이며 승패라는 사실만이 사물의 우열을 가린다. 따라서 사회의 규범도, 타인의 존재도, 그들에게는 아무런 구속력을 갖지 못한다. 강자는 이러한 관점에서 경쟁 결과가 보여주는 '우량/열악'이 자신과 타인을 평가하는 기준이라고 선언한다. 이 승리로 우쭐한 자기긍정에서 고대의 도덕률이 성립되었다.

반면에 패배한 약자는 강자에 대해 '르상티망ressentinent, 원한'을 품었다. 하지만 이들은 자신의 역부족 탓에 관계를 역전시킬 수 없다. 그래서 암묵적으로 평가 기준 자체를 슬쩍 바꿔치기하고 열등감을 상상 속의 복수로 보충했다.

약자는 ① 강자를 '나쁘다bose'고 평가한 뒤에 ② 나쁘지 않은 자신을 '선하다gut'고 정당화하여 ③ 강자가 앞으로는 더 나쁜 일을 하지 못하도록 그것을 금지한다[도표 3-2 참조].[11] 이렇게 무력은 선함으로, 겁 많은 비겁은 겸허로, 미운 상대에 대한 복종은 공손으로 바뀌었다. 이것이 '노예도덕'의

---

11 말하자면, 축구 시합에서 이길 수 없는 약소팀이 격렬한 플레이로 '득점'을 올리기보다 강팀이 실력을 발휘하지 못하게 하는 교활한 방법이다. 예컨대 '페어 플레이'가 가치 있다고 주장해 다른 팀의 지지를 얻어낸 뒤 신체접촉 금지나 반칙 한 번에 페널티킥을 얻는 등의 규칙을 정하는 것이다.

〈도표 3-2〉 노예도덕의 존립 구조

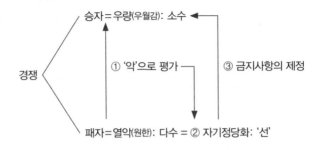

성립이다.

간단히 설명하면, 기독교는 증오심에서 발원한 위선僞善도덕이며 강자를 약자에게 종속시키려는 노예도덕이라고 주장하는 것이다. 니체에 따르면, 이처럼 서양사회에서 가치를 슬쩍 바꿔치기한 장본인은 기독교의 사제들이었다. 그는 《도덕의 계보》[12]에서 이렇게 썼다.

사제들이 지닌 본질적으로 위험한 생존 양식을 기반으로 하여 비로소 인간은 흥미로운 동물이 되었고, 영혼은 더 숭고한 의미에서의 깊이를 획득해 한층 사악해졌다.

노예도덕은 약자인 자신이 싸우지 않고 끝날 수 있도록 경쟁을 악으로 판단했고, 신이나 법과 같은 절대적 가치를 조작하여 모든 사람이 평등하다는 것이 선이라 우기고 있다. 그리고 근대 윤리학도 그 재탕에 지나지 않

---

12 원제: Zur Genealogie der Moral(1887).

〈도표 3-3〉 허무주의의 해체과정

허무

↓

기독교의 성립

↓

① 수동적 허무주의

↓ ⤳

③ 병적 허무주의

↓ ⤳

② 능동적 허무주의

↓

자기해체

① **수동적 허무주의**: 믿어온 것에 배신을 당하여 정신력이 약해진다. 기존의 목적이나 신념을 재해석하여 활력이 없는 인생을 위로하는 정도의 상태. 대부분 이후에 공허함을 견디지 못하고 능동적 상태로 전환한다.

② **능동적 허무주의**: 정신력이 강화되어 기존의 목적이나 신념에 만족하지 못하고 현재 상태를 파괴하는 활력을 지닌 상태

③ **병적 허무주의**: 그 어떤 '가치 있는 것'도 발견하지 못하고 자신의 인생이나 세계의 존재조차 무의미하다는 체념에 빠져 그곳에 정체되는 상태

는다. 여기서 알 수 있는 것은 원한에 가득 찬 병약한 정신이며 경쟁 없는 사회에 길들여진 가축의 정신이다.

니체는 이렇게 노예도덕을 비판하면서 주인도덕을 칭송했다. 그러나 우리는 이들 중 어느 하나를 선택할 필요는 없다. 오히려 현대의 이상에서 보면 경박한 힘의 논리도, 음습한 책략의 구조도 회피해야 한다고 생각하는 것이 타당하기 때문이다.

허무주의자는 미래를 꿈꾸는가?

이처럼 니체의 종교 비판은 매우 파괴적이다. 그러나 그런 비판은 만일 그것이 관철되었을 경우 어떤 세계가 초래될지 예측하고 말한 것일까? 니체는 서양문명의 역사는 기독교가 그 시작에서부터 숨겨온 거짓이 드러나

고 그 교의와 가치가 무너져 자기 해체에 이르는 과정이라고 내뱉었다.

그러한 허무주의 위에 구축된 신념체계에 잠재한 자살 장치를 원활하게 작동시키는 것이 허무주의자를 자처하는 니체의 사명이다. 그는 '허무주의'의 해체 과정을, 그것을 믿는 사람들의 심리 상태의 추이라는 관점에서 정리했다[도표 3-3 참조].

그에 따르면 앞에서 언급한 바와 같은 근대사회의 정신 상황은 더 이상 '신'을 믿을 수는 없지만, 자신을 지탱해줄 무언가를 기독교의 전통 외에서는 찾지 못하는 '수동적 허무주의'에 해당한다. 더구나 기존의 상식과 생활 양식이 족쇄가 되어 자신의 욕망을 긍정할 수도 없기 때문에 '능동적 허무주의'로 나아가지 못하고 무력감에 침식된 '병적 허무주의'에 빠져들고 있다. 즉 그들은 세속적 행복을 추구하고 있음에도 욕망에 빠지는 것을 죄로 여기는 '기독교 도덕'에 익숙해져 있기 때문에 막상 행복을 손에 넣으면 그것에서 자기의 존재 의의를 지탱하는 가치를 발견하지 못하고 다시 신에게 의지할 수밖에 없는 끝없는 악순환에 빠지게 된다.

이런 현상 분석을 토대로 니체는 신의 죽음을 거론했다. 그것은 병적인 허무주의에 빠져 있는 자신을 직시하고 기독교 도덕의 폐허로 도망칠 것이 아니라 허무주의 본래의 궤도에 있는 능동적 허무주의로 이행하라는 촉구였을 것이다. 그래서 그는 이전의 가치를 모두 뒤집을 수 있는 자신이야말로 가장 '기독교에 충실한 인간'이자 '유럽 최초의 완전한 허무주의자'라고 자칭한 것이다. 그럼 허무주의자의 앞날에는 어떤 세계가 기다리고 있을까? 니체는 이를 '영겁 회귀 ewige Wiederkehr' 사상으로 제시했다.

너는 지금 살아 있고 또 살아온 이 인생을 다시 한번, 아니 더 무수하게 살아야만 할 것이다. 그곳에 새로운 것은 아무것도 없고 온갖 고통과 쾌락,

온갖 사상과 탄식, 네 인생의 이루 다 말할 수 없는 크고 작은 수많은 일 모두가 네 몸으로 회귀해야 한다. 더구나 하나부터 열까지 모두 같은 순서와 맥락에 따라 (……) 너는 그것을 다시 한번, 아니 헤아릴 수 없을 만큼 되풀이하고 싶은가.

— 《도덕의 계보》

어떤 행위나 사건이 끝없이 반복된다면 그것은 어떠한 의미도 갖지 못하고 규범과 책임에 일희일비할 필요도 없어진다. 하지만 우리는 이 과거도 미래도 없는 '영원히 반복되는 현재'를 견뎌낼 수 있을까? 어쩌면 니체는 우리에게 지금의 일상이 영겁 회귀의 한 토막이라며 '현재의 자신에게 만족한다'고 단언할 수 있는지를 물음으로써 상식에 얽매이지 않는 충실한 삶을 살라고 호소하는지도 모른다. 그렇더라도 '허무주의자'가 도달한 자신의 의지 외에는 의지할 것이 없는 세상은 너무나 가혹하게 느껴진다.

다무라 카프카가 방황하는 정체성이 희박한 세계. 아이히만이 매몰된 자유 의지가 없는 세계. 니체가 제시한 '과거'나 '미래'로부터 단절된 세계.

이것은 각각 따로 보면 우리의 일상생활과 동떨어진 것 같다. 그러나 각종 사회규범이 설정하고 있는 '선/악'의 경계선은 그 기반이 흔들리면 그 나약함과 모호함을 의외로 쉽게 드러낸다. 그렇다면 이 세계는 결코 우리에게 다른 세상이 아니다. 게다가 이번 세기에 들어온 이후 저출산 고령화, 경제 격차, 고도의 정보화, 민족 대립, 환경파괴, 방사능 오염 등으로 기존의 사회구조는 그 기반을 잃고 인간으로부터 안정된 생활을 빼앗으려 한다.

이 세태에 우리는 어떻게 맞서야 할까?

우리 세계는 이 질문에 답할 준비가 되어 있는가?

'집단의 기억'을
되풀이하면 안 되는가?

1967년 독일 미술가 안젤름 키퍼(Anselm Kiefer, 1945~)는 스위스, 프랑스, 이탈리아 각지를 돌며 승마복 차림으로 나치식 경례를 하는 자신의 모습을 담은 사진집 〈점령(Occupation)〉(1969)을 발표해 물의를 일으켰다. 그의 의도는 '제2차 세계대전 이후의 독일인'이라는 정체성을 직시하기 위해 '집단의 기억'에 형태를 부여하고 굳이 '부정해야 할 것'의 편에 서서 자신의 내면에 '나쁜 것'이 숨어 있지 않은지 반성하는 것이었다. 그러나 세간에서는 이 작품에 대해 '그 자신이 히틀러 숭배자가 아닌가?' '젊은이들을 신나치주의로 선동할 위험성이 있다.' '언제까지나 과거에 얽매여 자학적이 될 필요는 없다.' '피해자의 감정을 자극해 사회에 균열을 가져온다'는 비판이 쏟아져 나왔다. 그렇다면 일본인이 공유해야 할 '집단의 기억'은 어떠한 것일까?

제Ⅱ부

사랑에
괴로워하기보다
평화가 좋다?

제 4 장

'절멸의 천사'는
여자를 싫어한다

1. 옷이 자유를 얻기 위한 무기가 될까?

'모드 혁명가'의 신랄한 증언

나는 여자의 몸을 해방시켜준 거야. 차려입고 땀 흘리던 육체를 자유롭게 해준 거라고.

— 폴 모랑(Paul Morand), 《샤넬—인생을 말하다》[1]

1946년 스위스의 관광지 생모리츠Saint-Moritz의 고급 호텔 방에서 초로의 여자가 툭 내뱉듯 말했다. 깡마르고 날카로운 눈빛, 검은 드레스를 걸치고 귀찮다는 듯 행동하는 그녀의 목소리는 오랜 음주와 흡연 때문인지 심하게 갈라졌다. 하지만 그녀의 내면에서 뿜어져 나오는 강한 기개를 엿볼 수 있었다.

---

[1]   원제: The Allure of Chanel(1946).

작가는 그녀와 이미 구면이었음에도 그 이야기가 신기하다는 표정을 하고 계속 메모한다. '비밀의 베일'에 싸여 있던 그녀의 어린 시절과 사생활 그리고 무엇보다도 그 위업을 지탱했던 신념을 들을 수 있었기 때문이다.

그녀는 20세기의 '모드 혁명'을 견인하고, 패션 디자이너의 지위를 향상시켰다. 사교계와 예술계의 '스타'가 되었지만 제2차 세계대전을 계기로 공식적인 무대를 떠나 반쯤 은퇴 상태에 들어갔던 코코 샤넬Coco Chanel, 당시 63세이다.[2]

그녀가 세상에 선보인 '복식 제품'에는 다음과 같은 것이 있다. - 신축성이 뛰어난 남성용 속옷 천을 사용한 '저지 드레스', 자연산이든 인공이든 상관없이 여러 가지 향료를 복잡하게 조제해 만든 향수 'No.5', 언제 어디서나 손쉽게 화장을 고칠 수 있는 '립스틱', 따뜻하고 가벼운 영국 신사의 외투를 응용한 '트위드 코트', 상복 색이라 하여 기피했던 검은색으로 물들인 '리틀 블랙 드레스', 두 손을 자유자재로 쓸 수 있게 숄더 스트랩을 단 '퀼팅 백', 군복과 벨보이의 제복을 섬세하게 재해석한 '샤넬 슈트' 등등. 현재는 아무런 위화감 없이 세상에 받아들여지는 이 디자인들은 발표 당시 '스캔들'을 일으키며 칭찬과 비방이 한꺼번에 쏟아졌다.

내가 왜 모드 혁명가가 되었을까 하고 생각한 적이 있어.

내가 좋아하는 옷을 만들기 위해서가 아니었어. 그러니까 이유는 말이야, 내가 싫어하는 것들을 유행에 뒤처지게 하고 싶었던 거지.

- 《샤넬-인생을 말하다》

---

2 '패션(fashion)'과 '모드(mode)'는 보통은 구분 없이 쓰이지만, 원어의 의미를 보면 전자는 어느 특정 시점에서의 '유행 현상'을, 후자는 과거를 부정하는 '최신'의 의미를 강조한다.

재봉 기술은 익혔지만 디자인에 관해서는 완전히 초보였던 스물다섯의 샤넬이 패션 세계로 뛰어들었다. 20세기 초 파리에선 화려하고 과하게 장식한 드레스가 '여성미'를 돋보이게 하는 의상으로 인기몰이를 하고 있었다.

도우미 여러 명이 달려들어 허리를 졸라매야 간신히 걸칠 수 있는 꼭 끼는 코르셋 위에 자수와 보석 등 눈부시게 아름다운 장식이 주렁주렁 달린 무거운 드레스를 입고, 머리 위에는 계절 꽃이나 희귀한 새 깃털이 장식된 거대한 모자가 올려진다. 그러한 복식 제품은 여성의 풍만한 체형과 품위 있는 몸짓, 정숙한 표정을 돋보이게 하려는 연출이었다.

샤넬은 이런 복장을 싫어했다. 자신이 쓰려고 직접 바느질해 만든 모자를 시작으로 19세기부터 이어져온 '여성상'에 계속 맞서 나갔다. 앞서 소개한 경쾌함과 활동성을 추구한 작품들은 그녀의 '투쟁' 기록이다. 나아가 여성이 '인형'처럼 집 안에 틀어박히지 않고 사회에 나가 일하고 자신의 인생을 개척해가기 위한 조건을 정신적 측면에서도 마련하는 것이었다. 왜냐하면 작품의 '편안한 착용감'을 세상에 알리기 위해 샤넬 자신이 그것을 착용하고 '모델' 역할을 했을 때, 그 행동은 여성미에 대한 고정관념을 깨는 시도가 되었기 때문이다.

심플하고 깔끔하게 신체라인이 드러나는 샤넬의 디자인은 그녀 자신의 날씬한 실루엣을 통해 현대를 앞서가는 우아하고 경쾌한 여성상을 명시해 많은 여성으로부터 동경의 시선을 받았다. 그리고 그 시선은 차츰 그녀의 '남자 못지않은 삶'으로 향했다.

결점은 또 다른 매력이 될 수 있는데 여성은 그것을 숨기려고만 해. 오히려 결점을 잘 이용하면 되는데. 그러면 두려울 것이 없어.

— 《샤넬—인생을 말하다》

다만 샤넬은 기존의 여성상에 집착하는 여성에 대해서는 그들을 논하지도 용기를 주지도 않고 가차 없는 혐오의 눈초리를 보내며 경멸의 말을 쏟아냈다. 그리고 이러한 증언을 남기고 7년 뒤에 샤넬은 파리로 돌아갔다. 이번 표적은 '뉴룩'이라는 '곡선이 돋보이는 우아한 여성상'으로 인기를 끌던 신예 크리스티앙 디오르Christian Dior, 1905~1957였다. 그녀는 '19세기 스타일'의 가치를 깎아내리고 그 계승자를 근절하려는 '절멸의 천사'였던 것이다.

제멋대로인데도 자유롭지 못한 옷 선택

그로부터 100여 년, 색이나 형태, 시대와 문화 그 어떤 것에도 아무런 제약을 받지 않고 좋아하는 것을 입을 수 있게 옷차림에 무수히 많은 선택 사항이 늘어났다. '양복'만 해도 각 브랜드가 신상품을 진열해놓은 가게는 물론이고 잡지나 투고 사이트에 '놈 코어norm core'³니 '리얼 클로즈real clothes'⁴니 의미가 명확하지 않은 디자인 콘셉트를 선보인다. 옷뿐만이 아니라 '성인 귀요미' '단짠 믹스' 등 다양한 조합이 난무한다. 그리고 '머스터드'니 '테라코타'니 '보르도'니 '버건디'니 음식으로 착각할 만큼 낯선 단어로 소개된, 무슨 차이가 있는지 알 수 없는 '이번 계절의 유행색'이 넘쳐난다.

부모가 골라주는 옷을 입는 초등학생이나 모두 같은 교복을 입는 중고등학생 시절을 보내고 나면 대학이나 직장에서 무엇을 입어야 할지 고민하는 날들이 찾아온다. 유행이라고는 해도 친구와 같은 옷을 입는 것은 피하고

---

3 보통을 뜻하는 노말(normal)과 핵심을 뜻하는 코어(core)의 합성어인 놈 코어는 평범한 게 핵심이란 뜻이다. 평범하면서도 개성 있고, 편안하면서도 깔끔한 패션을 말한다.
4 질 좋은 원단에 꼼꼼한 바느질로 만들어진 옷을 뜻한다.

싶다거나 슈트 형태가 어느 정도는 정해져 있어도 셔츠와 넥타이로 센스를 의심받고 싶지 않다. 이런 것을 신경 쓰며 살다보면 무언가 위화감이 느껴지고, 어쩌다 내키지 않은 상태에서 외출한 날은 유리창에 비친 자신의 모습을 보고 기분이 상하기도 하고 지나가는 사람들의 웃음소리가 자신 때문인 것 같아 신경이 쓰인다. 게다가 외모에 대한 이 같은 불만이나 불안은 잠이 부족해서 화장이 잘 안 받은 날이나 습기 때문에 머리가 부스스한 날 등 다른 쪽으로도 영향을 미쳐 우리를 초조하게 만든다.

자의식 과잉임을 알면서도 신경이 쓰이는 것은 어쩔 수 없다.

자신에게 어울리는 것이나 도전해보고 싶은 것을 찾아내려 애를 쓰고 반복해서 입어보며 심사숙고한다. 때론 모 아니면 도라는 심정으로 홈쇼핑을 이용하면서 우리는 그럭저럭 그때그때 필요한 '옷'을 마련한다. 그리고 간신히 유행을 빗겨가지도 않고 스스로도 흡족하게 입을 수 있게 되었을 무렵 '긴 스커트에서 미니스커트로' 또는 '스키니 팬츠에서 와이드 팬츠로'라는 식으로 의복이라는 카테고리 내의 가치 측면에서는 전혀 다르지 않은 차이가 부각되어 새로운 유행이 밀려온다.

그래도 옷차림에 관해서 이것저것 고려하는 시간은 나름대로 즐겁다. 특히 '멋 내기를 좋아하는' 사람의 경우 '인생의 중대사'와 같은 심각성이 따른다. 예컨대 '자신의 몸에 맞는 옷!'을 구입해서 만족하는 것이 아니라 기성 제품의 사이즈에 자신의 체형을 맞추려고 무리한 다이어트에 매달리거나 매스컴이나 인터넷을 통해 뇌리에 새겨진 '이상적인 몸매'와 '현실의 그것'과의 괴리로 고민하게 된다.

이처럼 의복의 선택은 마음대로 할 수 있지만 자기 안팎의 다양한 조건에 좌우되고 경우에 따라서는 '목적과 수단의 역전' 혹은 '주체와 객체의

전도'가 일어나는 신기한 현상을 경험하게 된다.[5]

외모 승인을 둘러싼 '투쟁'

그렇다면 이상과 같은 현대사회의 패션 상황과 샤넬이 감행한 '모드 혁명'은 어떤 관계가 있을까? 샤넬의 말에서 그 단서를 찾을 수 있다.

미적 옷차림은 올바른 정신과 태생적 감정의 외적 표현일 뿐이다.

― 《샤넬―인생을 말하다》

다시 말해, 그녀의 '모드 혁명'은 가정에서 그치지 않고 자신의 인생을 스스로 힘으로 개척하는 자립적 여성이라고 한 그녀의 자기표현을 핵심으로 하는 것이다. 그래서 샤넬이 디자인한 '옷'은 그녀의 삶에 적합한 것이며 같은 희망을 품은 여성들이 자신의 뒤를 이을 수 있도록 준비한 전투복이었다.

샤넬의 혁명은 헤겔 철학의 관점에서 보면 속박으로부터의 해방에서 자발적인 의사결정으로 상호승인으로 향해 가는 정체성의 확립을, 여성의 처지에서 밀고 나가는 '투쟁'이었다고 해석할 수 있다[제2장 제3절 참조]. 그리고 틀에 박힌 외모에 위화감을 느낀 사람들이 상식을 역행해 '자기다움'을 인정받으려는 다양한 승인을 둘러싼 투쟁으로 계승되었다. 그러므로 우리를 둘러싼 의상의 수많은 선택사항은 그것으로 표현될 수 있는 폭넓은 '자기다움'을 보여주는 역사적 산물이다.

---

5 이들 현상에 관한 대표적 연구는 롤랑 바르트(R. Barthes, 1915~1980)의 《모드의 체계》(1967), 장 보드리야르(J. Baudrillard, 1929~2007)의 《소비의 사회: 그 신화와 구조》(1970), 와시다 기요카즈(1949~)의 《모드의 미궁(モード の迷宮)》(1989)을 꼽을 수 있다.

물론 그녀가 시작한 혁명은 미완성이었고 앞으로도 수많은 투쟁이 필요한 단계에 있을지 모른다. 왜냐하면 기발하고 독창적인 스타일로 등장하는 '팝 아이콘'에게 여전히 선망의 눈길이 쏠리기 때문이다. 예컨대 우리가 스스로는 결코 흉내 낼 수 없다 해도 데이비드 보위나 프레디 머큐리 혹은 마돈나와 레이디 가가가 '어떤 모습으로 무대에 등장할까?' 하고 기대하는 것은 타인에게 혐오나 조소의 대상이 되기를 두려워하지 않은 그들의 용기를 동경하기 때문이다.

그런데 여기서 우리는 한 가지 의문을 갖게 된다. 이러한 자유의 확장은 무제한으로 허용되는 것인가 하는 문제이다.

나이에 따라 어쩔 수 없이 찾아오는 노화를 막으려는 '안티에이징', 자신의 체형이나 모습을 인위적으로 변화시키는 '미용성형', 피부나 점막 표면에 문양과 글자를 새기는 '타투', 분장으로 얼굴을 가려 평소에는 할 수 없는 일을 즐기는 '헬러인'의 우스꽝스러운 코스프레 등등 외모에 대한 욕망은 한없이 비대해 보인다. 하지만 샤넬이 그런 분방한 욕망을 좇아 여성의 복식을 디자인했을까?

여기서 우리는 다음과 같은 '철학적 문제'를 만난다. '복식을 선택하는 데 그것을 제약하는 어떤 사회규범을 상정할 수 있을까?' 그리고 '세태를 거스르더라도 실현해야 할 가치가 있는 자신은 어떤 것일까?'라는 질문이다. 지금부터 전자의 물음에 대한 단서를 한 철학자의 견해에서 찾은 다음, 거기서 얻은 관점으로 샤넬의 '증언'을 분석하는 순서로 후자의 물음을 대해 생각해보겠다.

2. 누가 옷차림과 자기표현의 경계선을 그었나?

예의범절은 '배설물 처리'에서 시작된다

사회생활을 하기 위해 옷을 입는 것은 몸가짐을 단정히 하는 것이라고 바꿔 말할 수 있다. 자신의 외모를 타인에게 불쾌감을 주지 않는 범위 내에서 관리하겠다는 것으로, 자기표현보다 먼저 충족되어야만 한다. 우리의 성장 과정에서 이 훈련은 스스로 옷을 벗는 행위에서 시작된다. 부모의 도움을 받지 않고 화장실에서 볼일을 보기 위해 속옷을 벗고 입는 등 신체를 청결하게 유지하는 목적을 달성하는 행위이다. 이런 형태의 배설물 처리가 가능하게 되었을 때 아이는 자립하기 시작한다. 왜냐하면 아이는 그 단계에서 처음으로 타인의 도움 없이 혼자 힘으로 시간을 보내는 자유를 획득하기 때문이다.

이렇게 자신의 몸을 아름답게 유지할 수 있도록 아이를 키우는 것이 예의범절의 기본이며, 우리가 사회의 일원으로 살기 위해 충족해야 하는 최소한의 조건이다. 여기서 주의해야 할 것이 있다. 이 단계에서는 옷을 입는 것이 '사회생활의 예절'과 하나가 되어 아직 개인의 취향이 반영되지 않는다는 점이다. 그 후 아이는 스스로 단추를 채우고 지퍼가 열려 있지 않은지 확인하며 셔츠가 바지나 스커트에서 비어 나오지 않도록 정돈하는 것을 배워나간다. 그리고 이와 함께 식사 시간에 젓가락 쥐는 법, 가족 이외의 사람에게 인사하는 법, 공공장소에서 걷는 법 등 '행동'과 '예절'을 배운다. 이러한 예의범절을 행하는 과정에서 아이는 부모가 선택한 옷이 아닌, 캐릭터 프린트 등 자신의 취향을 주장하기 시작하고, 차츰 옷차림과 자기 표현을 구별하게 된다.

그러면 사회생활에 필요한 것으로 여기는 예절과 및 개개인의 취향을 좌우하는 유행에는 어떤 윤리적 평가가 주어질까? 근대 독일의 철학자 이마누엘 칸트Immanuel Kant, 1724~1804는 《실용적 관점에서의 인간학》[6]에서 다음과 같이 기술하고 있다.

> 이상적인 취미(특히 회식 때의 사교상 예절)는 도덕성을 외부에서 추진하는 경향을 띤다. - 인간을 각각의 사회적 상황에 어울리게 품위 있게 만드는 것이 반드시 그를 인륜적으로 선한(도덕적인) 인간으로 교화한다고는 할 수 없지만 그러한 상황에서 타인의 마음에 들고자(사랑받고 싶다, 존경받고 싶다) 노력하는 사이에 인륜적으로 선한 인간이 될 준비를 하는 것이다.
>
> - 《실용적 관점에서의 인간학》

여기서 칸트가 말하는 '취미'는 인간의 감각기관이 지닌 '자연과의 조화'를 선호하는 경향에 입각해 대상을 향유하는 '미적 감각'을 뜻한다. 다시 말해, 청결 유지 예컨대 머리 감기는 후각에 불쾌감을 주지 않으려는 취미이며 예의범절예컨대 머리 깎기은 시각상의 편안함을 유지하려는 취미이다.

그리고 취미의 작용을 가장 잘 표현하는 감각이 미각이다. 이는 음식을 먹는 것이 생명활동에 필요한 영양섭취에 그치지 않고 가족 혹은 친구와 식탁에 둘러앉아 함께 식사함으로써 그 기쁨을 공유하고 서로 친목을 다지며 그들의 공동체를 유지, 강화하는 작용을 포함하기 때문이다.

다시 말해, 취미는 일상의 교류를 통해 사람들 사이에 육성, 공유되는 '아름다움/추함'에 관한 '공통 감각gemeiner Sinn: common sense'을 포함한다. 그리고 이는 법률이나 도덕과 같은 규범적 구속력은 없지만 인간에게 이를

---

6   원제: Anthro-pologie in pragmatischer Hinsicht(1798).

벗어난 취미를 억제하고 공동체 유지에 기여하도록 촉구하는 기능을 하는 문화적 구축물이다. 그런 까닭에 취미 공유라는 형태의 사회화는 그것만으로도 개인으로 하여금 윤리적으로 선한 행위를 실행하게끔 육성하지는 않더라도 적어도 사회 구성원으로서 타인과 공생은 가능하게 한다.

이는 아마도 옷이나 외모에도 해당될 것이다. 왜냐하면 친구들끼리 비슷한 옷차림을 좋아하고 서로를 귀엽다고 칭찬하는 등 외모를 통해 같은 집단의 일원임을 확인하고 안심하는 일은 일상생활에서도 쉽게 확인할 수 있기 때문이다.

그러나 칸트는 그런 의미의 취미와 유행을 구별하고 후자를 별 볼일 없는 것으로 떼어놓았다. 그에 따르면 유행이란 평민들이 귀족을 동경하고 그 행동이나 의상을 이유도 모른 채 흉내 내고 그것을 과장된 몸짓이나 기묘하고 야릇한 옷으로 확대해가는 것이며 단순히 자기 과시욕만 만족시킨다고 보았다.

> 원래 유행은 취미와 상관이 없으며(유행은 극단적으로 천박해질 수 있기 때문에), 단순히 품위 있어 보이고 싶은 허영과 관련된 것이다. 또 그 점에서 서로 어느 쪽이 우월한가 하는 체면치레와 관련된 일이다.
> ─《실용적 관점에서의 인간학》

인간은 본성상 '선의지'를 지닌다

이 같은 칸트의 견해는 근대 초기의 봉건사회를 염두에 둔 것이므로 다소 고풍스럽기는 하지만 시대상황이 변화한 현재에도 기본적으로는 수긍할 수 있다. 게다가 그가 취미나 유행에 관해서 제시한 평가에는 앞에서 말한 내용 이상의 것이 있다. 그래서 지금부터 그 함의를 명확히 하는 준비단

인식능력	인식대상	법칙성	의지의 상태	존재 양식
이성	의무	자기원인성	자율	도덕적 존재자
감성	욕망	자연인과성	타율	동물적 존재자

의지: 의무인가, 욕망인가를 결단하고 선택하지만 기본적으로 '선'을 지향한다.

계로 칸트가 상정했던 이상적인 인간상을 확인한다.

칸트가 《실천이성비판》[7]에서 제시한 '도덕철학'은 기독교에서 자립한 인간 자신의 도덕 확립이라는 데카르트 이후의 과제를 이어받은 것이다. 고대 그리스의 철학자 플라톤Platon, 427~347 B.C.이 남긴 '세 영혼'의 윤리적 관계, 즉 이성으로 인식한 선을 실현하기 위해 기개를 가지고 그 장애가 되는 욕망을 억누르는 관계를 근대사회에 입각한 형태로 복권하는 것이었다. 그리고 각각의 개인이 교회나 국가와 같은 외적 권위의 속박으로부터 해방되어 법률로써 주어진 권리의 테두리 안에서 자신이 따라야 할 행위규범을 스스로 찾아내고자기입법 자신의 의지로 그것을 따르는자기복종 철저한 '근대적 자유'를 추구하고 있다.

그렇다면 칸트가 제시한 인간의 이상상은 어떤 것이었을까? 그것은 인간이 지닌 이성, 감성, 의지라는 세 개의 인식능력에 입각한 형태로 정리할 수 있다[도표 4-1 참조].

칸트에 따르면 인간이 동물인 이상 감성이 인식하는 자연적 욕망에 이끌려 그 만족을 목적으로 그것에 적합한 수단을 택하는 경향에 빠지기 쉽다. 그리고 이때 인간은 자신이 자유롭게 사고하고 행동한다고 믿지만 실제로

---

[7] 원제: Kritik der praktischen Vernunft, Critique of Practical Reason(1788).

는 동물적 존재자로서 자연인과성에 규정된 '타율Heteronomie'의 상태에 있다.

그러나 인간은 이성을 이용해 자신이 따라야 할 의무를 인식할 수 있다. 이성은 욕망의 극복을 명하는 의무 속에서 보편적으로 타당한 '도덕법칙'과 일치할 것으로 보이는 것을 찾아내는 능력이다[자세한 내용은 제6장 제2절 참조]. 그리고 그러한 '정당한 의무'를 따를 때 인간은 '도덕적 존재자'로서 자기자신을 행위의 원인으로 삼는 진정으로 자유로운 상태, 즉 '자율Autonomie'이 높아지는 것이다.

물론 인간은 신이 아니기 때문에 동물적 욕망에서 완전히 해방되지 못하므로 이상과 현실의 불일치에서 벗어날 수 없다. 그러나 인간은 이러한 한계 속에서도 이성을 이용하여 '도덕적 행위'를 수행해 자신이 '동물적 존재자'이면서 '도덕적 존재자'로서 이상에 접근하고 있음을 실감한다. 그리고 그것을 가능하게 해줄 도덕법칙에 대해 '존경의 감정'을 느끼고 자기를 다스리는 '선의지'를 더욱 강화하게 된다.

이상과 같은 칸트의 '도덕철학'은 인간 이성의 한계를 자각하고 있다. 마치 자연법칙의 지배에서 벗어난 도덕법칙만이 군림하는 세계에 입각하는 것처럼 '도덕규범'을 정당화하는 초월론적 관점에서 전개된 것이다. 그리고 이상적인 인간상이 실행하기에는 너무 고결하다고 생각할 수 있지만 인간에 대한 불신감을 불러일으키는 다양한 역사적 참사를 견디고 현재에도 특히 프로테스탄티즘Protestantismus[8]이 보급된 문화권에서 계속 지지를 받고 있다.

---

8 16세기 루터, 캘빈을 주축으로 한 개혁자들이 가톨릭교에 반항하여(protest) 분리 성립된 다양한 그리스도교 분파의 총칭이다.

'공통 감각'의 조용한 변화

이상과 같은 도덕철학을 구상한 칸트 처지에서 보면 취미에 의한 인간형성이 도덕적 반성이 결여된 표면적 훈련일 뿐, 상류계급의 모습만을 모방한 유행을 경박하게 생각한 것도 당연하다. 그런데 여기서 주목해야 할 것은 칸트가 도덕적 의무를 이행하기 위해 신체적 욕망의 부정을 주장한 반면, 미적 감각에 대해서는 규범적 제한을 설정하지 않았다는 점이다. 왜냐하면 그 이유에는 취미판단이 지닌 중요한 특징이 포함되어 있기 때문이다.

그의 저서 《판단력 비판》[9]에 따르면 취미판단은 신체적 욕구를 따르는 이해 관심과는 다른 미적 관심에서 생긴다. 그리고 그 보편성은 마찬가지로 아름다움/추함을 느끼는 사람들 사이에서만 성립되는 것이며, 외부에서는 타당성을 갖지 못한다. 그러므로 취미판단의 뒤에는 자연계 현상을 일률적으로 규정하는 자연법칙도, 인간이 이행해야 할 보편적 의무를 규정하는 도덕법칙도 상정될 수 없다.

확실히 개개인의 특수한 취미판단은 공동체가 함께 나누는 공통 감각 속에 편입됨으로써 공동체 내부에서 보편타당성을 담보할 수 있다.

그러나 판단의 타당성은 항상 잠정적이고 한정적일 수밖에 없으므로 최종적으로는 각자의 심적 상태에 맡겨진다. 따라서 취미판단과 공통 감각 사이에는 전자가 후자에 변화를 가져올 여지가 존재한다고 생각할 수 있다. 왜냐하면 외부에서 공동체에 참가한 지 얼마 안 된 사람이나 공동체 내에서 주변의 감각에 위화감을 느끼는 사람은 단지 기존의 공통 감각을 몸에 익힐 뿐만 아니라 자신의 미적 감각을 다른 사람들에게 전달하여 공감을 얻을 수 있는지를 시험할 수 있고, 그것을 접한 사람들은 상대 처지에서

---

9 원제: Critique of Judgement, Kritik der Urteiskraft(1790).

생각하는 '넓은 시야'를 가지고 자타의 취미판단의 타당성을 다시 검토할
수 있기 때문이다.

따라서 공통 감각에는 그 허용 영역을 확장하거나 반대로 주위에 불쾌감
을 주는 '미적 감각 공포심 환기를 포함한 각자의 법적 권리 침해로 이어지는 취미'을 제외
함으로써 그 보편타당성을 높여가는 유동성을 지닌다.[10]

이 같은 칸트의 시각에서 보면 옷차림에 관한 개인적 취미판단에 규범적
제한은 없지만 우리가 어떠한 공동체의 일원으로서 살고 있는 이상, 주위
의 이해를 구할 수 있는 범위 내에 머무는 것, 다시 말해, 공통 감각에 의거
해 타협점을 요구하는 문화적 제약이 존재한다고 할 수 있다. 다만 공통 감
각은 영원불변의 법칙이 아니므로 각자의 미적 감각을 수용하면서, 즉 각
자의 권리나 자유를 부당하게 위협하는 일이 없도록 조심하면서 좀더 다
양한 자기표현을 포섭한 방향으로 발전할 가능성을 내포하고 있다.

3. '고양이처럼 안기기'를 거절할 자유

귀족의 '모방'과 남성에 대한 '의존'

그렇다면 이러한 철학적 관점에서 샤넬이 의상을 통해 어떤 자유를 개척
하려 했는지, 바꿔 말하면 그녀가 '과거에 묻어야 할 여성상'과 '미래에 실
현해야 할 여성상'의 차이를 어디에서 발견했는지 살펴보자.

---

10 단, 이 견해는 공통 감각의 조속한 변경을 주장하지 않는다. 왜냐하면 오랜 세월에 걸쳐
   형성된 문화적 전통은 취미판단의 차이, 대립에 관한 이해를 심화하면서 자발적으로 변
   화해야 하기 때문이다. 칸트는 또 취미판단에서 인간의 상태에 관해 선험적으로 보편타
   당성을 갖춘 법칙에 근거하지 않고 인간 자신이 정립하는 이른바 상호 주관적 보편성을
   따른다는 의미에서 '자기자립(Heautonomie)'이란 표현을 쓰고 있다.

샤넬은 패션업계에 발을 들여놓기 전에 자신이 '사치의 죽음, 19세기의
장례식'에 입회했음을 확신했다고 말한다.

> 퇴폐적이며, 바로크 양식 마지막 잔광이라 할 수 있는 시대, 지나친 장식
> 이 여성의 몸 라인을 죽이고 마치 열대우림의 기생식물이 나무를 죽이는 듯
> 덕지덕지 붙은 장식이 몸을 짓누른다. 여자는 이제 돈을 쓰기 위한 구실에
> 지나지 않는다. 레이스와 검은 담비, 친칠라와 같은 값비싼 소재의 구실이
> 되어버렸다.
>
> — 《샤넬-인생을 말하다》

이는 당시의 부유층 여성의 생활상을 말해준다.

19세기 말, 프랑스는 산업혁명으로 시작된 사회구조의 변화로 평민 중
에 귀족을 능가할 만큼 부를 축적한 계층이 생겨났다. 기독교 지배도 그 명
맥만 유지될 뿐 신분제 사회에 동요가 일기 시작한 시대였다. 그러나 그러
한 상태에서도 많은 사람이 추구한 '아름다움'은 무엇과도 바꿀 수 없는
'이것이 나'의 자기표현이 아니었다. 그때까지 동경의 대상이었던 귀족과
같은 고귀하고 부유한 모습이었다. 왜냐하면 자유가 주어져도 어떤 외모로
무엇을 표현하고 싶은지 그 희망을 자각한 사람은 많지 않았기 때문이다.
평민은 귀족을 따라 하는 정도의 소망밖에 가질 수 없었다. 그런 까닭에 신
흥 부유층 남성은 귀족을 모방한 행동이나 의복, 자신이 에스코트하는 여
성의 모습을 통해 자신의 성공을 과시했던 것이다.[11]

---

11 계급 간 유행의 이동에 관해서는 소스타인 베블런의 《유한계급론》 참조. 또한 여기에는
'근대 가족'을 축으로 '성별 역할분업'을 뿌리내리게 하고 산업사회의 발전을 촉진한 '인
구정책'의 영향도 관련되어 있다.

이러한 배경으로 여성 의상은 그녀의 부모나 남편의 신분상 고귀함 또는 경제적 풍요와 같은 풍족한 형편을 표현하게 되었다. 그리고 여성 자신도 숨이 막히고 현기증이 날 정도로 꼭 끼어 움직이기조차 힘든 상태였음에도 화려한 장식으로 자신이 행복한 여성임을 자랑하며 서로 경쟁하는 것에 만족하고 있었다.

샤넬은 이런 식으로 자유롭지 못한 상태를 행복으로 잘못 알고 그것에 아무런 의심도 갖지 않는 숙녀들을 혐오했다. 그런 착각에 빠져 있는 한 여성은 살기 위해 남성에게 의존하여 그들의 성적 대상이나 부의 상징 이외의 삶은 선택할 수 없기 때문이다. 그런데 여자가 남자에게 종속되어야 했던 이유는 무엇일까? 명확한 근거도 없이 계속해서 종속을 강요당하는 상태는 부당한 속박일 뿐이다.

고양이처럼 안기는 것도 싫어. 나는 내가 걸어온 길을 앞으로도 계속 나아갈 거야. 비록 그 길이 순탄치 않더라도 나는 그 노예가 될 거야.

－《샤넬－인생을 말하다》

남성에게 받은 과도한 의상에서 몸을 해방시켜 자유로이 움직이게 되는 것, 그러한 활동적인 모습과 삶을 '아름답다'고 느끼는 것, 그리고 실제로 남성으로부터 자립해 생활양식이나 미래의 꿈을 스스로 획득하는 것, 샤넬에게는 이것이 자신이 만드는 의상으로 개척해야 할 미래의 여성상이었다.[12]

---

12 청바지가 그 전형적인 예다. 광부나 카우보이 작업복이었던 것이 '히피'나 '펑크' 등 거듭 '저항의 상징'이 되고 그들의 주장이 침투함에 따라 그 허용 범위를 넓혀나갔다. 또한 '옷을 통한 자기표현'이란 말은 표현대상으로서 자신이 의상에 앞서 존재하는 면을 강조하는

정념	인간에게 정념을 느끼는 욕망의 대상이 선한 것이며, 혐오 대상이 나쁜 것이다. 그리고 모든 욕망의 핵심은 그것들의 원천인 생명의 유지, 즉 '자기보존'이다.
이성	이성은 미래의 욕망을 추리하는 능력이다. 인간은 현재의 정념에 이끌릴 뿐 아니라 미래의 욕망에도 사로잡힌다.
의지	의지는 미래를 포함한 여러 가지 욕망을 고려하여 욕망의 사슬을 끊는 결의로 나타난다. 이 결의는 '마지막 남은 욕망'을 보여준다.

인간의 본질은 '자기 보존'에 있다

이상과 같이 샤넬이 '19세기 스타일의 여성'에게 느끼는 혐오는 매우 심했다. 그 집요한 눈빛에는 종교내전 시대인 17세기 영국의 철학자 토머스 홉스Thomas Hobbes, 1588~1679가 대표적 저서《리바이어던》[13]에서 제시했던 논의를 연상시키는 무언가가 있다.

홉스는 앞에서 다룬 플라톤의 '영혼의 세 부분'에 관해서 욕망을 중심에 두고 다시 해석하였다. 인간은 아무리 체재를 고쳐도 '자기보존self-preservation'을 본질로 하는 존재자, 즉 '죽음으로 소실되는, 끝없는 욕망'에 지나지 않는다고 주장했다[도표 4-2 참조]. 이때 그런 인간상에 설득력을 부여하기 위해 인간을 동물 이상의 존재로 보는 '상식'을 향해 반박을 시도했다.

예컨대 세상은 '자선'을 칭송하지만 그것을 실천하는 사람들 마음속에

것이다. 그러나 여장을 계기로 자신의 '성정체성'을 자각하고 세계 첫 성전환수술을 한 화가 릴리 엘베(Lili Elbe)와 같이 옷을 입으면 참된 자신을 깨닫게 되는 측면도 포함한다.

13 원제: Leviathan(1651).

는 다음과 같은 욕망이 숨어 있다. 즉 남에게 베풀 수 있는 부유한 자신을 과시하고 타인으로부터 선망의 대상이 됨으로써 자존심을 만족시키고 싶어 하는 것이다. 한편, 불행한 타인에게 갖는 연민은 자신이 같은 처지에 놓였을 경우에 느낄 슬픔을 그 사람에게 투영함으로써 생기는 감정이다. 그러므로 그 진실은 타인에 대한 배려가 아니라 상상 속의 자기 연민을 즐기는 것에 지나지 않는다.

홉스는 이 같은 '심리학적 이기주의'라 불리는 분석을 반복하였다. 그에 따르면 '착한 사람'으로 칭송되는 사람도 속내를 한 겹 벗기면 타인의 행복이나 사회에 대한 공헌보다는 자신의 부와 명성을 우선하는 이기적 존재일 뿐이다. 그리고 그러한 욕망의 밑바닥에는 어떤 방법을 써서라도 자신의 안전 확보를 추구하는 '자기보존' 본능을 숨기고 있는 것으로 판단했다.

물론 샤넬은 홉스의 주장을 원용한 것이 아니다. 그러나 어떻게 해서든 자신이 목표하는 결론에 도달하려는 집념은 매우 유사했다.[14] 자유롭게 인생을 개척하고 싶은 그녀에게 '정숙한 아가씨'나 '현모양처'와 같은 미사여구의 그늘에서 보신을 모색하는 여성은 남성사회의 존속에 가담하는 공범으로, 용납하기 어려운 존재였을 것이다. 여성이 자신의 매력으로 남성을 조종하는 것도 인생의 선택사항이 될 수 있지 않을까 하고 생각할 수도 있다. 그러나 그런 삶밖에 살 수 없는 상태는 그것을 원치 않는 여성뿐 아니라 모든 여성에게 부당한 속박이 아닐 수 없다. 그러므로 즐기든 체념하든 그런 상태를 문제의식 없이 받아들이는 여성을 샤넬이 적대시한 것도 무리가 아니다.

---

14 '자연 필연성'에 따라 인간을 이해하는 홉스의 《유물론》은 그의 독자적인 사회계약설을 전개하기 위한 준비작업이었다(제11장 제2절 참조).

그녀는 왜 '증언'을 남겼을까?

샤넬은 앞에서 언급한 분석에서 일반 여성을 향해 '질투+허영심+수다+정신 혼란'과 같은 신랄한 정의를 내렸다. 한편으로는 그래도 자신은 '멋을 좋아하는 여자의 마음을 좋아한다'라고 말하기도 했다《샤넬 - 인생을 말하다》. 이 다소 의외의 심정 토로에는 지금까지 보아온 공격적이고 자존심 강한 '모드 혁명가'의 숨겨진 민낯이 드러나 있음을 알 수 있다.

그녀는 자신이 '젊은 시절부터 가게를 찾는 고객의 이야기를 충분히 들으려 하지 않고 일방적으로 자신의 주장을 되풀이했다'는 기억을 들려주었다.

> 나는 (……) 끊임없이 말을 늘어놓았어. 겁쟁이였으니까. 대화 속으로 도피한 거지. 대화가 마음을 편하게 한다지만 대부분 수다는 침묵이 두려운 인간의 또 다른 침묵에 지나지 않아.
>
> – 《샤넬–인생을 말하다》

여기서 샤넬이 말하는 침묵이란 사교상의 틀에 박힌 인사말 외에 공통 화제를 찾지 못해 분위기가 거북해지는 것뿐 아니라, 아무 말도 하지 않아 상대가 자신의 의사를 제멋대로 추측하는 것까지를 포함한다. 여기에는 무언가를 하고자 할 때 직면하는, 타인의 오해에 대한 불안이 있다.

이 불안을 잠재우기 위해 끊임없이 말을 쏟아냄으로써 실질적으로는 아무것도 전달하지 않는 또 다른 침묵으로 도망치는 것이다. 확실히 말을 통해 자신을 이해받는 것은 쉽지 않다. 현대 페미니즘의 대표적 사상가 주디스 버틀러Judith P. Butler, 1956~의 말이다.

나는 자기 스스로에게 갇힌 유아독존적인, 자신에 대해서만 의문을 갖는 이른바 내적 주체가 아니다. 나는 중요한 의미에서 너에 대해 존재하고 있으며 네 덕에 존재하고 있다. 만약 내가 호소의 조건을 잃는다면 만약 내가 호소해야 할 너를 갖지 못한다면 나는 '나 자신'을 잃어버린다.

— 주디스 버틀러, 《자기 자신을 설명하기》[15]

이는 대화의 기본이 되어야 할 나는 실제로는 '가장 기초가 부족한 구성요소'에 지나지 않기 때문이다. 자신에게 아무리 심각하고, 말을 하는 데 용기가 필요한 내용이라도 듣는 쪽이 그 무게를 있는 그대로 받아들이고자 하는 자세를 지녀야만 한다. 그렇지 않으면 모처럼 털어놓은 이야기를 가볍게 흘려 넘기거나 아무것도 못 들은 것처럼 무시를 당하여 허사가 되고 만다. 그래서 나라는 인칭대명사는 듣는 사람의 태도에 따라 화자라는 실질적 지시대상을 잃고 형태뿐인 기반이 되어버린다. 이런 취약성을 지녔기 때문에 너로부터 관심을 받지 못하는 나는 아무리 설득력을 가지고 '자기'를 드러내도 안정된 리얼리티를 얻지 못한다. 게다가 대부분 사람들은 타인의 이야기를 '듣는 것'에서 생기는 부담을 피하고 싶어 하기 때문에 이런 일은 아주 흔하게 발생한다.

이 같은 버틀러의 견해를 감안해 생각하면 젊은 샤넬이 서툴게 혼잣말을 하는 형태로 대화할 수밖에 없었던 이유가 고객인 여성에 대한 불신감에서 비롯했음을 짐작할 수 있다. 그런데 여기서 드는 의문 하나가 있다. 1946년, 그때까지 비밀로 해온 자신의 생애에 대해 샤넬이 털어놓을 마음이 생긴 이유는 무엇이었을까?

---

15 원제: Giving an Account of Oneself(2005).

그래서 마지막으로 샤넬의 진의를 파헤치는 대신 그녀에게 향했던 의혹을 확인하기로 한다. 당시 나치 점령하의 파리에서 샤넬이 독일군 장교와 연인 관계였던 사실이 공개되었다. 그로써 그녀가 히틀러를 지지해 전쟁에 협력하지 않았을까, '모드 혁명'도 여성의 전시 동원에 편승한 장사가 아니었을까 하는 '의혹'이 있었다. 그런 상태에서 그녀가 털어놓은 '증언'에서 우리가 파악해야 할 진실은 무엇일까?

'깡마른 모델'에게
실직 외에 다른 길은 없을까?

2017년 5월, 프랑스에서 쇼나 화보 작업에 '지나치게 마른 모델'을 쓰지 못하도록 제한하는 법률이 시행되었고, 많은 패션 브랜드가 찬성의 뜻을 밝히고 나섰다. 이에 따라 프랑스 국내에서 활동하는 모델은 세계보건기구(WHO)가 정한 '표준체중(비만도를 나타내는 체격지수 BMI가 18.5 이상 25 미만)'의 기준 안에 들어간다는 사실을 의사 진단서로 증명해야 활동할 수 있게 되었다. 이 법의 목적은 모델의 건강 유지뿐 아니라 특히 젊은 여성들이 '비현실적인 미'를 추종해 거식증 등의 건강 피해를 보지 않도록 하기 위해서다. 다만, 이러한 정서는 반대로, '표준 체중'의 기준에서 벗어난 사람을 '이상'이나 '질병'의 관점에서 바라보는 경향을 낳을 수 있다. 패션업계는 향후 어떤 옷을 만들어야 할까?

제 5 장

좋아하든가 싫어하든가,
좋아하든가 사랑하든가

1. 분명 철학자보다 우리가 사랑을 더 잘 안다

'좋아해'라고 답하고 경멸당하고

"내 가슴, 좋아해?"

"내 가슴과 젖꼭지 중 어느 쪽이 더 좋아?"

"내 얼굴은?"

"다 좋아해? 내 입도 눈도 코도 귀도?"

(여자의 물음에 남자는 일일이 '좋아해'라고 답한다.)

"정말 좋아하는 거지?"

(남자는 다짐하듯이 속삭인다.)

"그래, 정말로…… 진심으로, 눈물이 날 만큼."

(여자는 만족감에 속삭인다.)

"나도, 폴."

이 대화는 결국 파국을 맞게 되는 부부의 사이 좋았던 한때를 그리고 있다. 그러나 이때 둘 사이에는 이미 조금 답답한 분위기가 흐르고 있다. 남자는 건성으로 답을 하고 여자의 표정은 따분해 보인다. 서로 사랑을 확인하려 하지만 말을 할수록 뻔한 대화로 흘러 불안이 쌓여간다.

여기에는 '어떤 말로 말할 수 있는 것'이 그 배후에 '그 말로 말하지 않은 것'을 낳고 말이 거듭될수록 그러한 결핍에 대한 초조감이 깊어지는 양상을 보여준다. 대화에는 논리로는 표현할 수 없는 것이 있다. 그러므로 아무리 친한 사이라도 서로 감정을 확인하는 것은 정말 어렵다. 그렇다고 아무 말도 하지 않으면 더 이상 서로를 깊이 이해할 수 없다.

그렇다면 앞의 대화는 두 사람 사이에 균열이 생긴 바로 그 순간을 그린 것일지도 모른다. 다시 말해 여자의 마지막 말에는 '바보, 아무것도 모르네'라는 실망과 초조의 한숨이, 어렴풋이 예감된 파국에 대한 체념이 드러나면서 소리 없이 새어 나오는 것을 느낄 수 있다.

사실, 이야기는 천천히 크게 풍파도 일지 않은 상태로 그러나 확실히 파국으로 향해 간다. 여자에 대한 남자의 애정은 어느새 아내에 대한 신뢰로 바뀌고 그 신뢰를 핑계로 계속 불성실하게 행동하며, 여자가 그것을 힐책했을 때 의도하지 않게 신뢰의 그늘에 감춰졌던 무관심을 드러내게 된다. 그리고 아내 마음이 자신에게서 떠나고 있음을 깨달은 남편은 머리로는 '그녀의 사랑을 계속 유지해야 한다'고 생각하면서도 정말로 자신이 그렇게 원하는지 반신반의한 채 어떻게 해야 할지 갈피를 잡지 못하고 당황하

1 　원제: LE MÉPRIS(1963).

기만 할 뿐 아내에 대한 태도를 바꾸지도 못한다.

'사랑의 끝'은 언제나 이런 식으로 이미 정해져 있다. 다만 당사자들이 어떤 식으로 그것을 눈치챌지, 그것이 문제이다.

사람과 사람이 만나 사랑에 빠지는 것은 그리 흔한 일이 아니다. 대부분 한두 마디 말을 주고받는 것으로 끝나며 공통의 친구가 있어 친해지더라도 그것이 연애로 발전하는 일도 좀처럼 일어나지 않는다. 그런데도 무언가를 계기로 자신 속에 '사랑의 감정'이 싹트고 일단 그것을 깨달으면 무엇을 해도 하루 종일 상대가 머리에서 떠나지 않는다. 그 사람과의 인상 깊은 추억을 더듬는 순간, 마음이 가슴에 있는 것이 아닐까 하고 생각될 정도로 명확한 통증을 느끼게 된다. 어떻게 고백할까 고민하고, 언제 고백을 받을지 기대하며 하루하루를 보내다가 마침내 서로 마음을 확인하고 비로소 연애가 시작된다.

그래서 '사랑의 시작'도 한순간 타이밍이 어긋나면 아무런 결실 없이 사라져버릴 정도로 불확실한 것이다.

연애가 순조롭게 진행되면 결혼의 형태를 취하든 그렇지 않든 두 사람이 하나의 가정을 꾸리는 날을 맞는다. 그리고 이후 '가정생활'이 길고 원만하게 계속되는 경우에도 두 사람을 이어주는 감정이 어떻게 될지, 이것도 예상할 수 없다. 처음의 '사랑하는 마음'이 유지될까? 반대로 자신도 모르는 사이에 '연애감정'은 사라지고 서로에게 공기 같은 존재가 되어버리는 것은 아닐까? 그리고 그러한 변화에 만족할 수 있을까?

'사랑의 지속'도 그 내실이 어떤 것인지 매우 불투명하다.

사랑받기 위한 '취급설명서'

흔히 사랑은 애틋하고 격렬하며 일시적인 것이고 애정은 잔잔하게 서로를 감싸는 영원한 것이라고 한다. 그렇다면 분명 연애는 애정의 싹을 안에 품은 사랑이 될 수 있을까?

'결혼하면 연인 같은 부부가 되고 싶다'고 '사랑을 사랑하는 소녀들'은 말한다. 자신의 부모나 주위의 어른을 보면 현실적으로는 어려울 것을 느끼면서도 자신은 언제까지나 지금의 순수한 마음을 잃지 않겠다고 자신에게 말하는 것이다. 그리고 이들은 앞으로 닥칠지도 모를 경험의 시뮬레이션으로써 '순정 만화'에 감정을 이입해 타인의 사랑 이야기에 일희일비하며 자신의 희망을 대변해주는 '사랑 노래'에 공감한다.

> 갑자기 토라질 때가 있습니다 / 이유를 물어도 대답도 하지 않는 주제에
> 내버려두면 화를 냅니다 / 늘 미안합니다
> 그래도 그럴 때는 싫증 내지 말고 / 끝까지 사귀도록 합시다
> 정기적으로 칭찬하면 오래도록 지속할 수 있습니다 / 손톱이 이쁘다든가
> 사소한 변화도 알아봐 줍시다 / 찬찬히 보아주고
> 그런데 살이 쪘다든가 / 불필요한 건 눈치채지 않아도 됩니다
> 만약 조금 오래되어 / 다른 곳으로 눈이 갈 때는
> 두 사람이 처음 만났던 / 그날을 떠올려봅시다
>
> — 니시노 카나(西野カナ), 〈취급설명서〉[2]

이것은 결혼을 코앞에 둔 여성이 남편이 될 남자에게, 자신을 어떤 태도로 대해주었으면 좋을지 노래한 히트곡의 가사다.

막 사귀기 시작했을 때 '그'는 '그녀'의 변화에 민감하게 반응하며 현명

---

2   원제: トリセツ. 2015년 개봉한 영화 〈히로인 실격(ヒロイン失格)〉의 주제곡이다.

하게 비위를 맞추려 한다. 그러나 결혼하면 조만간 일이나 생활에만 관심을 빼앗겨 아내인 자신은 못 본 채 내버려두지 않을까? 이 가사는 결혼을 앞둔 여성이라면 누구나 느낄 수 있는 불안을 배경으로 하고 있다. 그러니까 약혼자에게 요구하는 것은 '사랑하는 여성'의 상황에서 보면 특별히 사치스럽지도 대단할 것도 없는 당연한 요구에 지나지 않는다. 여성이 상상하는 연애는 의외로 소박하다.

그런데 인터넷에서는 이 가사에 대한 비난이 쏟아졌다. '자기중심적인 횡포' '자기 일은 뒷전이고' '상대방에 대한 배려가 보이지 않는다' '일방적으로 요구를 당하는 남자가 되어보라' 등등 요컨대 '남자도 사랑받고 싶은데 여자가 자기 말만 한다'는 것이다.

뭐, 확실히 너무 시시콜콜하다.

그러나 그 속에 들어 있는 다음 견해는 주목할 가치가 있다. 그것은 〈취급설명서〉를 〈가장의 선언 関白宣言〉[3]과 비교하고, 후자에는 '아내에 대한 깊은 측은지심'이 있었다고 말한 글이다.

> 네 덕에 좋은 인생이었다고 / 나는 말할 테야 꼭 말할 테야
> 잊지 마, 내가 사랑하는 여자는 / 사랑하는 여자는, 평생 너 하나
>
> — 사다 마사시(佐田雅志), 〈가장의 선언〉[4]

확실히 30여 년 전에 발표되어 〈취급설명서〉와 마찬가지로 세간에 물의를 일으켰던 〈가장의 선언〉은 아내에 대한 남편의 방자한 주장만을 늘어놓

---

3 1979년에 발표된 노래로 제목의 관백(関白)은 권력이 강한 사람을 비유하는 말로 우리말로 한다면 가부장이다.
4 원제: 関白宣言(2011).

은 인상을 주면서 그 뒤에 숨겨진 아내에 대한 마음을 노래한 작품이다. 하지만 네티즌들은 중요한 것을 잊고 있다. 〈가장의 선언〉은 권위적이어서 아내에게 사랑을 전하지 못하는 세상의 남편들에게 '좀더 자신의 속마음을 드러내라'고 호소하는 노래하는 점이다.

사다 마사시는 남편들에게 '아내가 알 수 있게 사랑을 보여주라'고 호소한다. 한편, 니시노 카나는 사랑하는 방법에 둔감한 '미래의 남편'들에게 '이런 식으로 사랑을 보여주면 된다'고 시사하는 것이다.

이 두 곡은 같은 것을 다른 각도에서 표현한 것으로 대립관계가 아니다. 그러므로 네티즌의 주장은, 즉 전자를 근거로 후자를 비판한다는 주장은 성립되지 않는다. 왜냐하면 그러한 논쟁은 의미상 모순에 빠지기 때문이다.

예나 지금이나 사랑이나 연애는 누구나 알고 있다는 생각을 하는 만큼 더 오해받기 쉽고 다루기 어려운 주제다. 과연 철학자의 시각에서는 이것이 어떻게 보일까?

철학자의 상식에서 벗어난 연애

철학자에게 복잡하고 미묘한 심정의 결정체인 사랑에 관해 견해를 묻는 것은 다소 어울리지 않는다는 감이 있다. 사물의 본질이나 이상을 추구하는 철학자에게 세속적인 사랑 따위는 분명 관심이 없을 것이며, 애초에 그들은 격렬한 사랑이나 행복한 결혼과는 거리가 먼 괴짜일 수 있기 때문이다.

사랑하는 여성에게 구혼을 거절당하고 평생 독신으로 산 니체는 말한다.

결혼은 '최선'의 길을 가로막는 방해물이다. 지금까지 위대한 철학자 중에 결혼한 사람이 누가 있는가? 헤라클레이토스, 플라톤, 데카르트, 스피노자, 칸트, 쇼펜하우어…… 그들은 결혼하지 않았다. 결혼한 철학자라니, 희극이다.

– 니체, 《도덕의 계보》

이렇게까지 단언하는 것은 역시 지나치지만 확실히 철학자에게는 상식을 벗어난 부분이 있다. 간략하게 그 예를 몇 가지 소개하겠다.

첫 번째는 고대 그리스의 플라톤이다. 그는 독신으로 지냈지만 학문 동료인 청년과 정을 나누었다. 그가 말한 '에로스eros, 사랑'는 극단적으로 말하면 육욕을 섞지 않고 상대를 정신적으로만 사모하는 '순애보', 이른바 '플라토닉 러브platonic love'이다.

플라톤은 인간이 사물의 진리를 인식할 수 있는 이유로 '이데아idea'의 분유分有5를 상정했다. 그에 따르면 두 가지 세상이 있다. 한쪽은 지상에서 물질적인 형태를 가지며 생성 변화하는 사물로 이루어진 세계이다. 그리고 다른 한쪽은 그들을 '그들답게' 하는 원형으로서 순수한 개념, 즉 이데아로 이루어진 세계이다. 인간은 보통은 이데아를 잊고 있지만 진리에 대한 욕구에 따라 '영혼에 대한 배려'를 거듭하면 그것을 상기할 수 있다.

이런 관점에서 보면 에로스의 진정한 모습은 이데아를 추구하는 철학적 충동이다. 인간은 자신에게 결여된 영원한 것, 선한 것을 추구한다.

이 욕구가 얻고자 하는 것은 한 육체의 아름다움에서 다른 육체의 아름다움, 육체 자체의 아름다움으로 나아가는 영혼의 아름다움과 제도의 미를 넘어 '미의 이데아'로 세련·승화되어간다. 그리고 여기서 인간이 안고 있는 사랑은 육체적인 미를 배제하지 않으면서도 상대 또한 그러한 지적 영위에 몰두 내지 헌신에 대한 존경이라는 영혼의 공명으로 나아가는 것이다.

---

5 나누어 갖는 것을 말한다.

이처럼 플라톤의 견해는 학문뿐 아니라 무언가를 협력할 때 동료와 동료가 서로 갖게 되는 존경의 정으로 해석하면 공감 못 할 것도 없다. 그러나 세속적 감정을 이데아에 대한 욕구로 환원하는 그의 발상은 너무 고상하여 우리가 흥미를 느끼는 사랑이나 애정과는 쉽게 연결되지 않는다.

두 번째는 제2차 세계대전 후 '앙가주망engagement'이라는 개념으로 혁명을 논하고 전 세계 젊은이들을 매료시킨 프랑스의 철학자 장 폴 사르트르Jean Paul Sartre, 1905~1980이다. 그는《제2의 성》⁶을 집필한 여성해방운동의 선구자 시몬 드 보부아르S. de Beauvoir, 1908~1986의 평생 반려자로서 화려한 활동을 하여 전후 세대를 대표하는 지식인이 되었다.

이들이 친해진 계기는 두 사람이 아직 대학생 때, 아름답고 지적인 보부아르에게 사르트르가 첫눈에 반했기 때문이라고 한다. 당시 이미 수많은 여성과 소문이 무성했던 그에게 그녀는 호의를 갖지 않았지만 그의 기발한 구애 멘트에 넘어가고 말았다.

사르트르는 말한다.

사랑에는 평생 지속되는 '필연적인 것'과 일시적으로 불타오르는 '우연적인 것'이 있다. 세상에서는 전자를 받아들이고 후자를 멀리하는 풍조가 팽배하지만 그것은 인생을 편협하고 빈곤한 것으로 만든다. 기본적으로 어떤 상대가 언제 나타나면 그 사랑이 필연적인 것이라고 판단할 수 있을까. 확고한 기준은 존재하지 않는다. 그러므로 '진정한 사랑'을 애타게 기다린다는 발상은 버려야 한다. 그래서 너는 나와 '앞으로 2년 동안 결혼생활을 한다'라는 계약을 맺어야 한다. 만약 그동안 서로가 다른 누군가와 사랑에

---

6   원제: Le Deuxième Sexe(1949).

빠지더라도 그것을 인정하기로 하자. 결혼했다고 해서 자신의 감정을 속이는 것은 난센스다. 우리는 그런 '상식'에 구애받지 말고 우리가 원하는 우리만의 관계를 구축하자. 그리고 그것이 정말 바람직한 것인지, 그 이후에도 결혼을 계속해야 하는지에 관해서는 2년 뒤에 판단하면 된다.

이 같은 사르트르의 '구혼'은 그가 뒤에 펼칠 '무신론적 실존주의'의 근본 자세를 보여주는 '실존은 본질에 앞선다'라는 명제를 떠올리게 한다.

사물에는 이미 신의 명령 아래 '이래야 한다'라는 본질이 정해져 있으며 개인은 그것에 따라야 한다고 주장하는 전통적인 발상이 있다. 인간은 이것을 버리고 현실세계의 사건 속에 자신을 내던지고 그곳에서 타인과 맺는 관계를 통해 형성되는 자신을 재검토한다. 그런 뒤에 세계 속에 다시 자신을 '투기'[7]함으로써 진정한 실존의 실현을 도모한다는 사상이다 [제15장 제2절 참조].

어쨌든 보부아르는 사르트르의 황당한 청혼을 받아들였다. 물론 '연심'이 들어 있지 않았다고는 단정할 수 없지만, 당시에 이미 자신이 사회적으로 억압받는 여성이란 점에 반발하던 그녀는 결혼이나 부부에 관한 기성 개념을 타파하는 파트너로 사르트르를 선택하여, 함께 새로운 부부상을 만들어가고자 결심한 것이다.

다만, 앞에서 말한 것과 같은 사르트르의 주장은 플라톤과는 다른 의미에서 우리의 실제 생활과는 거리가 멀다. 이렇게 자유분방하게 살 수 있다면 분명히 재미있을 것이다. 그 반면, 그녀에게 매료되어 그녀를 원했을 때의 연심이 평계의 그늘에 가려져 있어 결혼에서 어떤 가치나 의미를 발견

---

7   투기(投企): 실존철학의 용어. 현재를 초월하여 미래에 자신을 내맡기는 일.

하고 있는지 잘 알 수가 없다.

그래서 우리는 조금 먼 길로 돌아가 기독교의 영향 아래 있던 서양 근대의 사랑과 애정을 어떻게 다루었는지 확인한 다음, 거기서 생겨난 상식을 재조명하는 현대적 학설을 검토하는 순서를 따르겠다.

2. 연애는 부부애를 통해 가족애로 발전한다

정신적 사랑과 육체적 사랑

오랜 기간 기독교 윤리관이 지배해온 서양사회에서는 진실한 사랑은 '아가페agape, 신의 사랑' 즉 인류에 대한 신의 무조건적 사랑으로 여겨왔다. 따라서 세속의 사람들이 품어야 할 사랑은 그런 신에 응답하는 전면적인 귀의이며 인간과 인간의 애정은 그 아래 놓인다. 보통 언어의 구별을 원용한다면, 신체적 욕망인 성욕과 뗄 수 없는 감정인 사랑은 죄로 치부되고 사랑은 신을 정점으로 한 정신적 유대로 맺어진 동포에 대한, '이웃에 대한 사랑隣人愛'의 형태로 제시되었던 것이다.

이 같은 구별은 성직자가 평생 독신으로 살아야 한다는 규칙을 낳았고, 일반 민중도 가능한 한 생활 전반에 걸쳐 신에게 봉사해야 한다는 요구를 불러일으켰으며, '남성을 현혹한다'고 하여 여성의 지위를 깎아내리게 되었다. 그리고 가부장제의 전통이 뿌리 깊이 남아 있는 세속에서는 자유연애는 고사하고 결혼조차 본인의 자유가 아닌 가족 간의 결정을 따르게 되었다. 물론 형식적이긴 해도 가정생활에는 성애가 포함될 수밖에 없다. 그래서 교회에서는 육체는 인간이 후손을 남기기 위해 신이 내려준 것이며, '성행위' 자체는 죄가 아니라 그에 따른 쾌락을 찾아 무절제하게 흐르는 성생활이 죄라고 하였다.

이러한 종교적 구속은 시대 상황에 따라 강해지기도 약해지기도 했지만 자유연애가 각자의 권리로서 민중에게 의식되기 시작한 것은 17세기 이후였다. 나아가 존중받게 된 것은 마침내 프랑스 혁명 무렵, 그것도 도시 지역만의 일이었다. 따라서 근대사회에서도 여전히 연애나 결혼은 체면이나 인척姻戚 관계 등 전통적인 굴레 속에서 부자유스러운 행위로 남아 있었다.

그렇다면 종교적으로나 사회적으로 억압받아온 사랑과 성애를 근대는 어떤 형태로 정당화했을까?

가장 명확한 사례는 결혼에 관한 계약론적 견해의 등장이다. 결혼은 가문 사이의 혈통과 재산의 유지를 목적으로 하지 않고 당사자 사이의 계약이라는 사고방식이다. 다만, 여기서 말하는 계약의 취지는 오늘날 볼 수 있는 입적入籍 이전의 단계에서 부부간의 역할분담이나 비슷한 재산분할 등을 결정해두는 개인주의에 입각한 것이 아니다. 혼인으로 성립되는 새로운 가족의 핵심이 자유 의지에 의해서 맺어진 부부라는 점, 그러므로 기존의 가장이 아니라는 점에 있었다. 그리고 연애는 결혼의 전 단계로 자리매김하는 한에서 허용되었고, 성행위는 '부부관계'에서만 정당화되었다.

가족의 시작으로서 연애

그렇다고는 해도 이러한 결혼의 해석은 그것이 각자의 의지에 근거하는 계약인 이상 항상 기독교가 금지하는 이혼의 권리를 포함하게 되고 그것을 이유로 현실의 법제화는 좀처럼 진전을 보지 못했다. 그런 상황에서 계약론만큼 첨예하지도, 그렇다고 봉건적이거나 복고적이지도 않은 과도기에 적절한 가족상을 제공한 것은 19세기 초, 21세 연하 귀족과의 사이에 1남 2녀를 둔 헤겔이 발표한《법철학》이다.

그에 따르면 결혼으로 성립되는 가족은 계약으로는 다 할 수 없는 것, 각자가 하나의 개인인 동시에 '가족의 성원'이며 가족의 유지, 발전을 위하여 필요한 의무를 지는 존재임을 기쁘게 받아들이고 그 성취에서 정체성의 확립을 발견하는 정신적 실체라고 한다. 그리고 그러한 가족 속에서 성원끼리 서로에게 느끼는 대체할 수 없는 존재에 대한 감정이야말로 사랑이라고 불러야 하는 것이다.

가족은 (……) 정신적인 일체성의 체험, 즉 사랑을 규정으로 한다. 따라서 가족의 마음가짐은 이 즉자적인 동시에 대자적으로 존재하는 본질인 일체성 속에 정신의 개체성인 자기의식을 가짐으로써 그 속에서 개개의 독립된 인격으로서가 아닌 성원으로 존재하는 것이다.

― 헤겔, 《법철학》

확실히 결혼의 출발점은 '자유연애'이고 거기에는 상대방의 외모나 성격 등 개인적 취향이 크게 작용한다. 그러나 이러한 남녀 간의 관계는 결혼을 기회로 생활을 함께하면서 연인에서 부부가 되고 자녀의 출산으로 부모로 발전해간다. 이때 아이는 이른바 그들의 '사랑의 결정'이며 그 존재를 통해 부부는 자신들이 개별적으로 독립된 개인이 아니라 동일한 가족의 구성원임을 재확인한다. 그리고 여기서 부부와 아이 각각이 서로에게 느끼는 '부모와 자식의 사랑'이나 형제애가 자라난다. 남녀 사이의 자연적 욕망과 나눌 수 없는 사랑은 결혼생활을 통해 서서히 성원 간의 '정신적 사랑'으로 세련·확장되는 것이다.

헤겔에게 이러한 가족애의 자기발전이야말로 사랑이라는 개념에 잠재된 풍요이다. 다만, 한편으로 그는 가족의 사회적 목적을 고찰하고 그것을

'아이의 출산과 독립'으로 확인한다. 다시 말해 아이가 부모 손을 떠나 한 사람의 시민으로서 사회로 나아가 다시 새로운 가족을 만들면 그 아이가 태어난 가족은 사회적 사명을 완수하게 된다.

이러한 가족상은 다음 세 가지 맥락에서 근대사회의 요구에 적합한 것이었다. 첫째, '자유연애'를 용인하고 가족의 단위를 핵가족으로 변경함으로써 전통적인 가부장제에서 보였던 세대 간의 혈통과 재산 승계라는 속박에서 사람들을 해방시켰다. 둘째, '자녀 양육'을 새로운 세대의 시민 육성으로 간주함으로써 노동력과 소비자 산출이라는 근대국가의 요구와 맞아떨어졌다. 셋째, 가족을 각각의 성원보다 우위에 둠으로써 개인이 제멋대로 가족을 해체하지 못하도록 제동을 걸고, 이혼의 권리는 인정하더라도 그 이유가 사회적으로 용인되어야 한다는 제도를 마련해 기독교 윤리관과 타협하였다. 이러한 특징을 가진 헤겔의 논의는 오늘날의 우리가 가장 이해하기 쉬울 것이다.

성욕을 위장한 로맨스

또한 앞의 법제도에 관한 논의 이상으로 당시 문학작품이 민중의 연애관에 큰 영향을 미쳤다. 그것은 세상의 방해와 싸우며 사랑을 관철하려는 젊은 남녀의 고난을 극적으로 묘사하는 '열정연애' 혹은 실제로 일어날 것 같지 않은 행운이나 꿈같은 일들로 그려진 '로맨틱한 연애'의 형태로 자유연애를 다뤘다.

요한 볼프강 폰 괴테Johann Wolfgang von Goethe, 1749~1832의 《젊은 베르테르의 슬픔》[8]이나 아베 프레보 Abbe Prevost, 1697~1763의 《마농 레스

---

8 원제: Die Leiden des jungen Werthers(1774).

표상된 세계 사회적으로 환영, 승인된 이유 ↓		밑바탕에 있는 의지 사회적인 이유가 결여된 맹목적인 충동 ↓
• 연애는 서로의 인격에 대한 호감에서 발생한다. • 성행위는 부부 사이에서만 허용된다. • 성애는 출산을 목적으로 할 때 정당하다.		• 연애는 서로의 육체적 매력에서 시작된다. • 성행위는 가정의 외부에서도 있을 수 있다. • 성애는 신체적인 쾌락을 목적으로 한다.

코》[9]는 당시의 대표적 작품이다. 젊음에 주어진 분방한 성애가 가져올 비극을 그린 것은, 주인공과 같은 세대의 젊은이들이 지닌 희망과 고뇌를 표현하는 한편, 그들이 넘어서는 안 될 선을 보여주는 교훈적 기능을 한다. 그러나 이러한 문학작품의 보급은 전통적인 윤리나 관습에 대한 구세대의 집착도 서서히 무너뜨렸다.

세상의 풍조에 대해 삐딱하고 신랄한 태도를 보이는 것도 철학자의 습성이다. 유명작가였지만 어머니에 대한 콤플렉스 때문인지 여성을 싫어하고 평생 독신을 고집했던 아르투어 쇼펜하우어A. Schopenhauer, 1788~1860는 《의지와 표상으로서의 세계》[10]에서 연애와 꿈을 되풀이하는 세상에 찬물을 끼얹는 견해를 보였다.

쇼펜하우어에 따르면 세계는 의지를 숨기는 표상으로 위장되어 있다.[11]

---

9 원제: Manon Lescaut(1731).

10 원제: Die Welt als Wille und Vorstellung(1819~1844).

11 쇼펜하우어가 사용하는 의지는 마음의 방향을 정하는 능력보다 행동주체라는 의미가 강하다. 다시 말해, 인간의 행동 일반이 '동물적 욕망'의 표현으로 해석되는 이상 의지도 본

우리는 평소 자신이 살고 있는 세계를 표상을 통해 이해한다. 표상이란 마치 그것이 눈앞에 있는 사실인 것처럼 정립된 이미지이며 우리 '삶Le-ben'에 의미를 부여하는 것이다. 그러나 그것은 삶의 실상을 숨기고 있다. 왜냐하면 아무리 아름다운 표상으로 자신의 인생을 치장하고 의미 있음을 믿으려 해도 어차피 인간은 추악한 욕망 혹은 기분 나쁜 충동과 일체의 의지로 행동하기 때문이다.

이런 관점에서 쇼펜하우어는 성욕을 은폐하는 로맨스나 '가족의 정신적 유대'와 같은 표상을 부정한다[도표 5-1 참조].

다시 말해, 사회의 상식이나 소원의 형태를 취하는 다양한 표상은 무궤도에서 방탕한 의지의 성충동을 억제하고, 만약 의지에 충실한 행동을 했다고 해도 의미 없는 표현을 하고 그것이 사회에서 인정받은 것인 양 꾸며내는 픽션이다. 속마음을 말하자면 인간이 진정으로 원하는 것은 자신의 의지로 충실하게 사는 것이다. 그리고 연애에 관해서는 자신의 육체적 쾌락이라는 목적에 부합하는 외모의 상대를 자기 생각대로 조종하는 것이다. 더욱이 이러한 성욕은 개개인의 의지를 초월한 종의 보존이라는 자연 필연성을 따르는 행동이다. 따라서 인간이 동물이라는 사실을 부정할 수 없다.

이런 실정을 깨달으면 인간은 '표상의 세계'를 거짓으로 인정하게 된다. 하지만 그렇다고 완전히 의지만으로 성립된 잔혹한 세계에 머물 수도 없다. 그래서 인간은 미덕에 찬 결백한 인생에도, 추악하고 죄 많은 삶에도 철저할 수 없다는 점에서 자기혐오와 세상에 대한 불신을 축적하고 '염세주의pessimism'에 빠지는 존재이다.[12]

능적인 '욕망의 담당자'로 해석되는 것이다.

12 단, 쇼펜하우어는 인간생활에 도덕이 불필요하다고 생각한 것이 아니다. 왜냐하면 그는 그런 이기적인 인간이 어떻게 타인을 배려할 수 있는 이타적 존재로 성장할 수 있을까

이상이 사랑을 둘러싼 쇼펜하우어의 인식이다.

3. 인격에 대한 존경과 사랑하는 기술이 사랑을 성장시킨다

사랑을 관통하는 '귀족적 자유주의'

19세기에 제시된 헤겔과 쇼펜하우어의 논란은 현대까지 이어지는 연애와 결혼에 관한 일반적 견해와 그에 대한 반박의 원형을 이루고 있다. 그렇다면 이러한 상식의 재검토가 진행된 20세기 철학에서는 어떤 논의가 진행되어왔을까? 여기서는 유명한 두 가지 견해를 소개하겠다.

한 사람은 80세에 네 번째 결혼을 하고 나서야 비로소 '도취와 평안'을 얻었다고 한 버트런드 러셀B. Russel, 1872~1970으로, 그는 영국의 명문 가정에서 태어나 '수리논리학mathematical logic'13의 구상을 비롯한 우수한 철학적 업적을 남겼다. '더 행복한 세상을 창조'하기 위해 수많은 교육적 저서를 집필하였으며 알베르트 아인슈타인Albert Einstein, 1879~1955과 함께 핵무기 폐기 등의 평화 운동을 벌여 노벨상을 받았다.

러셀은《결혼과 도덕》14에서 사랑의 본질을 서로의 '인격perso-nality'에 대한 깊은 존경에서 찾았다. 그에 따르면 인간은 자신의 행복을 추구하고 그 실현을 위해 자기를 다스리는 능력을 가지고 있다. 그러한 능력의 개발과 행사는 타인에게 강제당하는 것이 아니라 각자 권리의 틀 안에서 자력

하는 점을 고찰했기 때문이다. 그리고 그때의 키워드가 '공감(Mitleid)'이라는 개념이다.

13 논리학에서 사용하는 명제들을 효과적으로 다루기 위해 수학적인 기호로 표시하는 학문이다.

14 원제: Marriage and Morals(1929).

으로 이루어져야 한다. 이렇게 누구의 지배도 받지 않는 자유로운 상태를 서로 지켜주고 평등한 관계 속에서 각각의 행복을 실현하기 위해 노력하는 것이 러셀이 제시하는 자유주의의 기본자세이며, 그것은 인간의 고결함에 대한 깊은 신뢰에 기초한다는 점에서 귀족적이라고 평가받기도 한다.

러셀에 따르면 그러한 열린 상태에 있는 부부는 같은 가정에서 생활하면서 지성적인 상호 이해나 육체적 친밀감 등의 경험을 통해 서로의 행복을 위한 헌신을 기뻐하며, 서로의 인격에 대해 전적으로 존경하는 마음을 갖게 된다.[15] 여기서 중요한 것은 성애가 가정생활을 충실하게 하는 요소로 중시된다는 점이다. 게다가 그는 아이가 생기면 부부는 더욱 성장한다고 말한다. 다시 말해 자신들만의 행복에 얽매이지 않고 아이를 사회에 나갈 수 있을 때까지 양육하는 과정에서 세상의 규칙과 절충하는 지혜와 윤리관을 배워가는 것이다.

이러한 관점에서 러셀은 각자의 성숙이나 결혼생활의 충실을 방해하는 것으로, 기존의 혼인제도가 지닌 다음 문제점을 지적한다.

① 이혼에 대한 제한이 너무 심해서 결혼하고 나서가 아니면 알 수 없는 성격 차이나 편향된 버릇 등을 고칠 기회, 특히 재혼하여 다시 행복을 추구할 기회가 닫혀 있다.

② 여성의 권리와 사회 참여가 제한되어 있어 남성의 수입에 의존하지 않으면 살아갈 수 없는 상태로 아내를 몰고 간다. 이것은 결혼생활의 불만을 해결할 실마리를 끊어내는 것이다.

---

15 부부 사이의 존경을 중시한다는 발상은 칸트의 인격 존중과 통하지만 한편으로 칸트는 결혼에 '생식기의 공동이용'이라는 측면이 있음을 지적하는 등 뚜렷한 관점을 가지고 있었다.

③ 성을 금기시하여 성에 대한 올바른 지식이 자리 잡지 못한다. 성행위의 실태, 피임 방법, 낙태의 위험과 같은 지식의 결여는 가정생활을 불안정한 상태로 몰아넣고 청년의 내면에 현실과 동떨어진 호기심을 유발한다.

④ 사랑이 자라는 것은 남녀에게만 한정된 이야기가 아님에도 동성애의 권리가 인정받지 못하고 있다. 물론 자녀 출산은 중요하지만 가족의 핵심은 '인격 존경'에 있으므로 그런 점에서 동성애에 문제는 없다.

이러한 문제점을 해결했을 때, 가족에게 행복으로 나아갈 가능성이 한층 더 폭넓게 열린다. 또한, 경제적으로나 인격적으로 미성숙한 젊은층의 자유연애가 활발해지는 현대에는 부부가 서로 '사랑할 만한 상대'인지 확인하기 위해 임신할 때까지는 법률상 부부로 인정하지 않는 '시험결혼'이란 제도의 도입도 유익하다.

이상과 같은 인간의 인격적 성숙에 대한 신뢰에 근거한 개인주의적 견해가 러셀의 결혼론이었다.

사랑에는 기술이 필수적

러셀 이후, 기독교에서 근대사회로 계승된 상식에 대한 재검토를 추진한 사람은 사회심리학자로 알려진 에리히 프롬Erich Fromm, 1900~1980이다. 그는 30세에 첫 아내와 이혼하고 44세에 재혼한 두 번째 아내는 그가 52세 때 병사했다. 그런 그가 《사랑의 기술》[16]에서 '사랑의 본질은 사랑받는 것이 아니라 사랑하는 데 있다'라는 명제를 제시하고 근대 이후 사람들에게 파고든 '사랑이란 그것을 받는 사람이 행복해지는 것'이란 선입견에 이의

---

16 원제: The Art of Loving(1956).

를 제기했다.

프롬에 따르면 사랑하는 것은 '자신의 인격 전체를 발달시키고, 그것이 생산적인 방향으로 향하도록 전력을 다해 노력하지 않는 한 (……) 반드시 실패'하는 '극히 고도의 기술'이다.

– 에리히 프롬, 《사랑의 기술》[17]

그러나 이러한 생각에는 저항을 느끼는 사람이 많을 것이다. 그 이유는 다음과 같은 선입견 때문이다.

① 사람들 대부분은 '사랑한다'는 관점에서가 아니라 '사랑받는다'는 관점에서 사랑에 관심을 갖는다. 그래서 사람들에게 중요한 것은 '어떻게 하면 사랑받을까'라는 문제가 되어버린다.

② 사랑의 시작이나 지속은 '대상의 문제', 즉 '사랑하기에 적합한 사람이 눈앞에 있는가, 없는가'라는 문제로 생각되는 경향이 있어 사랑을 주는 쪽의 '능력 문제'로 이해하지 못한다.

③ 사람은 '사랑에 빠지는 것'과 '사랑에 머무는 것'의 관계를 이해하지 못하고, 우발적으로 생기는 전자의 계속이 후자라고 착각한다. 그러나 후자는 성숙한 인격 사이의 노력 없이는 실현될 수 없다.

프롬에 따르면 애초에 인간이 사랑을 갈구할 수밖에 없는 이유는 자신이

---

17 프롬의 저서 제목 'The Art of Loving'은 '사랑의 기술'이라기보다는 '사랑하는 기법'과 같은 해석이 적절하다고 생각된다. 왜냐하면 기술의 경우, 대상을 자기 생각대로 조종하고 이용하는 것을 연상시킬 수 있기 때문이다.

'고립되어 있다는 의식'에서 오는 불안을 극복하고 싶어 하는 데 있다. 현대사회는 자신이 사람들에게 어떤 존재로 인정받고 있는지 실감할 수 없는 상황이 우리를 에워싸고 있다. 그런 속에서 타인끼리 사랑으로 연결되는 것은 그들이 살아가는 희망이 된다. 그러나 그러한 사람들이 영위하는 '사랑하는 방법'이 반드시 '사랑의 본질'에 근거하지는 않는다. 때로는 상대를 자기 마음대로 대함으로써 만족을 얻는 '가학적 변태 성욕sadism'[18]일 수 있으며, 자신의 희망을 억제하고 상대를 따르는 '성적 피학증masochism'[19]일 수도 있다. 나아가 다른 무엇보다 자신의 만족에만 집착하는 '자기도취증narcissism'이기도 하다. 이런 미성숙한 인격에 의한 편향된 '사랑법'은 사랑을 두 사람이 공유하는 것으로 지속시킬 수 없다.

성숙한 사랑은 자신의 전체성과 개성을 유지한 채로 이루어지는 결합이다. (……) 사랑에서는 두 사람이 하나가 되고, 그럼에도 두 사람이 계속 존재한다는 역설이 일어난다.

– 《사랑의 기술》

사랑은 성숙한 인격이 서로에게 다양한 기술을 적용해야 비로소 두 사람이 만족할 수 있는 충실한 상태가 된다. ① 자신이 아닌 반려자가 기쁠 수 있게 노력하며 ② 끊임없이 상대의 심정을 배려하고 ③ 상대의 희망을 헤아렸을 때는 반드시 그에 따르는 책임을 지며 ④ 자기 과신을 하지 않으며 겸허함을 잃지 않고 상대방의 인격을 존경하고 ⑤ 상대를 모두 안다고 생

---

18 성적 대상에게 육체적, 정신적 고통을 줌으로써 성적 만족을 얻는 이상 성욕.
19 상대로부터 정신적 · 육체적 학대를 받는 데서 성적 쾌감을 느끼는 이상 성욕.

각하지 않으며 그 기분을 '알고자 하는' 노력을 게을리하지 않는다.

이러한 방침을 준수해야 그때의 관계나 상황 속에서 무엇을 해야 할지 고려하고 적절한 태도나 행동을 몸에 익혀 행동하는 것이 사랑을 키우는 조건이다.

프롬은 말한다.

우리는 친한 상대나 자신이 사랑하는 사람으로서의 노력을 아끼지 않는 성숙한 인격의 소유자라는 신념을 지키며 자신의 노력이 결실을 맺을 것이라는 확신에 찬 용기를 가져야만 한다. 그런 심리적 기반이 안정되어야 비로소 사랑의 기술을 습득하려는 수련이 지속될 수 있기 때문이다. '신념과 용기의 수련은 일상생활의 아주 사소한 것에서 시작되는' 것이다.

– 《사랑의 기술》

그리움의 쓸쓸함

이상과 같이 러셀과 프롬은 모두 사랑의 핵심을 '인격 존경'에서 찾았고, 그것을 순조롭게 달성하기 위해 전자는 사회제도의 재검토를, 후자는 상대를 대하는 태도의 변화를 주장했다. 이 같은 그들의 학설로부터 직접적이지는 않더라도 니시노 카나의 〈취급설명서〉를 뒷받침하는 논거를 끌어낼 수 있다.

확실히 노래 속 신부는 미성숙한 어린 마음을 간직하고 있다. 왜냐하면 그녀는 '사랑에 빠진' 순간이 그대로 사랑의 핵심이라고 믿기 때문이다. 하지만 그건 어차피 극복할 수 있는 것이므로 그런 점을 가지고 비난할 수는 없다. 물론, 원래대로라면 서로 사랑하는 사람끼리 서로가 무엇을 원하는지를 살피고, 자신의 사랑을 전하려고 노력하는 것이 이상적이지만 파트너에게 그러한 자세가 보이지 않는다면 그 방법을 스스로 제시하는 것도 어쩔 수 없다.

이상이 〈취급설명서〉에 관한 철학적 옹호이다.

하지만 나는 러셀이나 프롬의 논의에서 조금 납득이 가지 않는 점이 있다. 그들이 그린 사랑은 가족을 초월한 일반 인간에 대한 사랑으로 연결된다. 우리가 사랑이나 애정에 대해 일상적으로 떠올리는 이미지, 즉 절실한 그리움이나 떨치려 해도 그럴 수 없는 쓸쓸함과는 그다지 겹치지 않는다는 생각이 든다.

설사 수십 년을 함께 산 부부라도 갑자기 반려자 이외의 타인에게 연정을 느끼는 경우가 있다. 또 사별하고 혼자가 된 사람이 아무리 반려자에 대한 마음을 간직하려 해도 다른 연애를 하지 않으리란 법도 없다. 그것은 그들이 인격적으로 미성숙하기 때문일까? 부모의 연애를 불륜이라고 단죄하거나, 재혼을 불성실하다고 비난하는 자녀들은 부모보다 인격적으로 성숙한 것일까? 혹은 반대로, 누구에게도 말하지 않고 가슴에 숨기고, 남모르게 이어가는 사랑도 있다. 이것도 '잘못된 사랑법'일까?

프롬뿐 아니라 서양철학에서는 사람들이 사랑을 갈구할 수밖에 없는 이유로 인간이 짊어진 결핍을 들어왔다. 그것은 성적 욕망이든 인정 욕구이든 인간이 죽을 수 있는 존재인 이상 채워지지 않는 것, 즉 '영원한 생명'을 찾는 것으로 수렴된다. 결국 이들이 말하는 사랑은 신에 대한 사랑으로 귀결되는 것이다.

물론 그것은 필연적이고 아름다운 발상일지도 모른다. 그러나 우리는 그러한 사랑을 그대로 절대시할 수 있을까? 돌아가야 할 신을 발견하지 못하고 무상을 떠도는 자는 진실한 사랑을 얻을 수 없을까? 이로부터 흘러넘치는 우연적이고 꼴사나운 그리움의 철학은 사랑과 애정을 하나의 단어로 표현하는 언어체계, 유일신을 숭상하는 종교적 전통, 인간을 '보는 것'과 '보이는 것'으로서 정신과 신체로 나누는 서양적 발상에서 벗어나 '생의 두근거림을 듣고, 삶의 전율을 느낄 수 있는' 관점에서[20] 자신의 감정을 다시 바라보아야만 얻을 수 있을지 모르겠다.

---

20 구키 슈조(九鬼周造), 《프랑스철학의 특징(蘭西哲学の特徵)》 참조.

커플 매칭에 필요한
조건은 무엇인가?

자유연애가 일반화되고 '집안' 사정에 따른 혼인이 적어진 현재도 결혼 상대를 찾는 데는 맞선이 적당하다고 생각하는 사람이 많다. 결혼 생활이 부부와 아이, 나아가서는 부모 등 가족의 생활 기반인 이상, 무엇보다 우선되어야 할 것은 가정을 함께 영위할 수 있는 파트너 선택이라고 생각할 수 있다. 그러나 그러한 결혼 상대를 혼자서 좁은 교우 관계에서 찾아내기란 어렵고, 친척이나 지인으로 이루어진 광범위한 네트워크 속에서 찾아내는 편이 '최적의 상대'를 합리적으로 만날 수 있을 것이란 이유 때문이다. 이러한 발상은 인터넷 사이트나 애플리케이션의 이용으로도 이어지는데, 그것을 이용할 경우, 어떠한 조건이 충족되어야 상대와 '선을 봐도 좋다'고 생각할 수 있을까?

제 6 장

'착한 거짓말'은
잔인한 상처를 남긴다

---

1. 금단의 사랑에 빠진 채 현모양처로 산 과거

어머니가 유언에 적은 '비밀 사랑'

> "당신에게는 꿈이 있었지? 그걸 주지 못했어. 그래도 당신을 사랑해."
>
> – 클린트 이스트우드 감독, 〈매디슨 카운티의 다리〉[1]

남편이 이렇게 간신히 소리를 내어 말하자 아내는 미소를 지으며 사랑스럽게 그의 볼에 얼굴을 가까이 가져갔다. 창문으로 은은한 햇살이 비치고 간간이 새의 울음소리가 들려오는 작은 침실, 그곳에서는 기품 있는 노년의 여성이 죽음을 앞두고 침상에 누워 있는 남편을 돌보고 있다.

그녀는 담담하게 남편을 간호하며 남은 시간을 함께하고 있는 것이다. 말은 많이 주고받지 않지만, 서로의 호흡이나 대답하기까지 걸리는 시간만

---

[1] 원제: The Bridges Of Madison County(1995).

으로도 상대가 무엇을 생각하는지 알 수 있을 만큼 두 사람 사이의 농밀하고 긴 세월 길러진 사랑을 엿볼 수 있다.

그러나 아내에게는 비밀이 있었다. 수십 년 전 여름, 남편과 아이들이 집을 비운 4일간, 우연히 만난 남자와 격렬한 사랑에 빠졌고 지금도 여전히 가슴에 그 사랑을 품고 있다. 남편은 시골에서 자라 투박하지만 성실하고 자식을 끔찍이 사랑했다. 아내는 허락되지 않은 사랑에 온 마음을 빼앗겼지만, 사랑의 도피 바로 전에 단념하고 가정을 선택했다. 남편은 그것을 모른다. 이것이 그들의 현실이다.

그녀는 남편을 돌본 후 유언장을 준비한다. 그 여름 4일간, 자신이 어떠한 경험을 했는지, 어떠한 남자와 사랑에 빠졌는지, 그와 헤어진 후의 날들을 어떤 마음으로 보냈는지를 회상하며 적은 후 아이들에게 자신의 마지막 남은 희망을 적는다.

> "나는 가족에게 평생을 바쳤다. 남은 이 몸은 그에게 보내고 싶다."
>
> – 〈매디슨 카운티의 다리〉

그녀가 아이들에게 하고자 하는 부탁은 이랬다. 자신이 죽으면 몸을 화장한 뒤 마을에서 조금 떨어진 낡은 다리 위에서 그 재를 뿌려달라는 것이었다.

그곳은 도시에서 취재하러 온 말수 적고 지적인 카메라맨에게 길 안내를 부탁받은 그녀가 그를 데려간 장소였다. 상상도 못한 '프란체스카!'라는 그의 외침에 소녀처럼 당황하여 얼굴을 붉히며 그의 사진 모델이 된 장소였다.

인간은 무언가를 얻는 대신 다른 무언가를 잃는 딜레마에 빠질 때가 있다. 그녀의 경우 사랑을 지키려면 가정을 깨고 가정을 지키려면 사랑을 포기해야 했다. 그런 딜레마에 직면한 프란체스카는 결국 현실에서는 가정을 선택하고 마음속으로는 사랑을 택하는 타협점을 찾았다. 그것은 가족에게도, 연인에게도 자신의 속마음을 밝히지 않는 '거짓'을 만들어 양립할 수 없는 두 희망을 공존시키려는 모순을 지닌 결단이었다.

그러나 단 한순간이라도 세상에 알려지면 파탄을 맞게 될 위험한 해결책이었다. 그리고 가족에게도, 연인에게도 성실하지 못한 행동이었다는 껄끄러움을 동반하는 것이었다. 그래서 유언장에 적힌 그녀의 소원에는 '거짓말'을 정직하게 고백함으로써 자신이 겪어온 갈등에서 해방되고자 하는 염원이 담겨 있다.

그렇다고 유언장을 읽은 자녀들이 자신의 소원을 받아들일지는 알 수 없다. 게다가 그때는 그녀 자신이 이 세상에 없으니 유언은 스스로 결과를 확인할 수 없는 도박이기도 했다.

'거짓말'이라면 계속 비밀로 해주길 바랐다

어머니 장례식을 마친 후 추억을 더듬으며 유품을 정리하는데 여동생이 "오빠, 이거 읽어봐……"라며 편지를 내민다. 오빠는 그곳에 적힌 어머니의 고백을 보고 몹시 당황스러워한다.

자주 말다툼을 하긴 했지만, 아버지와 어머니는 서로를 사랑했을 것이다. 어쩌면 이혼의 위기가 있었을지도 모른다. 자신은 어렸기 때문에 알아채지 못했던 것일까, 그럴 리가 없다. 두 사람은 줄곧 사이 좋은 부부였잖은가. 틀림없이 도시에서 온 바람둥이가 순진한 엄마를 꼬여낸 게 틀림없다.

프란체스카의 자녀들은 이미 각자의 가정을 꾸린 성년이었지만, 자식이 엄마를 바라보는 시선은 어렸을 때와 크게 다르지 않다. 그러나 사실, 그런

편의적인 억측을 쉽게 부정한다.

유품 중에는 연인인 카메라맨이 촬영한 추억의 다리 사진이 실린 잡지, 아직 젊음이 남아 있는 어머니의 초상, 그에게서 온 편지가 있었다. 가지런히 정리되어 있는 그러나 반복해서 꺼내 보았을 것으로 짐작되는 모습에서 어머니에게 소중한 보물이었음을 의심할 여지가 없다.

어차피 거짓말을 할 작정이었다면, 끝까지 모르게 비밀로 간직했으면 좋았지 않은가. 아무것도 몰랐다면 괴로움도 없었을 텐데…… 자녀들에게 프란체스카의 고백이 고통스러웠던 이유는 그녀가 아내나 어머니와는 다른 여성의 얼굴을 가졌다는 사실을 깨달았기 때문이 아니다. 오히려 어머니가 연인과 헤어진 후에도 그를 계속 생각했다면, 가족의 역사가 모두 어머니의 거짓말 위에 성립되는 것이 된다. 그렇다면 자신들의 인생도 거짓이 되어버리지는 않을까 하는 두려움에서 기인한다.

가족을 위해 사랑을 포기한 그녀의 착한 거짓말은 그 착함에 기초한 행복을 믿었던 아이들에게 자기 정체성의 기반을 무너뜨릴 정도로 잔혹한 것으로 반전된 것이다.

'어머니의 연인'에게서 온 편지를 보고 냉정함을 되찾은 여동생은 "나쁜 사람이 아니야. 두 사람 모두 진지했어"라며 당혹감과 분노를 억제하지 못하는 오빠를 달래면서 '엄마의 소망을 들어줄지 생각해보자'고 제안한다. 그리고 처음엔 단호하게 그렇게 하지 않겠다던 오빠도 차츰 '그 착하고 성실했던 엄마가 가벼운 마음으로 불륜을 저질렀을 리 없다'며 마음을 돌린다. 그리고 자신들이 몰랐던 어머니의 사랑의 발자취를 따라가며 그녀가 왜 연인이 아닌 가족을 택했는지 그 이유를 찾기 시작한다.

일상 속에 숨겨진 수많은 거짓말

이상은 20년 전쯤 전 세계 '주부' 사이에서 베스트셀러였던 소설을 원작으로 한 메릴 스트립 주연의 영화 〈매디슨 카운티의 다리〉의 개요이다. 이영화는 당시에 평론가 사이에서 완전히 다른 이해와 평가를 불러일으켰다. 작품 속에 그려진 연애는 다시는 돌이킬 수 없는 순간에 '운명의 연인'을 만난 여성의 비련이라든가, 가족애를 이유로 미담처럼 꾸며진 단순한 불륜에 지나지 않다든가 등등. 어떤 이야기든 등장인물 중 누구에게 초점을 맞추고, 어떤 관점에서 감정을 이입하는가에 따라 다른 감상을 느끼게 된다. 하지만 이 작품의 경우는 그 진부한 형식에도 불구하고 매우 복잡한 인상을 남겼다.

다소 짓궂게 말하자면 프란체스카의 유언은 극히 이기적이고 오만하다. 내가 가족을 위해 희생한 덕에 아버지도, 너희도 불편함 없이 행복하게 살수 있었다. 그러니 마지막쯤은 내 희망을 들어줘도 좋지 않을까, 이런 식으로 해석될 수 있기 때문이다. 그래서 그녀의 주장은 다음과 같이 반박을 당해도 어쩔 수 없을 것이다. 진정으로 그 남자를 사랑했다면 가족을 버리는 것이 옳았을 텐데, 그러지 못한 것은 가족과 생활하는 편이 연인보다 소중했기 때문이 아닐까? 그렇다면 남편 옆에 묻히는 것은 당연하며 그것이 싫다 해도 자업자득일 것이다. 하지만 이 소설의 독자나 영화 관객은 자녀와 마찬가지로 좀처럼 그녀를 놓아주지 못한다. 그 이유는 아마도 우리 자신의 생활에도 무수히 많은 거짓말이 존재한다는 것을 스스로도 절실히 느끼고 있기 때문이다.

미움이나 질투 때문에 또는 사사로운 욕심을 위해 남을 모함하는 악의에 찬 거짓말.

스스로를 보호하기 위해 모르는 척, 잊은 척하는 책임회피를 위한 거짓말.

자신을 과장되게 보이고, 남에게 얕보이지 않으려 허세를 부리는 부당한 거짓말.

그 자리의 분위기를 깨지 않으려 말을 맞추는 동조적인 거짓말.

알고 있으려니 생각하고 잘못된 사실을 전달하는 부주의한 거짓말.

어떠한 사정으로 당초 예상에서 벗어난 결과를 초래하는 예상하지 못한 거짓말.

가족이나 친구에게 상처를 주지 않으려 사실을 속이는 선의의 거짓말.

거짓말이라는 말에는 '사실과 다른 내용을 전달한다'는 사전적 의미에다 담기지 못하는 다양하고 복잡한 실체가 포함된다. 그래서 우리는 넓은 함의 含意 탓에 어려서부터 부모나 교사로부터 '거짓말을 하면 안 된다'는 규범을 배우는 한편, 상황에 따라서는 거짓말이 일을 순조롭게 만든다는 사실을 배운다. 조건도 명확하지 않은 채 '거짓말도 하나의 수단'이라는 처세술을 수용한다. 말하자면 우리는 무수한 거짓말을 주고받으며 사는 것이다.

이렇게 보면 결국 프란체스카를 향해 병상의 남편이 내뱉은 말에조차 어떤 거짓말이 담겼을지 모른다는 의심이 생긴다. 예컨대 그가 말하고자 한 것은 사실 자신은 아내의 불륜을 알고 있었다. 그러나 모른 척함으로써 가정에 분란을 일으키지 않고 그녀가 집을 떠날 빌미도 제공하지 않는 식으로 자기 옆에 머물게 했다고 해석할 수 있다. 그렇다면 그의 말은 아내에 대한 감사도 후회도 아닌 오히려 '복수의 고백'이란 말이 된다.

이런 혼란을 앞에 두고 우리가 다루어야 할 '철학적 물음'은 다음과 같다. 대체 거짓말이란 무엇일까? 그리고 그것이 나쁘다고 여기는 이유는 무엇인가?

2. '거짓말 금지'라는 의무가 도덕법칙으로 간주되는 이유

'거짓말도 잘하면 논 닷 마지기보다 낫다'란 말이 허용되는 조건들

아무리 철학자 중에 괴짜가 많다고 해도 '거짓말도 잘하면 논 닷 마지기보다 낫다'란 말을 무조건 부정하는 사람은 많지 않다. 세상에 유포되는 상식을 의문시하는 그들의 습성으로 볼 때 오히려 '거짓말을 하면 안 된다'라는 설교를 입 밖에도 내지 못하게 하는 사람이 많다고 해도 이상할 것이 없다.

그러나 모든 거짓말을 정당하게 본다면 이 세상은 '거짓말도 잘하면 논 닷 마지기보다 낫다'는커녕 '진실과 거짓'의 구별도 '선과 악'의 일관성도 담보되지 않는 혼돈만이 존재하는 상태가 될 것이다. 결코 우리가 안심하고 살 수 있는 세상이라고는 말할 수 없다.

그래서 기본적으로 '거짓말을 하는 것은 나쁘다'라고 하고 '거짓말이 허용되는 조건은 어떤 것인가?'라는 물음에 답하는 것이 올바른 순서다. 그리고 일반적으로 거짓말을 허용하는 조건으로 다음 네 가지 이유를 들 수 있다.

① 자신에게 발생하는 극단적인 불이익을 피하기 위해
　- 사고가 생겼는데 좀처럼 도움을 받지 못할 때, 중상자가 여러 명 있다고 연락하여 구조를 재촉한다.
② 상대에게 심한 불이익이 발생하지 않도록 하기 위해
　- 가족에게 생명과 관련된 수술을 받게 하려고 굳이 진짜 병명을 밝히지 않고 간단한 수술로 가장한다.
③ 폭력이나 사기로부터 자신을 지키기 위해
　- 보이스피싱 범인에게 '입금하겠다'고 속은 척하고 경찰에 신고한다.

④ 불성실한 상대에게 성실하게 대응할 필요가 없기 때문

 - 결함 상품을 구입했는데 상대가 수리나 교환을 해주지 않을 경우 계약을 무효로 간주하고 대금을 지불하지 않는다.

이러한 조건은 우리 생활에서도 충분히 일어날 수 있는 상황에 대응하는 것으로, 특별히 무리한 설정은 아니다. 반대로 이러한 거짓말이 허용되지 않는다면 가정과 학교, 직장에서 훨씬 귀찮은 일이 생길 것이다. 그래서 자신과 타인, 특히 가족이나 친구에게 심한 불이익이나 불쾌감을 주지 않도록 그때그때의 사정이나 인간관계에 따라 임기응변으로 정직과 거짓말을 구분해 사용하는 유연함이 필요하게 된다.

이렇게 생각했을 때 거짓말은 무조건 '나쁜 것'이 아니라 오히려 '좋은 일'이 될 수도 있다. 앞의 예를 보면 프란체스카 남편과 자녀에게 자신의 속마음을 털어놓지 않은 채 오랜 세월을 보낸 거짓말은 가족에게는 옳은 판단이었고 유언에서의 고백은 잘못된 판단이었다는 것이다.

상식에 비추어 보아도 당연한 일로 생각할 수 있다.

그러나 칸트는 이 생각을 단호하게 거부했다.

칸트는 인간에게 '거짓말 금지'는 무조건적인 최고의 의무라고 주장했다. 설사 어떤 이유에서든 거짓말은 나쁜 것이며 '거짓말쟁이'는 도덕적인 죄를 범하는 것이다. 그것은 살인범에게 쫓기는 친구를 집에 숨겨주었는데 그 살인범이 그 친구를 찾으며 집에 친구가 왔는지를 물었을 때조차도 마찬가지이다.

다시 말해 칸트의 주장은 '가족의 행복'이든 '친구의 생명'이든 거짓말을 정당화할 이유는 될 수 없다는 것이다.

하지만 아무리 그래도 그건 너무 심하지 않은가? 이렇게 생각하는 것이

일반적인 반응이다. 실제로 칸트의 견해에 대해서는 발표 직후부터 많은 의문과 비판이 제기되었고, 칸트를 지지하는 사람조차 그의 진의는 '다른 사람을 불행하게 해도 좋다'거나 '죽어도 어쩔 수 없다'라고 말하는 것이 아니라고 옹호가 필요할 정도로 긍정하기 어려웠다. 그러나 칸트는 평생 이 주장을 굽히지 않았다. 그가 그토록 강한 신념을 갖고 있었다면 그 진의를 알아보는 것도 재미있을지 모르겠다.

정언명법(定言命法)[2]은 '무조건적인 의무'

먼저 칸트 윤리학의 개요 확인에서부터 하자.

제4장 제2절에서 살펴보았듯이 칸트에게 인간은 이성과 감성을 겸비하고 있어 후자가 인식하는 동물적 욕망을 억제하고 전자가 인식하는 도덕적 의무를 따르는 형태로 자신을 다스릴 수 있는 존재자다. 그리고 그러한 '도덕적 존재자'인 상태로 개개인의 방향을 결정짓는 것은 사욕이나 득실을 고려하지 않고 무엇이 따라야 할 선이고 무엇이 범해서는 안 될 악인가 하는 도덕직관을 충실히 따르는 의지, 즉 '선의지'이다. 칸트에게 의지가 스스로 발견한 의무에 복종할 때 동기의 순수성이야말로 도덕규범이 규범적 구속력을 가지는 근거인 셈이다.[3]

그러나 개인이 어떤 규칙을 자신이 따라야 할 의무로 보는가는 그 자체로 의무의 보편타당성을 보증하는 것이 아니다. 그래서 칸트는 유명한 '정언명법의 근본방식'을 제시한다.

　네 의지의 준칙이 언제나 동시에 보편적 입법의 법칙과 일치하도록 행위

2　행동의 결과와 상관없이 그 자체가 선이기 때문에 무조건 따르고 지켜야 할 도덕적 명령.
3　칸트의 발상은 현대 윤리학의 분류에서는 '의무론'으로 자리매김된 것이다.

하라.[4]

– 칸트, 《순수이성비판》[5]

여기서 말하는 준칙이란 그것이 사회적으로 공유되고 있는지를 떠나 개개인이 자신의 행동 지침으로 삼는 주관적인 규칙이다. 또한 '보편적 입법의 법칙'이란 어떠한 조건에도 좌우되지 않고 언제 어디서나 선행을 이끄는 타당한 '도덕법칙'을 말한다. 다시 말해, 도덕법칙과 일치한다고 확인된 준칙만을 따라서 생활하라는 것이 앞의 인용문 내용이다. 칸트에 따르면 선의지가 따라야 할 의무는 모두 이 요구를 충족해야 한다. 따라서 다음으로 해결해야 할 과제는 어떻게 하면 준칙이 도덕법칙으로 간주될 수 있을지, 그것을 확인하는 도덕적 반성의 절차를 밝히는 것이다.

그렇다면 절차는 어떤 것이었을까?

1단계는 우리가 일상생활 속에서 의존하고 있는 '해야 할 것' 혹은 '하지 말아야 할 것'과 같은 준칙을 따르는 것이다. 그런데 준칙은 생활 곳곳에서 찾을 수 있는 것이기 때문에 다음과 같이 다양한 것이 포함된다.

① 비가 오면 우산을 써야 한다.
② 몸매를 유지하고 싶다면 탄수화물을 먹으면 안 된다.
③ 남의 물건을 훔쳐서는 안 된다.

---

4 '엄밀한 학문'으로서의 윤리학은 '선험적(a priori) 종합판단'으로 성립되어야만 한다. 이것은 칸트가 《순수이성비판》을 근거로 하여 윤리학에 도입한 독특한 발상이다. 주관적인 의무에 지나지 않는 준칙이란 주어에 그곳에는 들어 있지 않은 객관적으로 타당한 '도덕법칙'이란 술어가 붙는 정언명령의 근본 방식은 윤리학이란 학문의 근간을 이루는 '선험적 종합판단'이라고 칸트는 생각했다.

5 원제: Kritik der reinen Vernunft(1781).

④ 취업을 하고 싶다면 공부를 열심히 해야 한다.

이러한 준칙은 그것을 선택한 사람은 따를 가치가 있는 의무로 생각할 수 있지만, 그 보편타당성은 미확인에 그친다. 따라서 2단계는 어떠한 조건에 의존함으로써 의무로서 타당성을 조달하지 않는지를 찾는다. 다시 말해 지시된 행위 이외의 무엇인가에 제약을 받는 준칙을 제외하는 것이다. 왜냐하면 '만약 … 이라면' 또는 '… 을 위하여'와 같은 조건을 가져야 의무로써 의미를 가지는 것에 불과한 명령문은 그 조건이 생략되었을 때는 그 타당성을 유지할 수 없기 때문이다.

칸트는 이 조건부 명령을 '가언명령hypothetical imperative'[6], 무조건적인 명령을 '정언명령categorical imperative'이라고 했으며, 후자가 도덕법칙과 일치할 수 있다고 생각했다. 예컨대 앞에서 언급한 준칙 중에서 ①과 ②는 '가언명령'으로 심사에서 제외되었고, ③이 '정언명령'으로 채택되었다. 단, ④에 관해서는 형태상으로는 '가언명령'이지만 조건절을 제외하고 '공부를 열심히 해야 한다'라고 수정해도 의미가 되기 때문에 이 수정된 형태라도 개인에 따라 지켜야 할 것으로 보는 경우는 이것도 '정언명령'으로 다룬다.

이렇게 '정언명령'이란 형식을 가진 준칙이 '도덕법칙'의 후보로 남게 된다. 그러나 그것이 정말로 보편타당성을 갖추었는지는 아직 확인되지 않아 심사가 좀더 필요하다.

그래서 3단계로서 '정언명령'에서 제시된 의무의 보편화 가능성을 조사

---

6 가언명령(假言命令)은 어떤 목적을 달성하기 위한 수단으로서 내리는 조건부 명령으로, 그 목적을 승인하는 사람에게만 의미가 있을 뿐 보편타당성이 없다.

한다. 만일 후보로 남은 의무가 보편타성을 갖는다면 언제 어디서 누가 그 의무를 따르더라도 아무 지장이 생기지 않을 것이다. 그렇다면 모든 사람이 그 의무에 따라 행동했을 때 어떤 상태가 초래될지 예측해보면 된다.

예컨대 '타인의 소유물을 훔쳐서는 안 된다'라는 의무를 모든 사람이 받아들이면 '어느 누구도 타인의 소유물을 훔치지 않는다'라는 상태가 성립해 그 정언명령도 의미가 있다. 따라서 그것은 도덕법칙으로 간주할 수 있는 것으로 확인된다. 만약 그래도 여전히 의심스러우면 반대로 '타인의 물건을 훔쳐라'라는 반대 명제의 보편화가 가능한지를 확인해본다.

이 경우는 '모두가 타인의 소유물을 훔치는' 사태가 생기게 되므로 내 물건과 타인의 물건에 대한 구별이 없어져 '훔친다'라는 개념이나 행위가 성립하지 않게 되어 반대 명제 자체가 모순에 빠지게 된다. 이렇게 당초 의무는 반대명제의 자기모순에 의해 도덕법칙으로 간주되는 자격을 좀더 확실하게 다지게 된다.

'거짓말도 잘하면 논 닷 마지기보다 낫다'란 말은 언어도단이다

이상이 칸트 윤리학의 개요이다. 그럼, 이것을 근거로 '거짓말 금지'가 도덕법칙인 이유를 살펴보겠다.

칸트는 먼저 세상에 유포되는 거짓말이라는 개념의 모호함을 비판하는 데서 출발한다. 그에 따르면 거짓말이란 원래 자기 자신의 심정을 포함해 자신이 알고 있는 사실에 관해서 거짓된 말을 한 것이지 그 이상은 아니다. 그런데 세상에서 거짓말이란 말을 사용할 때, 그곳에는 언어와 사실의 불일치에 관한 다양한 사례가 포함된다[이 장 1절 참조]. 그러므로 '거짓말을 하는 것은 좋은 일일까, 나쁜 일일까'라는 지극히 단순한 문제가 그대로 다루어지지 못하고 거짓말의 다의성에 따르는 경우 나누기에 의해서 '나쁠 때도 있지만, 좋을 때도 있다'라는 복잡한 답을 필요로 하게 된다. 그러나 우리는 글자 그대로의 거짓말에 대해서만 생각해야 하며, 그때 '거짓말을 하면 안 된다'라는 의무가 옳다고 직관할 수 있는 것이다.

이상과 같이 거짓말이란 개념의 혼란을 회피함으로써 칸트는 '사실을 속여서는 안 된다'라는 본래 의미에서의 거짓말 금지를 정언명령으로 간주한다. 그러나 이 견해에는 다음과 같은 반론이 제기될 수 있다. 거짓말의 개념 내용을 그런 의미로 한정한다고 해도 거짓말을 함으로써 얻을 것으로 예상되는 귀결이 다르다면 그것의 옳고 그름에 따라 거짓말을 허용할 수밖에 없는 사례가 있지 않을까 하는 반론이다.

그러나 칸트는 '의무'는 그 자체로 평가되어야 하며 그 의무를 따랐을 경우의 결과와 따르지 않았을 경우의 결과를 비교하는 형태로 평가해서는 안된다고 주장한다. 왜냐하면 그런 비교는 원리적으로 불가능하기 때문이다. 가령 살인범의 예로 말하면, '친구는 여기 없다'라고 답했다고 '친구가 살았다'는 보장이 없으며 반대로 '여기에 있다'라고 말했다고 해서 꼭 '친구가 살해당할 것'이라고 정해진 것도 아니다. 그렇다면 결과를 고려하지 않고 단순히 거짓말의 '선, 악'만을 고려하는 것이 적절한 사고인 것이다.

이렇게 칸트의 거짓말 금지라는 의무를 도덕법칙으로 간주할 수 있는지 테스트한다. 그리고 모든 사람이 이 의무에 따라 '아무도 거짓말을 하지 않은 상태'가 성립되었을 때 모순이 발생하지 않는 데 비해 그 반대 명제를 모든 사람이 따랐을 때 '모두가 거짓말을 한 상태'가 생겨 그곳에 모순이 발생하게 된다. 왜냐하면 어떤 사람이 거짓말을 하기 위해서는 화자가 사실을 말하면 듣는 사람이 상정되어 있어야 함에도 '모두가 거짓말을 하는 상태'에서는 그런 관계가 성립되지 않기 때문이다. 다시 말해, '거짓말을 하라'라는 명령문의 보편화는 거짓말의 개념과 행위의 전제조건을 파괴하는 것이다. 이렇게 거짓말 금지는 도덕법칙으로 인정된다.

이 같은 칸트의 시각에서 볼 때 프란체스카의 유언은 자신의 진심을 충실하게 기록함으로써 거짓말 금지 의무를 따르고 있다. 따라서 그것이 아무리 자녀를 힘들게 해도 '나쁜 행위'로 단죄될 수는 없는 것이다. 자녀가 유언에 어떻게 대처하든 그와는 상관없이 엄마의 고백 자체에 대해서는 존중해야 한다. 왜냐하면 인간은 누구나 이성을 지니고 있으며 도덕적 반성을 통해 스스로 도덕법칙으로 확인한 의무를 따를 수 있기 때문이다.

인간은 서로를 그러한 능력을 가진 존재자로서 존경하며, 각자의 자발적인 의사결정을 방해해서는 안 된다. 그래서 칸트는 '정언명령의 두 번째 정식'으로 다음과 같은 명제를 제시한다.

> 네 자신의 인격에 있는 인간성 및 모든 사람의 인격에 있는 인간성을 항상 동시에 목적으로 사용하고 결코 단순한 수단으로써 사용하지 않도록 행동하라.
>
> — 《실천이성비판》

3. 정직하기 때문에 반대로 거짓말쟁이가 되기도 한다

거짓말은 인격의 존엄을 파괴한다

우리는 지금까지 칸트 윤리학의 도덕적 반성 절차를 살펴보았다. 그것은 상당히 논리적이고 이해하는 데 노력을 필요로 해서 독자 중에는 '이런 것을 배워 어떻게 하라는 것일까?'라는 당혹감을 느낀 사람도 있지 않을까? 원래 '거짓말하면 안 된다'라는 정언명령의 타당성은 인식하지만 '왜 거짓말이 나쁜가'라는 근본적 문제에 대해서는 대답이 안 되어 있는 것으로 보인다. 게다가 칸트가 거짓말 금지를 최고의 의무로 평가한 근거에 대해서도 분명하지 않다. 우리가 자신의 흥미에 대해 공부하고 있음에도 그것에 불만을 갖는 것은 '배우는 것'이 '이해하고 싶은 것'과 어떤 관계가 있는지 모를 때이다. 그래서 지금부터는 이 두 가지 논점에 관해 간단히 확인해보겠다.

첫 번째 문제는 거짓말을 '나쁘'게 여기는 이유는 무엇일까이다. 그 답은 칸트가 상정한 인간의 존재 성격 속에 이미 준비되어 있다. 그에게 인간이 다른 동물과 다른 특이한 존재자인 이유는 인간이 이성을 이용하여 과학적인 '참/거짓'이나 도덕적인 '선/악'을 추리하고 판단할 수 있다는 점에 있다. 그리고 그것은 언어를 이용해 고찰하는 형태를 취할 수밖에 없다. 따라서 인간이 스스로 '착한 사람'이 되려는 이상 말을 올바르게 사용하는 것은 언제 어디서나 최소한 지켜야 할 절대적인 의무이다.

반대로 '거짓말을 하는 것'은 자신이나 타인이 이성을 갖춘 존재자이기 위해서 필요 불가결한 언행 일반의 신뢰를 깎아내리는 인류에게 가해지는 부정이며, 그러한 의미에서 인간의 인격에 포함된 인간성, 다시 말해 인간을 인간답게 하는 이유를 손상시키는 것이며 말을 하는 상황의 차이나 말하는 사안의 중요도 차이는 아무런 관계도 없다. 인간이 인간으로서 존엄을 가질 수 있는 근거, 그것이 '올바른 언어 사용'인 것이다.

두 번째 문제는 거짓말 금지가 최고의 의무가 된 이유이다. 확실히 한마디로 정언명령이라 해도 여기에는 다양한 요소를 생각할 수 있다. 예컨대 '자살해서는 안 된다' '살인은 안 된다' '약속을 어겨서는 안 된다' '사람을 도와라' '건강을 해쳐서는 안 된다' 등등. 그렇다면 만약 둘 이상의 정언명령이 동시에 부과되었을 때 우리는 어떤 의무에 따라야 할지 알 수 없는 갈등에 휘말리지 않을까? 그때 거짓말 금지가 다른 의무보다 우선되어야 하

	동물적 존재자로서의 자신에 대해 / 도덕적 존재자로서의 자신에 대해	인간으로서의 타인에 대해 / 존경할 가치가 있는 타인에 대해
완전 의무	자살, 간음, 무절제의 금지 / 거짓말, 탐욕, 비굴 금지	친절, 감사, 동정 / 거만, 험담, 우롱 금지
불완전 의무	자연적 완전성의 증대: 건강 유지 / 도덕적 완전성 향상: 재능 발전	사람을 도우라: 기부, 원조 / 교육 지원

출전: 칸트, 《도덕형이상학》[7]에서 필자 작성.

는 이유는 무엇일까?

칸트는 의무에 순위를 매기는 형태로 이 문제의 해결을 시도했다. 그리고 그 절차는 대략 다음과 같다. 우선 각자의 권리를 보장하는 법률상의 의무 살인과 절도의 금지 등를 확보한 후에 그 범위 내에서의 권리 행사에서 각자가 해야 할 도덕적 의무를 제시한다. 다음으로 이 도덕적 의무에 관해서 그것이 누구의 어떤 성질에 대해 부여되는 의무인가 하는 기준과 다른 한편으로, 그것이 반드시 수행해야 하는 '완전 의무'인지, 가능하면 수행하는 것이 바람직한 '불완전 의무'인지 등의 기준을 세우는 형태로 구분한다. 다시 말해 그 도덕적 의무의 일람표에서 의무 사이의 우선순위가 정해지는 것이다. 이 시도는 칸트의 생애를 통해서 일정 결론에 도달하지 못했을 만큼 어려운 것이다. 하지만 이해를 돕기 위해 단순화하면 도표 6-1과 같이 정리할 수 있다.

이 정리에 따르면 거짓말 금지는 '도덕적 존재자로서의 자신에 대한 완

---

[7] 원제: Metaphysik der Sitten(1797).

전 의무'이다. 그리고 칸트에게 이성의 올바른 사용이야말로 인간이 존재하는 목적이며 이성을 사용할지는 개개인의 의지에 맡겨져 있으므로 거짓말 금지가 모든 의무 가운데 최고 의무임이 유추된다.

그러나 이 경우에는 그것이 '동물적 존재자로서의 자신에 대한 완전 의무'인 자살 금지에 대해서도 우선해야 하는가 하는 의문이다. 거짓말 금지와 자살 금지가 대립하는 상황이 어떤 것인지는 몰라도 인간의 목적이 이성의 사용이라고 해도 그 전제로서 생명은 유지되어야만 하기 때문이다.

아마도 칸트는, 그런 경우에도 전제는 어디까지나 목적에 있어서의 전제로, 목적을 배신하면서까지 전제를 유지할 이유가 없다고 생각하고 거짓말 금지를 우선해야 한다고 답하지 않았을까.

'도덕의 순수화'가 가져온 공(功)과 죄(罪)

이상과 같이 칸트의 윤리학은 행위에 얽힌 특수사정을 제외한 뒤에 자타 구별을 명확히 하여 자기 스스로 보편적인 의무를 발견하고자 하는 것이었다. 이렇게 습득된 '순수한 도덕'은 매우 이성적이고 엄격한 것이다. 그래서 그의 이론적 견해는 후세 사람들에 의해 다음과 같이 특징지어졌다.

① 이성주의: 인간이 갖추고 있는 이성의 충실을 추구한다.
② 동기주의: 행위의 결과를 고려하지 않고 동기의 순수성만을 중시한다.
③ 엄격주의: 의무의 타당성은 때와 상황, 쾌락/불쾌에 제약을 받지 않는다.

그러나 위와 같은 구분은 우리가 칸트 윤리학에 의문을 갖는 이유가 되기도 한다. 왜냐하면 원래 우리가 자신이 무엇을 해야 할지 자문하게 되는 것은 평상시와 같이 판단하기를 주저할 수밖에 없는 특수한 상황에 놓였을 때이기 때문이다.

친구가 살인범일 경우의 예를 생각해보자. 신고를 주저하는 이유는 살인범 이전에 위험한 사정에 놓여 도망쳐온 단계에서 서로 실제로 그 말을 주고받았든 그렇지 않든 상관없이 그들 사이에 '너를 숨겨주겠다'는 약속이 평상시 친구관계에 기초해 성립된 사정 때문이다. 이때 친구 사이인 우리의 심정에서 나와 너는 다른 개인으로서 선의지여야만 한다고 단정하기는 곤란하다.

〈매디슨 카운티의 다리〉의 프란체스카 예를 보면 그녀가 처음 결단할 때 가족을 선택한 일은 자신의 본심을 속이는 거짓말이었다고 한마디로 잘라 말할 수 없다. 왜냐하면 그녀에게 아내이자 엄마인 자신과 여성인 나는 분리할 수 없기 때문이다. 그리고 어느 쪽이든 가족과 연인이란 각각의 나와 뗄 수 없는 우리가 존재한다. 가족을 슬프게 하는 것은 '나의 슬픔'이고 연인을 슬프게 하는 것도 '나의 슬픔'이다. 그래서 프란체스카는 어느 쪽도 선택하지 못했다. 선택하지 못한 결과로 그때까지 현실이 계속되었고 연인과는 헤어지게 되었다. 그렇다면 그녀의 결정에도 그 후 인생에도 죽음을 앞에 둔 유언에도 의도적인 거짓말은 없었던 것이다.

칸트의 윤리학적 관점에서는 이들 피가 섞인 인간의 현실은 포착되지 않는다. 정말로 필요한 것은 칸트가 '가언명령'으로 제외한 특수상황과 행위자의 심경이나 그와 관련된 인간관계를 고려해 어떤 판단이 우리에게 납득할 수 있는 것인지를 논의하는 일이다. 인간이 처한 상황과 그때의 심경이 천차만별임을 생각하면 그것은 하루아침에 할 수 없는 엄청난 작업이 될 것이다. 그러나 진정한 의미에서 윤리학이 답해야 할 문제는 그런 성질의 것이다.

그러나 그렇게 생각했을 경우라도 아니 오히려 그렇게 생각하기 때문에 칸트의 윤리학은 의의를 가지게 된다. 왜냐하면 특수 사례를 다루는 윤리학은 자칫하면 모든 것을 '케이스바이케이스case by case'로 상정하고 본래 지켜야 할 '선/악'의 기준 따위는 존재하지 않는다는 다른 결론을 향하게 될 가능성이 있기 때문이다. 그 끝에서 기다리는 결론은 확실한 것은 아무것도 없는 세계이다. 이런 안이한 '상대주의'의 유혹을 차단하기 위해서는 역시 특수상황을 고려하지 않았을 때 어떤 행위에 내려지는 도덕적 평가를 확인시켜주는 이론이 필요하게 된다. 그리고 여기에 칸트 윤리학의 존재 의의가 있는 것이라 생각한다.

보통 사람들의 고단한 삶

아무런 갈등 없이 자기 마음에 정직하게 살 수 있다면 얼마나 편할까? 그러나 타인의 비난을 두려워하는 일도, 자신의 내면에서 후회로 괴로워할 일도 없이 그때그때 원하는 것을 할 수 있는 사람은 이 세상에는 거의 없을 것이다. 어린아이도 어른의 눈치를 살피며 자신의 속마음을 숨기고 살 정도이므로 다양한 인간관계를 형성하는 우리에게 '거짓말도 잘하면 논 닷마지기보다 낫다'라는 변명이 허락되지 않는다면 마음의 병이 생기지 않을까? 혹은 오히려 자신의 결단 결과, 자신이나 다른 사람이 어떤 상황에 처하든, 그로써 다른 사람에게 무슨 말을 듣든 모든 것을 받아들일 각오를 하고 살아가야 할까?

요사노 아키코与謝野 晶子[8]는 불륜 끝에 맺어진 남편을 유학시키기 위해 열심히 일하고, 마침내 파리에 사는 남편을 만나러 갈 방법을 마련했을 때,

---

8   요사노 아키코(1878~1942). 일본의 와카 작가이다. 첫 번째 알려진 작품은 《헝클어진 머리칼》로 신여성을 대담하고 분방하게 표현한 것으로 단숨에 문단의 주목을 받았다. 이후 일본 문학사상 '정열의 가인'으로 기록된다.

여정의 하나인 블라디보스토크에서 이 시를 읊었다.

> 자, 하늘의 해는 나를 위해
> 황금 마차를 삐걱거리게 하라
> 폭풍의 날개는 동쪽으로부터
> 자, 기분 좋게 우리를 좇아오라

– 요사노 아키코, 《여행에 나서다》⁹

자신의 힘으로 태양을 내 편으로 만들고, 시베리아 철도의 삐걱거리는 바퀴를 폭풍의 힘으로 더욱 부추겨 갈 길을 서두르는 아키코의 심경은 자신이 표현하듯이 '미치광이'라고 해도 어쩔 수 없다. 이것을 부러워할지, 기막혀할지는 사람마다 다르다. 그러나 결혼이 '집안과 집안의 약속'으로, 여성이 제대로 '사람 대우'를 받지 못하던 시대에 자신의 의지를 이런 식으로 밝히는 용기는 매우 당당하고 기분 좋은 법이다.

그렇다고는 해도 요사노와 같은 삶을 살 수 있는 사람은 매우 드물기 때문에 〈매디슨 카운티의 다리〉가 세상에 반향을 불러온 것이다.

우리들 '보통 사람'은 아무리 궁지에 몰려도, 아니 궁지에 몰릴 정도로 결단을 내리지도 못한다. 왜냐하면 결단이 요구되는 문제의 심각성은 그것을 결단함으로써 잃게 되는 것에 비례하기 때문이다. 다시 말해 결단해야만 하는 사정이 커질수록 결단하지 못하는 사정도 커진다.

이 '삶의 비정함'을 누구보다 잘 아는 사람은 영화 속 연인역과 감독을 겸한 클린트 이스트우드였을지도 모른다.

---

9 원제: 旅に立つ.

그는 프란체스카의 경험을 '아름다운 순애보'로도 '가족에 대한 헌신적인 이야기'로도 완성시키지 않는다. 한두 개 줄거리로 어느 한쪽이 완성되려 할 때마다 이야기의 '부자연스러움'을 노정시켜 그 기반을 무너뜨린다.

가족이 없는 집으로 연인을 초대한 프란체스카의 나이 든 육체.

빗속에서 프란체스카를 기다리는 연인의 비에 젖어 달라붙은 빈약한 머리카락.

다리 위에서 뿌려진 유해를 추억의 강과 반대 방향으로 실어 가는 강풍.

이스트우드가 만들어낸 이 광경은 두 사람의 사랑이 다른 사람의 눈으로 볼 때 얼마나 초라한지를 잔혹하게 보여준다.

그런 의미에서 이 영화는 원작의 줄거리를 그대로 가져와 '눈물샘 자극 이야기'라는 틀을 유지하면서 실제로는 감정이입하려는 관객의 허를 찔러 정신이 들게 하는 시각을 가지고 그들의 비참한 연애를 그려냄으로써 그러한 자신을 받아들일 각오가 없다면 어려운 결단을 강요하는 연애를 꿈꿔서는 안 된다고 전 세계 주부에게 찬물을 끼얹은 것으로 생각할 수 있다.

물론 요사노라면 그런 건 신경도 쓰지 않을 것이다. 무슨 고민이 필요할까, 분명 이해하려고도 하지 않을 것이다. 그러나 그녀처럼 살 수 없는 평범한 우리에겐 이스트우드의 현실주의가 뼈아프게 다가온다.

그렇다, 다양한 굴레로 답답하기 이를 데 없는 '보통 생활'을 견디기 위해 가끔은 '현실에서 벗어나는 꿈'을 꾸는 정도는 허락되길 바란다. 꿈인 줄 알면서 꾸는 꿈은 허무할지 몰라도 죄가 되지 않으므로.

칸트도 그 정도의 '기분전환'은 허락하지 않을까…….

내 진의는 말보다
먼저 존재하는가?

우리는 자신의 마음을 다른 사람에게 전달하려고 할 때 말이 자신의 의지에서 벗어나거나 다른 사람에게 오해를 주는 경우를 경험한다. 그것은 그 자리에서 바로잡을 수 있는 '구어'보다 타인이 해석하는 '문어'에서 흔하게 발생하며 인터넷을 이용한 커뮤니케이션에서 쉽게 거짓말쟁이가 되는 요인이기도 하다.

그러므로 우리는 오해를 살 수 있는 요소를 없애기 위해 문어에 의존할 것이 아니라 실제로 상대방과 대면하여 좀더 정확하게 자신의 진짜 의지를 이해할 수 있는 구어를 사용하도록 해야 한다. 이 발상에는 말에 앞서 나의 진의가 존재한다는 전제가 숨어 있는데 애초에 우리는 말에 의존하지 않고 자신의 마음을 확인할 수 있을까?

제 III 부

아직 '죽음'을 실감하지 못하는가?

제 7 장

고독한 우리의 메멘토 모리[1]

1. 안도와 불안이 끊임없이 맞물리는 밀실로서 '병실'

'아인'을 인격으로 인정하지 않는다

"이건 이와사키에게 보내줘. 재생 전 팔과 비교하려나 봐."

"이번에는 뇌의 활동을 관찰하면서 (……) 통증에 대한 반응에 따라 지금까지 몇 번 죽었는지 대략 예측할 수 있어."

"몇 번 안 죽었군. …… 다음은……." (……)

"반응이 둔해졌는데."

"리셋할까?"

"그래, 한번 죽이고 휴식하자."

―사쿠라이 가몬(桜井画門), 《아인(亜人)》 제2권

---

1 Memento mori: 죽음을 기억하라는 라틴어, 인간은 언젠가 죽음을 맞이하는 존재임을 잊지 말라는 뜻.

엄격하게 관리된 실험실. 온몸이 빈틈없이 붕대에 감긴 채 얼굴 부위에 피실험체 숫자가 적힌 '인간 모습을 한 물체'가 수술대 위에 묶여 있다. 의사 여럿이 이를 둘러싸고 여러 부위를 절단하며 반응을 관찰한다.

피실험체는 '일본에서 세 번째로 발견된 아인'이다. '아인'이란 인간의 모습을 하고 평소에는 인간으로 살지만 실제로는 '죽지 않는 신종 생물'이다. 좀더 자세히 말하자면 죽음을 맞는 즉시 훼손 내지 손상을 입은 몸을 재생하여 원래 상태로 되돌아가 활동을 재개하며, 이전의 기억을 잃지 않는 이상한 생물이다. 그래서 아인은 죽음을 두려워하지 않는 병기나 인간의 재생능력을 개발하기 위한 연구 재료로서 그 사회적 유용성을 주목받고 있다. 그러나 다른 한편으로, '사회질서에 대한 위협'으로 위험시하며 그 감각이나 사고가 인간과 동일함에도 인간이 아닌 자로 취급한다.

사정이 이렇다 보니 의사들은 아무런 주저도, 죄책감도 없이 담담하게 아인의 죽음과 재생을 연구할 수 있다. 눈앞의 피실험체는 인격으로서의 권리를 가지지 않는 '실험동물'에 지나지 않기 때문이다.

이런 끔찍한 장면은 만화나 애니메이션만으로 충분하지만 인류 역사에는 이와 유사한 대화가 수없이 반복되어왔다. 그리고 그 극단적인 예는 나치 독일이 우생사상이란 명목하에 실행한 인체실험이다.

'우생사상'[2]이란 원래 국민의 건강한 생활을 유지, 실현하기 위해 과학적 지식을 이용해 공중위생이나 백신 접종을 통한 전염병의 예방 또는 피임을 통한 유전병 방지를 제안하는 것이었다. 그러나 이는 점차 잘못된 유전학적 지식에 대한 근거와 인습에 사로잡힌 민족차별과 결합하여 격리와

---

2 우생사상은 인간 계층을 우열로 나누고 사회적 약자에게 편견을 가지고 차별하는 것을 의미한다. 고대 그리스부터 존재했을 만큼 뿌리 깊은 것이다. 나치의 아우슈비츠 학살의 이데올로기적 근거를 제공했다.

단종 등 그 방법이 과격해졌다. 결국 의료기술과 의약품을 개발하기 위해 '유대인'을 비롯한 이민족과 '전쟁 포로'를 대상으로 인체실험을 자행하기에 이르렀다.

어떤 질병의 약을 개발하려면 여러 피실험자를 그 병에 걸리게 하고, 상태의 진행 정도에 따라 각각 다른 단계에 있는 환자에게 약을 투여하여 효과를 해석 하는 방법이 효율적이기 때문이다. '우수한 생명을 유지한다'는 목적을 내세웠던 과학과 정책이 이를 좀더 합리적으로 수행하기 위해 권리를 빼앗긴 인격 없는 인간을 도구적 수단으로 삼는 기술이 되면서 '열등한 생명을 배제한다'라는 폭력으로 변질된 것이다.

물론 현재 우리 사회에서 그 같은 상황은 일어나지 않고 있다.

그러나 의료 현장에서 우리가 환자 입장이 되었을 때, 의사에게 의지할 수 있음에 안도하고 건강 회복을 기대하는 한편, 정말로 자신의 희망이 이루어질 수 있을까 하고 불안을 느낀다. 환자는 자신을 향해 쏟아지는 의미를 알 수 없는 의학 용어나 실태가 명확하지 않은 PC화면의 영상에 어리둥절해하면서 그보다는 의사의 표정이나 간호사의 행동에 신경이 쓰여 '이 병원에서 괜찮을까?'라는 불안에 휩싸이게 된다.

의사에 대해 환자가 느끼는 이 같은 불안감은 치료시설을 실험시설로 변화시킨다. 이때의 경험은 앞으로 자신의 신체에 어떻게 처치할지 모르는 두려움에 떨었던 인체실험의 피실험자와 크게 다르지 않다. 그러므로 불안을 떨칠 수 없는 환자의 귀에는 처치의 시작을 알리는 의사 목소리가 다음과 같이 들린다.

"상부의 명령은 일단 고통을 주라는 거야. (……) 자, 이부터 시작하지."

– 《아인》, 제2권

의료가 인술이기 위한 조건

앞의 비유는 의료현장에 대해 외부인이 느끼는 '피해망상'일 뿐이라고 말하는 사람이 적지 않을 것이다. 실제로 의료종사자는 "성심성의껏 환자에게 최선을 다하고 있다. 기술이나 설비의 부족으로 희망에 부응하지 못하는 경우는 있더라도 그것은 무슨 악의가 있어 그런 것은 아니다"라고 말이다.

물론 그 의견은 지극히 옳다. 그러나 한편으로 환자가 의사에게 어떤 거리를 느끼는지, 그들이 무엇을 두려워하는지 등에 관한 몰이해도 포함된다.

우리는 자신 앞에 있는 의사가 자비로우면서도 모든 것을 마음대로 할 수 있는 '전지전능한 신'이길 바라는 것이 아니다. 하지만 질병이나 치료에 관해 무력한 환자에게 의사는 자신의 운명을 좌우하는 신과 같은 존재임에는 틀림없다.

그렇다면 그러한 의사에게는 어떠한 윤리가 부과되어왔을까?

그 원형은 고대 그리스 의사 히포크라테스Hippocrates, 460~375 B.C.가 기초한 '선서'에 있다. 그것에는 의술이라는 전문성 깊은 지식과 기술을 배우고 그것을 다루는 직업에 종사하는 사람이 마음에 새겨야 할 윤리적 신조가 담겨 있다. 그중 현대에도 중요하게 여기는 부분을 발췌해보았다. [3]

---

3 히포크라테스의 선서에서는 기본적으로 내과치료만 상정하지만 그 기본자세는 의료 전반에 통용된다고 생각한다.

- 나는 능력과 판단에 따라 환자에게 이익이라 생각하는 양생법을 지키고, 나쁘고 해롭다고 알려진 방법은 결코 따르지 않을 것이다.
- 나는 요청을 받아도 죽음에 이르게 하는 약은 주지 않을 것이며 그것을 깨닫게도 하지 않을 것이다. 마찬가지로 산모의 유산을 유도할 도구를 주지 않을 것이다.
- 나는 어떠한 병자의 집을 방문해도 오직 환자를 돕기 위해 힘쓰고 어떤 형태의 비행이나 타락 행위를 멀리할 것이다. 여자와 남자, 자유인과 노예의 차이를 고려하지 않을 것이다.
- 나는 의료와 관련되었는지와 상관없이 타인의 생활에 대해 비밀을 지킨다.
- 나는 이 선서를 계속 지키는 한 항상 즐거운 마음으로 의술을 베풀고 모든 사람으로부터 존경받을 것이다. 만약 이 맹세를 어긴다면 그 반대의 운명을 가게 될 것이다.

— 히포크라테스, 〈선서〉

요컨대 의사는 인간의 '생명'을 신성불가침한 것으로 존중하고 설령 환자가 누구든 자신의 능력을 아낌없이 발휘하며 결코 자신의 이익을 위해 사용해서는 안 된다는 것이다. 그것은 기독교 사회의 표현을 쓰자면 의사라는 직업을 성직과 같이 받아들이고 그 일에 자신의 생애를 바치겠다는 선서에 기초한 엄격한 윤리이다.

이들의 신조는 시대 상황의 추이에 따라 구체성을 변화시키면서도 의사의 기본자세는 오늘날까지 꾸준히 이어져 내려왔다. 그렇다면 환자는 왜 의료를 불신하게 되었을까? 원래 자신이 할 수 없는 일을 하는 의사가 '환자에게 이롭다'고 판단하여 행하는 치료라면 환자는 의사를 전적으로 신뢰

해도 좋을 것이다.

하지만 그렇지가 않다. 그 이유는 자신이나 가족이 실제로 만난 의사의 인품이나 실력, 외래나 입원 시에 받은 대우 등 각각의 사건 이전의 단계에서 발생하기 때문이다.

'평등한 생명'에 순서를 매기는 원리

예부터 의료윤리의 틀 안에서 인간의 생명은 평등을 유지해왔다. 권력에 의한 명령이나 경영상의 필요 등 여러 사정에 의해 완전한 실현은 어려웠다고 해도 의사의 도덕적 신념의 동요 없는 원리로 유지되어야 마땅한 것이다. 그러나 실제로는 평등해야 할 생명에 우선순위를 부여하는 행위가 벌어지고 있다.

물론 정치적 여건에 좌우되는 일 없이 인간을 보호대상으로 삼아야 한다는 '인권human right' 사상이 보급되고 있는 지금, 나치의 인체실험과 같은 극단적인 예는 찾아보기 어렵다. 그러나 의사가 환자를 선별한다. 예컨대 복수의 환자가 이송된 병원에서는 '환자를 도착 순서에 따라 치료한다' 또는 '긴급 정도가 심각한 환자를 우선한다'라는 기준에 따라서 치료 대상의 순서가 정해진다.

제삼자로서는 어쩔 수 없는 일이지만 자기 자신 혹은 가족이 뒷전으로 밀려났을 때 이를 받아들이기는 쉽지 않다. 객관적으로 보면 가치가 대등한 생명일지라도 본인의 주관으로 보면 단 하나밖에 없는 소중한 것이기 때문이다.

치료 행위는 그 실행 단계에서 도덕적 원리에서 벗어나는 경우가 있다. 그리고 '의사에 의한 자의적 판단이 아니'라는 것을 증명하듯 기계적으로 수행되며 여기에 환자는 개입할 수 없다. 이 같은 사실은 의사와 환자 사이의 뿌리 깊은 균열을 시사한다. 양자의 상호 이해를 가능하게 하는 전제로서 공통된 '사생관死生觀'4의 결여이다.

우리의 '생명의 가치'는 어떤 것이며 개개인의 생명은 어떻게 다루어져야 하는가? 만약 이 점에 관한 신념이 명확하게 공유되었다면 의사의 제안이나 결단은 환자에게 공통 사생관에 입각한 동일한 목적에 대한 수단 차이로 이해할 수 있다. 그리고 이를 받아들일 수 있는지와 상관없이 의사에 대한 신뢰는 잃지 않는다.

그러나 이 같은 근본적인 상호 이해가 결여된 상태에서 환자가 의사로부터 치료 방법을 결단하도록 강요받거나 반대로 의사가 환자에게 터무니없는 희망을 불어넣지 않고도 성공 가망이 없는 치료법을 채택하는 경우가 있다. 이때 성립되는 것은 융통성 없이 정답만을 강요하는 관공서 업무이거나 혹은 보수에 따라 고객의 이익에 상응하는 서비스 산업 그 어느 쪽일 것이다. 이런 형식적인 관계에서는 히포크라테스가 바라는 존경은 생겨날 수 없다. 왜냐하면 여기서의 의사상에는 사회적으로 공유된 신념이나 이상을 찾아볼 수 없으며 그들에게 기대되는 의무나 책임을 포기한 것처럼 보이기 때문이다.

여기서 우리는 현대사회에서의 생명의 가치나 죽음의 의미가 어떠한 것일까 하는 '철학적 문제'에 직면한다. 그것은 과거에는 종교가 답했던 문제로, 하루아침에 답할 수 있는 것이 아니다.

그러므로 우선 우리가 할 수 있는 것은 현대사회에서 이상적인 죽음을 확인한 다음, 바람직한 죽음이나 회피하고 싶은 죽음에 관해 사례 연구를

---

4 죽음을 통한 삶의 견해로 사람이 죽으면 어떻게 되나, 어디에 가나, 사는 것은 무엇인가, 죽는 것은 무엇인가 등에 입각한 견해로 종교나 문화, 민족에 따라 다르게 여겨진다.

축적하는 일이다. 물론, 이 책에서는 그러한 작업을 완수할 수 없다. 그러나 고찰해야 할 사례에 대해 문제 제기는 할 수 있다. 바로 '고독사'에 관한 상식에 대해 드는 의문이다.

2. 의학은 계속 진보했고 그 결과 '고칠 수 없는 병'이 남았다

의료윤리에서 생명윤리로

아는 바와 같이 현대 의료의 특징은 '사전동의informed consent' 도입에 있다. 환자 자신이 자신의 '생명의 질quality of life'을 어떻게 이해하고, 어떤 상태를 원하는지를 존중하며, 의사와 환자가 서로 협력하여 치료를 진행하는 의료태도이다. 또한, 의사가 환자에게 병세나 치료법에 관해 충분한 설명을 해주고, 환자 자신도 이를 정확히 이해한 후 치료내용에 동의하고 스스로 그 과정에 관여하는 관계가 필요하다.[5]

이것은 히포크라테스 이후 전통적인 의료윤리, 즉 '생명의 존엄성sanctity of life'이라는 원리에 따라 생명 유지를 최우선 과제로 한다는 방향성을 지닌다. 의사가 보호자와 같은 관점에서 환자를 배려하며, 치료방침과 그 내용을 결정하는 '온정주의paternalism'에 기반한 의사 주도적 윤리를 반성하고, 치료현장에서 '환자의 지위향상'을 인정한 것이다.

그렇기 때문에 여기에는 기존의 '의료윤리medical ethics'를 대신할 '생명

---

5 '사전동의'에서 의사가 환자에게 설명하는 항목으로 꼽을 수 있는 것은 ① 병명, 병세, ② 검사나 치료의 목적, 내용, 위험성, 부작용, 성공 확률, ③ 대체치료법의 존재, ④ 치료를 거부했을 때의 예후이다. 이런 기준이 국제사회에서 채택된 과정은 도표 7-1과 같이 정리할 수 있다.

〈도표 7-1〉 '환자 권리'의 확장 과정

1931년	바이마르공화국의 〈신(新)치료와 인체실험에 관한 규칙〉에서 '사전동의'가 제안되었지만 실행에 이르지 못했다.
1964년	'헬싱키선언'(세계의사협회)에서 임상시험을 할 때 '피실험자가 중단할 수 있다'라는 사고가 확립되었다.
1972년	'환자의 권리장전'(미국병원협회)에서 '암 고지' 문제를 계기로 환자의 '알권리'와 '자기결정권'이 인정되었지만 '의학적으로 적절하지 않은 정보는 보호자에게 고지한다'라는 제한이 남았다.
1981년	'리스본선언'(세계의사협회)에서 미국을 따라 '환자의 권리'가 선언되었다.
1992년	'환자의 권리장전 및 개정'에서 1972년의 제한을 삭제하고 '진료기록 열람권'이 추가되었다.

윤리bioethics'가 필요하다. 왜냐하면 의료문제는 적절한 치료가 제시되면 그것으로 해결되는 종류의 문제가 아니라 질병에 직면한 환자나 보호자의 사정을 고려하면서 환자의 생명에 대해 어떤 태도를 취하는 것이 그 상황에 적절한지, 그때마다 서로의 인생관이나 도덕관의 차이를 극복하고 협의할 필요가 있는 문제이기 때문이다.

그렇다면 이상과 같은 의료 태도의 전환은 왜 생겼을까?

그 이유는 대략 다음 세 가지를 꼽을 수 있다.

첫째 이유는 나치의 인체실험으로 드러난 의료에 잠재된 폭력성의 자각이다. 제2차 세계대전 이전, '의학의 발전'이라는 목적을 위해 많은 인명이 희생되었고 그중에는 실제 환자뿐 아니라 앞서 언급한 포로와 정신질환자 등 연구 또는 치료 대상으로 질병과는 무관한 사람들이 포함되어 있다. 확실히 환자나 피실험자의 권리를 무시하는 발상과 행위는 그대로 일반 시민에게 적용되지는 않았다. 그러나 '사전동의'라는 의료윤리가 채택해온 관점, 즉 환자 자신의 생각보다 의사의 의향을 우선시하는 태도는 결국 의료

행위를 폭력적으로 만든다. 그러므로 피실험자를 그들의 동의 없이 강제로 실험 재료로 삼은 나치의 행위는 의료계 전체에 반성을 촉구했다.

두 번째 이유는 20세기 중반 이후, 의료기술의 발전으로 질병의 성질이 변화한 점에 있다. 이전에 의료가 해결해온 질병은 백신 개발이나 공중위생을 통한 예방과 근치가 가능한 감염질환이었다. 그러나 그 대책의 효과로 감염질환이 감소함에 따라 이번에는 편향된 생활습관과 고령화로 발생하는 성인병이 증가했다. 당뇨병, 고혈압, 협심증과 같이 나이를 먹을수록 발병률이 높아지는 만성질환은 근치가 어려우며 대증요법을 시행하면서 가능한 한 병세가 악화되지 않도록 계속 투약하는 방법으로 대처해야 한다.

세 번째 이유는 앞에서 언급한 바와 같이 질병의 변화에 따라 의사가 환자에 관해 얻는 정보가 '무엇을 어떻게 하면 고칠 수 있는가'에서 '무엇을 어디까지밖에 고칠 수 없는가'로 정밀화되었기 때문에 의료행위 중에 치료하지 않는다는 선택사항이 생긴 것이다. 그러나 의사가 환자에게 치료하지 않는다는 결론을 강요할 수는 없다. 그래서 치료할 수 없는 질병에 어떻게 대처할지를 의사와 환자가 상담하여 결정할 필요가 생겼다.

그리고 치료할 수 없다면 적어도 '악화시키지 않는다', 가능한 한 '고통을 줄이고 통증을 없애고 싶다', 가능하면 '의식을 계속 유지하고 싶다' 등 환자의 희망을 들어주기 위해 연명치료나 진통치료가 발전했다. 결과적으로 이제 '어떻게 죽음을 맞이할 것인가' 하는 이상적인 종말기의료terminal medical treatment를 모색하게 된 것이다.

'죽음 처방'이 행사되는 상황

이렇게 현대 의료는 모든 사람의 생명의 존엄성에서 환자 각자의 생명의 질로 방향성을 바꾸고 환자의 병세, 본인이나 가족의 뜻의 균형 속에서 '죽

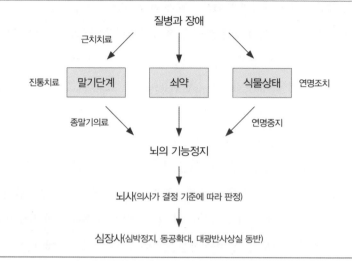

〈도표 7-2〉병원에서의 '죽음 처방'

질병과 장애

근치치료

진통치료　말기단계　　쇠약　　식물상태　연명조치

종말기의료　　　　　　　　　　연명중지

뇌의 기능정지

뇌사(의사가 결정 기준에 따라 판정)

심장사(심박정지, 동공확대, 대광반사상실 동반)

음 처방causing death'을 포함할 수밖에 없게 되었다. 그래서 그 분류를 도표
로 정리하고 각각의 개요를 확인하겠다.

　도표 7-2에서 중심에 위치한 경로는 이른바 '자연사'로 불리며 병원이나
의사의 관리 아래 발생하는 환자의 신체 '기능 정지'로 초래되는 것이다. 이
경우에도 심장 마사지 등의 구명 조치는 하는데 그것은 동시에 소생 불가
능한 심장사에 이른 것을 확인하는 작업이기도 하다.

　표를 본 상태에서 왼쪽의 경로는 말기암 등 치료 가능성이 없는 상태에
있는 환자에게 시행하는 절차이며 신체와 정신의 안녕을 목적으로 설정되
어 있다.

　그리고 그 오른쪽의 경로는 불의의 사고 등으로 자발적인 의식 활동이나
생명 유지 기능을 상실하여 이른바 '식물상태'에 있는 환자에 대한 절차이

다.[6] 이들 두 가지 경로가 환자에게 죽음을 초래하는 의학적 조치가 실시되는 것이다.

그러나 이 같은 죽음 처방은 사전동의의 보급으로 환자 자신이 희망하는 자기 인생의 마지막 모습을 의사와 상담할 수 있게 되면서 '안락사 euthanasia' 사태를 불러오게 되었다.[7] 원래 '고통 없는 자연사'를 의미했던 안락사라는 단어는 현재는 환자를 '안락하게 하는 인위적인 죽음'이란 의미를 가지게 되었고 도표 7-3처럼 그 구체적인 상이 세분화되었다.

'안락사'와 관련된 불편한 사정

이렇게 분류된 안락사가 일본에서 법률상 어떻게 취급되고 있을까? ① 은 금지, ③은 용인 상태이고[8] ②에 관해서는 원칙적으로 금지지만 사회적 요구가 높아지면서 민간단체에 의해 '존엄사'라는 명칭으로 용인이 요구되고 있다.[9,10] 다시 말해, 안락사의 범위는 처음에는 치료상의 부득이한 사

---

6 식물상태란 식물인간의 통칭이며 뇌나 머리의 손상으로 수개월 이상 의식장애가 지속되어 회복할 기미가 보이지 않는 상태, 즉 의사소통, 자기이동, 발언, 시각인식, 식사의 자기섭취 등이 불가능함을 의미한다.

7 단, 환자가 원한다는 이유만으로 안락사를 실행하는 것은 현재 일본 법률에서는 자살방조(형법 제202조 자살관여죄, 6개월 이상 7년 이하의 징역, 금고형)로 금지되어 있다. 또 환자가 의학적으로 정당하다고 할 수 없는 이유로 의사에게 자신의 죽음을 요구하는 것은 살인교사로 처벌된다.

8 이 점은 후생노동성이 작성한 '종말기의료의 결정 과정에 관한 가이드라인'에 기재된 다음의 조건에서 확인할 수 있다. 이른바, 치료 가능성이 없는 말기 환자가 격심한 육체적 통증을 피할 유일한 수단으로 자발적으로 안락사를 의사에게 위탁하고, 의사가 적절한 수단을 동원해 행할 때만 안락사가 허용된다.

9 여기서 주의해야 할 것은 존엄사라는 명칭이 '병세가 인간으로서 존엄에 가치 없는 상태로 간주되어 실행되는 안락사'가 아니라 어디까지나 '환자 본인의 의사를 존중한 것으로 존중하여 실행되는 안락사'를 의미한다는 점이다.

10 대한민국에서는 연명치료 중단 방식으로 생명유지 장치를 제거하는 방식의 존엄사만 허

〈도표 7-3〉 '안락사'의 분류

① **적극적 안락사:** 치사량의 약물주사 등으로 인위적으로 '죽음에 이르게 한다.'

② **소극적 안락사:** 영양이나 수분 공급 중단. 인공호흡기 정지로 '죽음에 맡긴다.' 주로 식물상태의 환자에게 적용된다.

③ **간접적 안락사:** 고통을 제거하기 위한 모르핀 투여 등으로 '결과적으로 죽음을 앞당긴다.' 주로 말기암 환자에게 적용된다.

정으로 용인되었고, 조금씩 환자의 희망에 맞추어 허용 범위가 확대되는 경향에 있다. 그러나 이런 추세는 허용조건의 확정이 어려운 안락사 문제와 환자의 권리에 관한 어려운 문제가 덧붙여진다.

　치료에서 환자 본인의 의사가 존중되어야 한다는 근거는 각자가 자유의사를 가진 인격으로 자기결정 권리를 지니고 있다는 점에 있다. 우리는 자신이 원하는 삶의 방식을 실행할 권리가 있으며, 자신의 신체에 어떤 치료를 요구할 것인지도 그 범위 안에 있다. 그러나 문제는 그러한 '자기 결정권'에 '죽을 권리right to die'가 포함되는가 하는 점이다. 만약 이 권리가 인정된다면 적극적 안락사가 정당화되어 신체적인 죽음으로 직결되지 않는 정신적 고통 등의 이유로 환자가 의사에게 죽음 처방을 요구하게 될 수도 있다. 이 경우 의료가 자살 사업이 될 위험이 생긴다.

　또 안락사 대상이 되는 환자의 상당수는 갑작스러운 사고나 말기 증상으로 정상적인 의사결정이나 의사표현 능력을 상실한 경우가 많기 때문에 환

용하고 있다. 이때 존엄사에 해당하는 질병이 암, 만성폐질환, 에이즈, 만성간경화 등 몇 가지로 한정되어 있다. 일본의사협회는 리스본선언을 포기하고, 〈의(醫)의 윤리강령〉에서도 환자의 권리를 언급하지 않지만, 의사법 제23조(보험지도의무)에 환자에 대한 '설명의무'가 포함되어 있기 때문에 치료에 따른 위험과 후유증 발생 확률을 환자에게 서면으로 전달하고 있다.

자 본인의 희망을 어떻게 확인하느냐 하는 문제도 생긴다. 오늘날 이 문제와 관련해서는 연명치료를 거부할 의사를 문서화한 '생전에 발효하는 유언서'로 대처하자는 생각이 확산되고 있다. 그것은 '지금은 의식이 없어도 건강했을 때의 의지는 살아 있다'는 의미에서 '생전 의사표시living will'로 불린다. 그런데 이것은 단순히 안락사의 길을 선택할 뿐 아니라, 그것이 없을 때 생길 수 있는 혼란을 피한다는 의의가 동반된다. 왜냐하면 한 환자의 안락사가 문제가 되었을 때는 으레 누가 본인을 대신해 그것을 결정할 권리를 갖는가 하는 '대리결정' 문제가 생기기 때문이다.

이상과 같이 현대의료가 직면한 안락사 문제는 환자 자신의 의지로는 다 수용할 수 없는 확장성을 가진다. 개개인의 죽음은 그 사람의 최후 삶으로서 존중되어야 함과 동시에 그 결단에서는 죽음에 따른 사회적 영향이 고려되어야 한다. 이 점을 근거로 이어서 우리에게 친근한 죽음을 생각해본다.

3. '무연사회(無緣社會)'[11] 속에서 죽음을 맞는 1인가구의 고독

죽음을 관리하는 '상냥한 사회'

우리는 빠르건 늦건 시기와 상관없이 누구나 죽음을 맞이한다. 어떤 인생을 살든, 얼마나 애석하든 모두 죽는다. 그건 확실하다.

그렇다면 자신에게 오는 죽음은 어떤 것일까? 독실한 신앙심으로 자신

---

11 무연고 사회. 1인가구가 증가하면서 사람과 사람의 유대관계가 줄어들어 사회 속에서 고립되어 살아가는 사람이 늘고 있는 현상.

의 생명의 가치나 죽음의 의미를 확신하는 사람 이외에는 그것을 미리 알고 있는 사람은 없다. 하물며 우리 주위에 죽었다가 다시 살아난 사람은 찾아볼 수 없으므로 아무도 죽음을 가르쳐줄 수 없다. '임사 체험'을 들어도 그것이 꿈과 어떻게 다른지, 속 시원하게 알 수가 없다. 물론 죽음에 이르는 과정이 분명 고통스럽고 두렵고 불안해 견디기 힘들 것이라는 예상은 가능하다. 하지만 그것이 죽음 자체는 아니다. 그래서 우리는 죽음에 대해 아무것도 모른다.

그러나 우리들 대부분이 어디서 죽음을 맞을지는 분명하다. 그렇다. 병원의 침대 위일 것이다. 위급한 병이나 사건, 사고와 같은 돌발적인 사정이 없는 한, 자신의 발로 혹은 앰뷸런스에 실려 병원을 찾았다가 다시는 살아서 집으로 돌아가지 못하고 인생의 마지막을 맞게 된다. 이 장에서 확인한 의사와 환자의 관계가 우리의 죽음과 밀접한 연관이 있는 것이다.

다만, 이러한 상황은 역사상 지극히 특이한 것이다.[12] 근대 이전 어느 문화권에서도 인간의 죽음은 그 사람이 사는 가정에서 일어나는 '일상생활의 일부'였으며, 죽어가는 사람 주위에는 가족이 함께하는 것이 일반적이었다. 그러나 국가권력하에서 국민의 위생적이고 안전한 생활을 확보하기 위해 자연적인 생리현상이나 욕구 그리고 그 발로인 폭력이 서서히 '사회생활의 무대 뒤'로 내몰리자 죽음이란 사건도 병원의 관리하에 놓이게 되었다. 죽음을 부른 질병과 시신의 부패가 미치는 영향으로부터 시민생활을 보호하기 위해서이다.

이처럼 병원에서 죽는 것이 당연하게 된 문명화 추세는 일상생활에서 죽

---

12 현대의 죽음을 둘러싼 연구를 대표하는 엘리아스와 에리즈(P. Aries. 1914~1981)는 모두 문명사회에서의 죽음의 은폐를 문제시하고 있지만 근대 이전의 죽음을 이상시하는 경향이 있는 에리즈에 대해 엘리아스는 현대사회에 내재하면서 문제를 고찰하고 있다.

〈도표 7-4〉 블라디미르 얀켈레비치의 '죽음의 인칭성'

1인칭 죽음: 대체 불가능한 자신의 죽음. 자신의 죽음은 자신이 겪어야 하는 사건이 지만 그와 동시에 의식을 잃기 때문에 그 모습을 관찰하는 것도, 주위 사 람들에 미치는 영향을 확인하는 것도 할 수 없으므로 경험의 대상이 되 지 못한다.

2인칭 죽음: 가족, 친구, 연인 등 친밀한 관계에 있는 타인의 죽음. 그 죽음이 그 사람 과 자신의 관계에 대해 갖는 의미를 묻게 된다. 자신의 죽음은 그런 타인 의 죽음에 관한 경험을 통해 상상할 수 있다.

3인칭 죽음: 과학(의학)의 관찰 대상이란 의미에서 객관적인 동시에 대체 가능한 타인의 죽음. 그 사람의 죽음이 자신에게 어떤 의미를 갖는지 묻지 않는다.

음과 직면해 고통받는 가족의 모습을 감춤으로써 일단은 '언제 나도 죽음 이 찾아올지 모른다'라는 불안과 '결국 모두 잃게 되므로 무엇을 해도 소용 없다'라는 공허함을 망각하게 한다. 그러나 한편으로는 가족의 죽음이 어 떤 과정을 거쳐 어떤 결말에 이르는지 지켜보지 못하기 때문에 그 죽음으 로 느끼게 되는 감정 속에 슬픔 이외의 것이 포함되어 있는 것을 확인할 수 없다. 그 결과 '현대의 죽음'은 육체적 고통의 연장선상에서만 연상되어 단 순한 공포의 대상이 되고 말았다.

'당신의 죽음'에서 배울 것

이상과 같은 현상을 다시 정리할 관점을 마련한 사람이 있다. 현대 프랑 스의 철학자 블라디미르 얀켈레비치 Vladimir Jankelevitch, 1903~1985 이다[도표 7-4 참조]. 그에 따르면 우리는 죽음에 대해 당신이라고 부를 수 있는 타인의 죽음을 통해서만 배울 수 있다.

사랑하는 존재의 상실로 느끼는 애착과 마음이 찢어지는 듯한 슬픔에 의해 우리는 친한 사람의 죽음을 자기 자신의 죽음처럼 느끼기 때문이다.

– 얀켈레비치, 《죽음에 대하여》[13]

그러나 현대사회에서는 가장 가까운 가족의 죽음을 병원에서 격리된 상태에서 맞기 때문에 자신에게 소원한 '그/그녀의 죽음'으로 변모되고 있다. 다시 말해, 여기에는 간호나 보살핌이 줄어드는 한편, 죽음을 배울 기회도 사라진다.

또한 독일의 철학자 막스 셸러M. Scheler, 1874~1928는 인간을 죽음으로의 방향을 체험하고 있는 존재로서 이해했다. 따라서 사람은 죽음을 직면하지 않고 그것을 두려워하는 상태에 머무르면 '어차피 죽을 거라면' 하고 그때의 욕구 충족에 집착하게 된다. 하지만 반대로 죽음을 인생의 완성으로 이해하게 되면, 신체가 상실된 후에도 지속되는 인간성이란 가치의 실현을 목표로 일상생활을 조율하게 된다. 그에 따르면 과거 기독교에서 믿었던 천국에서의 '영혼의 영원'은 이제 세속 속에서 길러지고 계승되는 '인격의 영생'으로 바뀌어야 한다.

살아 있는 동안은 인격이 몸의 상태를 '뛰어넘지만' 그와 마찬가지로 이제 곧 인격은 다시 그 몸의 붕괴를 뛰어넘는다. (……) 여기서는 인격이 자기 자신의 계속되는 영생을 체험한다.

– 막스 셸러, 《죽음과 영생》[14]

---

13 원제: La mort(2008).
14 원제: Tod und Fortleben(1977).

예컨대 죽음이 임박한 조부모가 자녀나 손자와 함께 한 가정에서 생활하면서 서서히 쇠약해져갈 때 가족은 조부모가 괴로워하는 모습을 단순히 목격하는 것에 그치지 않고 손을 맞잡거나 조금이라도 대화하고 미소를 나누는 경험을 함으로써 죽음에 대한 이미지가 완전히 바뀐다. 고통을 견디며 자신을 둘러싼 가족에게 애정과 감사를 표하고 의연하게 '죽음을 향해 가는 사람'은 그 자신의 인품과 인생을 집약해 보여주는 것이다.

그리고 조부모와 마찬가지로 자신도 가족에게 사랑과 존경으로 보살핌을 받는 행복한 죽음을 맞고 싶다는 희망이 내면에 생겼을 때 그들의 인생은 그러한 죽음을 목표로 하는 새로운 삶으로 변하게 된다. 바람직한 죽음의 발견이 우리가 나아가야 할 삶의 방향을 바꾸어놓을 것이다. 이는 유족에게 사생관의 새로운 정립이며 조부모가 자녀와 손자, 손녀에게 계승하는 인생관이기도 하다.

'고독사'는 '불행한 죽음'인가

이러한 가족의 정경은 핵가족화가 진행되기는 했지만, 오랫동안 가족사회의 전통을 유지해온 일본인에게는 쉽게 그려지는 장면이다. 그리고 이 이미지는 현대의 죽음에 따른 문제에 대처하는 의미 있는 사고방식을 길러낸다. 핵가족화와 고령화로 홀로 살아가는 노인이 늘어난 현대사회에서 혼자 죽음을 맞아야 하는 노인들에게 도움의 손길을 미치려는 활동이다. 고독한 상태에서 죽음의 공포와 싸워야 하는 사람들에게 가능한 한 가족처럼 다가가 안정을 주고자 하는 선의의 표현인 동시에 타인이라도 친해진 '당신의 죽음'에 입회해 그 최후를 지켜봄으로써 자신의 죽음에 대해 생각해보는 기회를 갖는다는 의미도 담겨 있다.

이 발상은 미국 철학자 밀턴 메이어오프M. Mayeroff, 1925~1979가 제출한

'돌봄care의 윤리'라 불리는 간호자의 태도, 다시 말해 환자의 '치유cure'를 목표로 해온 기존의 의료와 달리 환자의 인격을 존중하고 그 자신이 바라는 '생활방식'의 실현을 지원하려는 사고방식에서도 찾아볼 수 있다.

> 한 사람의 인격을 돌보는 것은 가장 깊은 의미에서 그 사람이 성장하고 자아실현을 할 수 있게 돕는 것, 바로 그로 인해 (결과적으로) 나 자신을 실현하는 것이다.
>
> — 밀턴 메이어오프, 《돌봄의 본질》[15]

그러나 우리의 선의에는 자칫 도움 받는 사람에게 상처를 주는 잔혹함이 숨어 있을 수 있다. 고독사를 문제시한 지역공동체의 유지가 독거노인을 방문해 그 생활상황이나 건강 상태를 파악하려 할 때 드러날 수밖에 없는 문제이다. 예컨대 정기적으로 노인의 집을 방문해 얼굴을 익혀 평소 친근하게 말을 주고받던 자원봉사 청년이, 반갑게 맞아주던 노인에게 갑자기 '그렇게 죽고 싶은가요?'라고 화를 낸 사례와 같이 말이다.

우리는 현대의 죽음에 가족 안에서의 죽음을 대치하고 이를 이상화하는 경향이 있다. 꼭 가족과 함께하는 것이 행복한 죽음이라 할 수 없음에도 종말기의료와 관련된 의료관계자나 자원봉사자의 심정에는 자신들의 관계를 유사가족으로 확립하고자 하는 의도가 고개를 들기 쉽다.

독거노인은 불쌍한 사람이며, 고독사는 불행한 죽음이다. 이런 연민을 느꼈을 때 도움을 받는 쪽은 타인의 선의가 서로의 친밀감과 신뢰에 기인한 것이 아닐 수도 있다고 생각한다. 그래서 방문자의 웃음 뒤에 그들에게

---

15 원제: On Caring(1990).

편의적 의도가 숨어 있는 것은 아닐까 하는 의심을 품게 된다.

우리는 이러한 의심을 근거로 고독사를 해결하고 싶은 선의의 배후에 숨겨진 자신의 심정을 직시해야 한다.

그렇다, 우리는 두려운 것이다. 자신이 살고 있는 곳에서, 아무도 방문하는 사람이 없는 밀실 안에서 변사체로 방치되어 썩어 문드러지게 될 것을. 그러므로 우리는 미리 죽음이 가까운 독거노인을 조사하여 지역 공동체나 행정관리하에 두려는 것이다. 다시 말해, 고독사는 본인에게 불행한 죽음인 이상으로 주위 사람에게 기피해야 할 죽음인 것이다.

이러한 생각이 드러난 순간, 도움을 받는 사람은 '사회적 죽음'을 경험한다. 사회적 죽음이란 병원에 격리되어 죽음을 기다리는 사람이 직면하는 '내가 없어도 세상은 아무것도 변하지 않는다, 아직 살아 있는데도 아무도 필요로 하지 않는다'라는 적막과 고요로 가득 찬 고독을 파악한 사회학자 엘리아스N. Elias, 1897~1990의 개념이다.

독거노인은 자신의 생활이 타인의 눈으로 볼 때 죽음을 기다리기만 하는, 사회적으로 무의미한 상태임을 통감한다. 이웃은 병원의 죽음 전 단계에 있으면서 병원의 관리로 이행하는 것이 불분명한 상태에 있는 자신을 정상 경로로 되돌리려고 획책한다. 그런 식으로 타인의 선의를 해석한다.

사회적 죽음의 낙인은 사람을 산 채로 매장한다. 자신의 생명의 가치를 짓밟힌 사람은 강제로 실험대에 올려진 인간이 아닌 인간과 마찬가지의 절망을 맛본다. 따라서 우리는 잊어서는 안 된다. 병원이나 가정이나 지역에서 개개인의 생명의 질을 존중하고, 편안한 죽음이 되도록 배려할 때 자신이 그린 이상 속으로 그들을 밀어넣지 않도록 선의에 빠져서는 안 된다는 것을.

'실제 현장에서는 그런 일을 느긋하게 생각할 여유가 없다.'

물론, 그대로다. 더구나 앞서 말한 것과 같은 반성적 태도는 고독사를 회피하는 절차를 쉽게 법제화하는 것을 피하는 정도의 실효성밖에 갖지 못한다. 그러나 선의가 독선에 빠지는 것을 막는 것은 그런 사소한 자제심이다. 이것은 재택사在宅死가 증가할 것으로 예상되는 현재, 더욱더 잊어서는 안 된다.

죽는 법에
본보기를 마련할 수 있을까?

생사학의 선구자 퀴블러 로스(E. Kubler-Ross, 1926~2004)
는 암환자 등에 대한 임상조사를 거듭해 저서 《죽음과 죽어감(On Death and
Dying)》(1969)에서 '죽음의 5단계'를 발표했다. 그녀에 따르면 서양 문화권에서
는 환자가 일상적인 '복/불행'의 관점을 뛰어넘어 미지의 체험에 대한 공포를
완화하여 죽음을 맞이하기까지 다음과 같은 마음의 준비를 발견하였다.

그것은 ① '나에게만은 그런 일이 생기지 않는다'라는 부인 ② '왜 나인가'라는
분노 ③ '어떻게 하면 좀더 살 수 있을까?'라는 협상, 거래 ④ '역시 나는 죽는다'
라는 억울 ⑤ '이것으로 됐다'라는 수용에 이르는 다섯 단계이다. 이 학설은 말
기 환자의 심경을 짐작할 수 있는 단서는 되지만 실제 '말기 간호(terminal care)'
에 응용하기는 어렵다. 그 이유는 무엇일까?

제 8 장

불편하다고
불행하지는 않다

1. 생명윤리학자에게 고한다, '살인 가담을 중단하라'

'싱어 사건'의 개요

> 살아갈 권리에 토론의 여지는 없다.
>
> — 라인(Rhein)신문, 안락사 반대단체: 싱어 반대시위

오스트레일리아의 윤리학자 피터 싱어 Peter Singer, 1946~ 는 1989년 당시 서독을 방문하여 강연 회장에 섰다. 그러나 신체장애인과 낙태반대 운동단체의 항의를 받고 초대 강연을 중단해야 했다. 그날 이후 서독 학회심포지엄과 대학 강의 등이 예정되어 있었지만, 조직적 방해로 사실상 언론 활동의 장을 잃었다. 그리고 이 항의는 독일 밖으로도 불씨가 번져 유럽 각지에서 동일한 사태가 벌어졌다.[1]

---

1   이 사건에 대한 자세한 내용은 싱어의 《실천윤리학(Practical Ethics)》을 참조하자. 그리고

이 장 첫머리 '살인 가담을 중단하라'는 싱어에 항의하는 단체가 그가 가는 곳마다 펼쳐든 현수막에 쓰여 있던 내용이다. 그 앞에서는 사지결손 등의 장애를 입은 사람들이 싱어에 대해 다음과 같은 비판의 뜻을 토로했다.

싱어는 신생아 안락사나 낙태를 옹호하는 대표적 윤리학자이다. 그의 주장은 연명 중인 장애인이나 식물상태에 있는 환자의 생명을 가치가 낮게 보는 편견을 조장하고 있으며 자라날 수 있는 생명을 없애는 데 일조하고 있다.[2]

이들에 따르면 싱어로 대표되는 생명윤리학자의 주장은 '유전학적으로 열등한 생명'을 근절하려는 '우생사상'의 현대판이며 '살인'이나 다름없는 '인권침해'라는 것이다.

싱어는 공리주의utilitarianism의 견지에서 동물의 권리를 주장하였으며 [제13장 제3절 참조] 빈곤이나 전쟁과 같은 사회적 사안에 대해 '거침없는 견해'를 제시해 주목을 받은 '세계에서 가장 영향력 있는 철학자'이다. 그의 부모는 유대계 오스트리아인으로 나치 정권의 박해에 쫓겨 망명, 이주한 경력이 있다. 따라서 그에게 유럽은 부모의 고향으로 강연 초대는 매우 자랑스러운 일이었다.

그러나 현실에서는 정반대 사태가 벌어졌다. 원래 독일은 현재도 경건한 개신교 신자가 많고 유럽의 다른 지역과 비교해도 '생명의 존엄성'을 중요하게 여긴다. 아마 싱어 자신도 자신의 의견에 대한 저항이 거셀 것은 각오

　'인격론' 자체는 싱어의 독자적 발상이 아니라 툴리(M. Tooley, 1941~)를 중심으로 한 논쟁으로 이미 주목을 받았다.

2　여기서 말하는 '신생아 안락사(infanticide)'란 중증의 선천적 장애(무뇌증, 이분척추증, 다운증후군, 헌팅턴병, 사지결손 등)를 지니고 태어난 직후의 아이에 대한 안락사지만, 증상에 따라서는 영아나 유아를 포함하기도 한다.

했을 것이다. 그러나 기독교 전통이 뿌리 깊은 지역은 어디든 마찬가지로 신생아 안락사나 낙태를 '살인'과 동일한 죄로 여기는 사람이 적지 않다. 싱어는 그런 생각을 하는 사람들에게 '도덕적으로 배려할 가치가 있는 존재자란 무엇인가?' 하는 문제의 이해를 돕고, 조금씩 '죽음 처방'에 대한 정당성을 이해받으려 시도해왔다. 그리고 독일에서도 같은 노력을 하고자 했을 뿐이다. 그러나 그 희망은 덧없이 좌절되었다.

그는 부모를 박해했던 나치와 한통속이라는 오명을 벗지 못한 채 귀국하고 말았다. 그리고 그에 대한 항의와 방해 활동은 이후로도 계속되었으며, 교수직을 맡기 위해 부임한 미국의 프린스턴대학에도 그의 해고 요구가 계속 제출되었다.

'쾌락/고통'에서 '선/악'을 끌어낸다

여기서 싱어가 채택한 공리주의의 기본 특징을 확인하겠다. 공리주의는 사물의 도덕적 평가를 인간의 '쾌락/고통'의 크고 작음에서 도출하고자 하는 철학적 주장이다. 근현대 자유주의 국가들의 입법과 정책, 나아가서는 사회생활에서의 의사결정이란 관점으로 빈번하게 채택되어왔다고 말할 수 있다. 그리고 그 원리는 단순하다. 인간에게 '쾌락으로 느껴지는 것'이 선이며, '고통으로 느껴지는 것'이 '악'이다. 그러므로 쾌락의 증대나 고통의 감소는 선이고 쾌락의 감소나 고통의 증대는 악인 셈이다. 이것이 '공리성 원리'라 불리는 공리주의의 기본적인 사고방식이다.

이 원리를 정책결정 등에 응용할 수 있는 형태로 정식화한 철학자가 영국의 제러미 벤담Jeremy Bentham, 1748~1832이었다.

자연은 인류를 고통과 쾌락이라는 두 주권자의 지배 아래 두었다. 우리가 무엇을 할지 결정할 뿐 아니라 무엇을 해야 할지를 지시하는 것은 고통과 쾌락뿐이다. 한쪽에서는 선악의 기준이, 다른 한편에서는 원인과 결과의 연관이 이 두 왕좌와 이어져 있다.

– 제러미 벤담, 《도덕과 입법의 원리 서설》[3]

벤담은 이러한 인간상을 상정한 뒤에 다음 세 가지를 축으로 공리성 원리에 기초한 의사결정 절차를 수립했다.

① 쾌락주의(hedonism): 모든 '선/악'은 인간의 '쾌락/고통'이라는 생활 감각에서 도출되는 것이며 인지를 초월한 신의 상정에서 세워지는 절대적 가치는 인정하지 않는다. 또 어떤 일에 관해 인간이 느끼는 '쾌락/고통'의 양은 그것을 느끼는 사람이 누구인가와 상관없이 동등하며, 신분이나 개인의 차이를 인정하지 않는다. 공리주의는 '모든 사람을 한 사람으로만 대우하며 아무도 그 이상의 존재로 간주하지 않는다.'

② 쾌락계산(hedonic culculus): 어떤 사물에 관해 인간이 느낄 수 있는 쾌락/고통이 동일하다면 모든 쾌락/고통은 수치화할 수 있다. 따라서 선/악을 판단할 때는 문제가 되는 사항에 대한 선택사항 중 무엇을 선택해야 할지, 그것과 관련된 사람들이 느낄 것으로 예상되는 쾌락/고통의 총합의 크기를 비교하여 판정할 수 있다.

③ 최대행복(greatest happiness): '쾌락주의'에서 보면 사람들은 모두 평등하므로 특정 누군가를 우대하지 않고 '공리성 원리'에 따라 더 많은 사람이 더 큰 행복을 얻는 것이 더 좋은 일이라고 할 수 있다. 따라서 공리주의의

---

3   원제: Introduction to the Principles of Morals and Legislation(1789).

규범적 목표는 '최대 다수의 최대 행복'이다.

이상과 같이 어떠한 것도 금기시하거나 신성시하지 않는 벤담의 논의는 교회나 국왕의 권위가 지배적이었던 프랑스혁명 전야의 서양사회에서 매우 혁신적인 것이었다. 그리고 인간의 생명의 가치도 쾌락/고통이란 기준에 입각하여 다룬다는 점에서 현대까지도 그 여파가 미치고 있다.

예컨대 재해가 발생할 때마다 언론매체에서 다루는 '부상자 분류triage'는 바로 공리주의적 발상에서 고안된 것이다. 대처하기 어려울 정도로 많은 환자가 병원으로 운반되어왔을 때를 상상해보자. 먼저, 더 손쓸 수 없는 빈사 상태의 환자에게는 검은 표시를 한다. 그런 뒤에 즉시 시술이 필요한 중환자에서 안정을 취하면 상태가 악화되지 않을 것으로 보이는 경상환자에 이르기까지 단계별로 분류하여 긴급 정도가 높은 순서에 따라 치료하는 환자 선별법이다. 여기서는 생명의 가치를 '치료하지 않았을 경우에 잃을 수 있는 생명을 최소화한다'라는 기준으로 측정한다. 이처럼 공리주의는 선/악의 판단이 어려운 안건에 관해 결단을 내리는 데 유용한 관점을 제공한다.

벤담 이후 공리주의를 당시의 도덕직관에 좀더 가까운 형태로 수정한 존 스튜어트 밀John Stuart Mill, 1806~1873은 일상적 취향의 범위 안에 있는 쾌락/고통과 인간의 정신이나 생사와 관련된 쾌락/고통을 동등하게 다루는 것에 저항을 보였다. 그리고 이 둘 사이에는 비교 불가능한 질적 구별이 있다고 주장했다.[4]

---

4 따라서 벤담의 주장은 '양적 공리주의', 밀의 주장은 '질적 공리주의'로 특징지어진다.

인간이란 존재는 동물적 욕망보다 높은 여러 능력을 지녔다. 그리고 일단 이 능력을 의식하게 되면 그것을 만족시키지 못하면 행복으로 간주하지 않는다. (따라서) 배부른 돼지보다 배고픈 인간이 낫고 만족한 바보보다 불만족한 소크라테스가 낫다.

– 밀, 《공리주의론》[5]

단, 밀은 벤담과 같은 인간정신의 단순화를 피하고 도덕의식의 발전을 시야에 넣었지만, 동질의 생명끼리 양적으로 비교하는 것은 허락하지 않음으로써 '공리성 원리'의 일관성을 유지하였다.

인격론(person theory)의 개요와 그 영향

현대 윤리학자가 제출한 '인격론'의 특징은 다음과 같다. '인간은 누구든 생명을 받은 순간부터 생존권을 가지며 누구에게도 그것을 침범당해서는 안 된다'라는 생명의 존엄이 확보되기 어려운 현실을 직시하고, 인간이라는 생물종 안에 '인격person'으로 권리를 존중받아야 할 존재자와 그렇지 않은 존재자를 구별할 수 있다고 주장했다는 점이다. 인간이 권리를 요구할 수 있는 이유는 그 사람이 자신의 욕구에 대해 자각적으로 희망할 수 있을 때 가능하기 때문이다. 따라서 인격으로 볼 수 없는 사람은 인간이어도 사물과 마찬가지로 자기 이외에 타인의 의사에 따라 다루어질 수 있으며 그것은 도덕적으로 정당화할 수 있다는 것이다.

이런 견해는 단순하지만 막강한 영향력을 지닌다. 우선 인격의 정의를 어떻게 하느냐에 따라 많은 사람이 생존욕구의 보호를 포함한 일체의 권리

---

5   원제: Utilitarianism(1861).

를 갖지 않는 존재자로 분류된다. 그 범위는 태아에서 신생아를 거쳐 영아와 유아, 더욱이 이번 장의 문제 범위를 넘어서 말하자면 중증 장애인이나 치매 환자로 확대될 수 있기 때문이다. 이는 낙태와 신생아 안락사를 한데 묶어 아이의 생명을 어떻게 다룰 것인지 결정하는 권한을 보호 책임자인 부모에게 위임하는 것이므로 아이의 생사가 부모의 의사에 따라 결정될 수 있다는 결과를 초래하는 것이다.[6]

게다가 여기에는 싱어에 대한 항의에서 언급되었던 문제도 포함된다. 아이의 장애가 어느 일정 수준에 달했을 때 그 아이의 생명을 끊는 의료 행위가 사회적으로 용인되어 일반화되었을 경우, 같은 장애가 있는 아이를 주위에서 살아 있을 가치가 없는 존재라는 편견의 눈으로 보고, 제도적으로도 차별의 대상이 된다. 그 아이를 낳은 부모도 '자기 멋대로이고, 무책임하다'라고 비난을 받을 수도 있다는 우려이다.

이런 예상을 너무 과장되었다고 느끼는 사람이 많을 것이다. 그러나 장애인이나 그 가족에 대한 편견이 드물지 않음은 우리가 장애인을 쉽게 불쌍한 사람으로 생각하는 사실로도 짐작이 어렵지 않을 것이다.

그럼 이어서, 이상과 같은 확인을 근거로 싱어가 공리주의의 견지에서 주장한 인격론의 자세한 내용을 검토해보자.

---

6 기존의 낙태 옹호 논거로는 여성의 권리라는 관점에서 주장을 펼치는 경우가 많았으며 이 경우 태아는 신체의 일부라는 의미에서 소유물로 여겨졌다.

2. 아이의 생사를 좌우하는 '어른의 사정'을 살펴보자

싱어판 '인격설'의 상세 내용

싱어는 우선 인격에 관한 앞의 정의를 답습하면서도 인간의 발달단계를 더 상세하게 분류했다. 그에 따르면 인간이란 생물은 무감각한 상태에서 출발해 뇌와 감각기관의 발달로 쾌락과 고통을 느끼게 되고 그런 뒤에 사고능력을 획득해 자신의 쾌락과 고통을 고려할 수 있게 된다. 이 3단계가 인격으로서 자신의 의지를 권리의 근거로 삼을 수 있는 존재자이다. 이것은 자신이 시간 속에 살아 있다는 자의식을 가지고 과거의 기억과 미래에 관한 기대와 욕구를 의식한다. 이 때문에 어떤 일에서 생기는 쾌락과 고통을 그 시점에서의 감각에만 머물지 않고 미래의 쾌락과 고통을 예상할 수 있는 상태에 있다.

다시 말해, 같은 일이라도 인격에서의 쾌락과 고통은 단순한 감각 능력만을 가진 존재자의 쾌락과 고통보다 진폭이 큰 것이다.[7]

싱어는 그러한 발달단계를 가진 사람을 대하는 적합한 관점으로서 '선호 공리주의preference-utilitarianism'를 선택한다. 이것은 인간의 쾌락과 고통을 일반화하여 그 총량을 계산해 이론적으로 선/악을 도출하는 벤담이나 밀의 고전적 공리주의와는 다르다. 문제가 되는 안건에 대처하는 선택사항 중에서 그와 관련된 당사자 각자가 어떤 선택사항을 좀더 '선호prefer'하는가 하는 관점에서 '최대행복'이 도출되어야 한다는 견해이다. 따라서 '선호 공리주의'는 '쾌락과 고통을 느끼는 것은 동등하게 도덕적으로 배려되어야 한다'라는 주장을 유지하면서 배려하는 방법에 관해서는 당사

---

7 싱어, 《실천윤리학》 참조.

자 자신이 선택할 여지를 남기고 있다.

이렇게 싱어는 다음과 같은 '인격론'의 기본 틀을 마련하였다.

① 감각이 없는 것: 도덕적 배려의 대상으로 하지 않아도 된다.

② 쾌락과 고통을 감각하는 것: 현재의 쾌락과 고통을 배려해주어야 한다.

③ 인격인 것: 현재와 미래의 쾌락과 고통을 배려해야 한다.

(이상의 분류에서 해당되는 인간의 연령은 ① 임신 22주 미만 ② 임신 22주 이후 ③ 3세 이후로

상정)

– 《실천윤리학》

싱어는 이 분류에 기초해 신생아 안락사나 낙태의 시시비비에 대해 고려해야 하며, 여기서 주의해야 할 점은 이들 분류가 그들을 어떻게 대해야 하는가의 분류가 아니라는 것이다. 즉 사람이든 그 무엇이든 생물인 이상, 생존욕구를 가지며 그것의 충족이 '선'임은 공리주의자에게 당연한 일이다. 그러나 설사 도덕적으로 배려할 가치가 없는 단계에 있는 존재자라도 타인이 멋대로 죽여도 좋다고 판단할 수 없는 것이다.

싱어가 이와 같은 분류를 시도한 것은 '등급'을 매기기 위해서가 아니다. 특정 상황에서 문제가 되는 사람의 생사에 관해, 그와 관련된 사람들을 포함해 쾌락과 고통의 크기를 좀더 상세하게 비교하기 위해서이다.

말하자면 싱어의 인격론은 생명의 선별기준을 객관적으로 확정하려는 시도가 아니라 각 사례의 선택사항에서 어느 것이 좀더 당사자의 공리성에 근거하는지를 측정하기 위한 재료를 준비하는 것이다.

그렇다면 싱어는 그러한 관점에서 어떠한 견해를 제시했을까?

낙태에 관해서는, 우선 출산으로 산모의 몸에 위험이 따르는 경우는 태

아를 낙태시킬 수 있다. 그것은 인격인 산모의 고통에 비해 자의식이 없는 태아의 고통이 더 작기 때문이다. 그러나 엄마가 태아의 죽음과 관련하여 자신의 신체 문제보다 더 큰 정신적 고통을 느끼며 출산을 원한다면 그것을 막을 수는 없다. 그리고 경제적 이유의 낙태는 아이를 키우면서 부모와 아이의 생명을 위협할 정도의 생활고에 빠질 것으로 예상되는 경우에만 허용된다. 그러나 부모가 아이의 성장을 원한다면 출산 후 육아 준비가 되어 있는 가정에 입양을 보내는 편이 행복의 총량을 크게 한다. 그리고 아이에게 장기적 생존이 어려운 장애나 고통이 심한 장애가 있다고 확인 또는 예측되는 경우 아이의 고통을 최소한으로 줄여주기 위해 가능한 한 조기에, 아직 무감각한 단계에 낙태하는 것이 바람직하다.

그리고 신생아와 관련해서는 중증 장애의 경우 아이의 고통을 제거하기 위해 부모의 안락사 선택이 허용된다. 그 시기에 대해서는 아이가 인격 단계에 이르러 고통이 증가하기 전에 결단을 내리는 것이 도덕적으로 허용된다. 그 방법으로는 치료를 정지해 환자가 죽기를 기다리는 '소극적 안락사'가 아니라 고통을 좀더 단기간에 끝낼 수 있는 '적극적 안락사'가 적절하다고 생각된다.

이러한 싱어의 견해는 기본적으로는 아이의 생존 확보가 바람직하다는 선상에서 '공리성 원리'에 입각해 아이의 죽음을 선택하는 것이 도덕적으로 정당한 사례로 인정될 수 있다고 주장하는 것이다. 따라서 인간의 생존권을 절대시하는 것은 아니지만 장애아나 태아를 '살 가치가 없다'고 단정하는 이론이 아니다.

그러나 현실사회의 추세는 이 같은 싱어 논의의 정밀성을 무효화하는 방향으로 흐르고 있다. 지금부터 그 하나의 사례를 확인해보겠다.

---

① **초음파 진단**: 쌍둥이, 태아의 자세, 뇌의 발달 상태, 성별 확인

② **실시간 화상**: 혈관 이상 발견

③ **양수천자**: 태아의 장애나 유전병 발견. 임신 4개월경 이후부터 가능

④ **섬모진단**: 태아의 장애나 유전병 발견. 임신 3개월경 이후부터 가능

⑤ **수정란 진단**: 세포분열 8단계의 세포배아의 하나를 추출하여 유전병을 검사한다.

⑥ **착상 전 진단**: 난자나 정자의 유전자 진단으로, 이상이 없는 것을 수정시킨다.

⑦ **임신 혈액검사**: 태아의 '염색체 이상'을 90% 이상의 확률로 발견한다. '염색체 이상'으로는 다운증후군을 꼽는 경우가 많지만 30명 중 1명이 선천성 이상으로 갖는 심장질환도 포함된다.

아이에 대한 부모의 간섭이 확대된다

위와 같은 문제가 논의되던 1990년대에서 2000년대에 걸쳐 생식보조의료 assisted reproductive technology는 눈부신 발전을 이루었다.

우선, 출산 전 단계에서 태아의 건강 상태를 알아보는 검사의 정밀화를 들 수 있다[도표 8-1 참조]. 태아의 건강 상태를 점점 더 빠른 단계에서 검사할 수 있게 되어 아이의 성장 초기 단계, 다시 말해 사람으로서 모습을 갖추기 전, 그보다 더 나아가 수정 전 단계까지 가능하게 되었다. 또한 부모가 가능한 한 빨리 아이의 정보를 알고 장애아로 예상될 때 낙태를 하거나 수정하지 않는 방법으로 아이를 낳지 않겠다고 결정할 수 있게 되었다. 이 선택적 낙태는 산모와 태아 모두에게 신체적 부담을 주지 않는 방법으로 널리 보급되고 있다.

또한 출산방법도 다양해졌다[도표 8-2 참조]. 이른바 불임 치료에 사용되는 방법인데 남성과 여성 중 어느 한 사람 혹은 두 사람 모두 생식 능력에 문제가 있는 경우, 의학적 조치를 통해 생식과 출산에 도움을 주는 것이다.

〈도표 8-2〉 생식 · 출산방법의 다양화

---

① **인공 수정**: 정자를 자궁 내에 주입한다.

② **체외 수정, 배아이식**: 정자와 난자를 채취해 수정한 후 자궁강 내로 이식한다.

③ **대리모**: 아내가 난자와 자궁을 적출하여 자신의 난자를 사용할 수 없어 임신이 불가능한 경우에 남편의 정자를 아내가 아닌 여성의 자궁에 의학적으로 주입해 임신, 출산하게 하는 방법

④ **대리출산**: 부부의 정자와 난자는 사용할 수 있지만 아내가 임신이 불가능할 때 체외수정으로 얻은 배아를 아내 이외의 여성 자궁에 넣어 임신, 출산을 하게 하는 방법

⑤ **정자나 난자의 동결보존**: 생식능력이 왕성한 동안에 정자와 난자를 보존하고 아이를 기를 수 있는 상태가 되었을 때 수정시키는 방법

〈도표 8-3〉 자녀의 성질에 대한 부모의 개입

---

① **남녀 성별 선별 출산**
예) 게이오대학 바콜법: 남성에게만 발병하는 혈우병을 피하기 위해 무거운 X 정자를 가라앉혀 배제시킨 뒤에 인공적으로 수정하는 방법

② **외모, 지능, 체력 조작**
예) 디자이너 베이비(맞춤형 아이): '심장병 유전자를 가지지 않는다' 'IQ 140 이상' 등 부모의 희망에 따라 유전자 조작이 가해진 아이를 뜻한다.

특히 시험관 아기 시술은 여성에게 정신적, 신체적으로 큰 부담이 있음에도 최근에는 당연하게 받아들여지고 있다. 그리고 부모가 될 부부의 인생 설계에 맞추어 아이를 계획한다는 목적도 포함되는데 이런 희망이 아이의 성질에까지 미칠 경우 한층 간섭적인 조치를 요구하게 된다[도표 8-3 참조].

죄책감 경감과 의료경제의 합리화

앞에서 언급한 생식보조의료의 발전을 앞장에서 확인한 안락사 문제의 일반화와 함께 생각해보면 현대사회에는 '인격론'을 환영하는 풍조가 존재한다고 할 수 있다. 다만, 그것은 싱어가 상정하는 것처럼 아이의 생존이 우선되면서도 공리주의적 발상으로 그 생사 결정의 여지를 남겨둔 것과 달리, 오히려 주변 사람이 자신의 편의에 따라 아이의 생사를 결정할 수 있는 이기적인 형태로 나아가고 있다. 왜냐하면 '현대의 생식보조의료는 여성의 사회 진출에 따른 출산 연령의 상승에 대처한다'는 당초 목적에서 벗어나 다음과 같은 이해가 작용하기 때문이다.

첫째는 조기에 유전병이나 장애를 발견하면, 아이가 감각을 갖기 전 혹은 완전한 사람이 되기 전에 조치할 수 있어 낙태에 대한 죄책감이 줄어든다는 점을 들 수 있다. 특히 자신의 정자나 난자라면 그것을 폐기하더라도 '남을 죽인' 것이 아니라 '내 것을 버렸다'라는 인식에서 끝난다. 더구나 그것이 자신의 신체 일부라면 아무도 비난할 수 없다. 그러므로 출생 전 진단은 본래 출산을 목적으로 한 것임에도 '원하는 것을 손에 넣을 수 있을지 없을지'를 확인하는 가벼운 행위가 될 수 있다.

둘째는 장애아 출산의 보류 및 연명 중인 장애인에 대한 치료 정지로 의료경제의 합리화를 이룰 수 있다는 점을 들 수 있다. 장애아의 양육과 치료는 가족에게 많은 정신적, 신체적 부담을 초래하는데 그 연장선상으로는 경제적인 문제도 발생한다. 또 병원이나 시설에서도 경영상의 합리성을 고려하면 더 많은 환자를 좀더 적은 인원과 설비로 회전시키는 것이 효율적이고 바람직하다. 그리고 국가나 지방자치체의 재정에도 동일하게 적용할 수 있다.

이러한 사회적 이해는 싱어의 인격론에서 알맹이를 빼고, 단순히 부모나 주변의 이기심을 채우기 위한 도구밖에 되지 않는 것이다. 왜냐하면 생명의 존엄성을 상대화하고, 아이에 대한 '죽음 처방'을 정당화할 여지를 확보했음이 분명하기 때문이다. 따라서 싱어에 대한 항의는 그의 이론이 이러한 세간의 풍조에 이용되어 그것을 촉진하는 역할을 한다는 비판으로 해석할 수 있다.

3. 장애아를 피하고 싶은 부모의 바람이 편견인가?

싱어의 변명에 숨겨진 '편견'

앞에서 확인한 것처럼 생식보조의료는 '가능하면 아이를 갖고 싶다' '장애가 없는 아이를 낳고 싶다' '가능하면 아이에게 사회적으로 높이 평가받는 능력을 주고 싶다'라는 부모의 희망을 이루는 방향으로 발전해왔다. 그리고 이러한 상황은 '아이는 자신의 소유물이며, 자신이 바라는 대로 하고 싶다'라는 부모의 이기심을 부추기는 것으로, 싱어가 인격론을 구상할 때 상정했던 사회상과는 동떨어진 것이다.

그러나 싱어는 그 이론적 구성을 깨지 않고 장애인 단체나 낙태 반대 운동에 대해 다음과 같이 변명한다. 즉 만약 휠체어에 의지해 생활해야 하는 장애인들에게 부작용 없이 두 다리가 완전히 낫는 약이 공급된다고 했을 때, '장애를 가진 생활이 그렇지 않은 삶보다 결국은 열악하다'라는 생각을 인정하지 않을 사람이 그들 중에 얼마나 될까? 장애인 자신이 장애를 극복하고 제거하기 위해 얻을 수 있는 의학적 지원을 요구하는 것, 다시 말해 장애 없는 삶을 원하는 것은 부모가 장애 없는 아이를 원하는 생각이 편견이 아님을 시사한다.[8]

이 같은 그의 변명은 부모 대부분이 건강한 자녀를 바란다는 점을 감안하면 어느 정도 설득력을 갖는다. 그러나 중요한 논점을 비켜가고 있음을 확인해보면 이 변명을 긍정하기가 어려울 것이다.

싱어의 주장을 단순화하면, '(a)장애인이 장애 없는 삶을 원한다면, (b) 부모가 장애 없는 삶을 아이에게 주고 싶다는 바람은 편견이 아니다'라고 요약할 수 있다. 그러면 밑줄 친 (a)부분과 (b)가 다른 사태를 이야기하고 있음이 명확해진다. 다시 말해 (a)는 장애인 자신이 이미 주어진 자신의 상태를 개선하려는 노력인 데 반해 (b)는 부모가 자녀에 대해 그 출생 이전에 배려와 조치를 취하는 것이다. 따라서 자녀 본인의 의사와는 상관없는 간섭이다.

다시 말해 (a)의 경우, 분명 장애인 자신이 자신의 생활을 불편하다고 생각은 하지만 자신이 불행하다고 여긴다고는 할 수 없는 데 반해 (b)의 경우는 장애를 입은 아이는 불행하다고 부모가 판단을 내리고 있다.

이유는 이렇다. 누구나 늙는 것을 생각하면 건강한 사람이라도 생활상의 불편은 감내할 수밖에 없으며 각자는 그것을 완전하게 제거할 수는 없어도 조금이라도 개선하려고 한다. 그리고 그런 노력을 하는 사람들은 생활이 불편하기 때문에 죽고 싶다고 생각하지는 않는다. 반면, 부모가 의학적 조치를 통해 제거를 원하는 것은 '특정 장애를 가진 아이'이며 같은 아이에게서 장애를 제거하는 것이 아니다. 따라서 여기에는 장애아는 죽고 싶다고 생각할 정도로 불행할 것으로 예상되기 때문에 '태어나지 않는 편이 낫다'라는 편견이 섞여 있다.

확실히 '아이의 장애를 제거해 주고 싶다'라는 부모의 바람은 편견이라고 할 수 없다. 그러나 '장애가 없는 아이를 원한다'라는 바람은 편견을 지

---

8 이상의 논의는 싱어, 《실천윤리학》에서 발췌, 정리한 것이다.

니고 있다. 따라서 장애인 자신의 의사와 부모의 의사는 동일하다는 싱어의 주장은 성립되지 않는다.

일본의 '생명윤리' 왜곡

앞에서 말한 것처럼 싱어의 인격설은 현재도 서양사회에서 계속 문제시되고 있다. 그러나 일본에서는 '생명윤리학'이 미국에서 유입된 1990년대에 활발히 다루어졌음에도 지금은 소개조차 뜸해졌다. 확실히 새로운 이론을 찾을 수 없게 된 것은 사실이다. 그러나 인격론에 관한 최대 쟁점이었던 '선긋기 문제'[9]가 해결된 것이 아니라면 안락사 문제에 관한 사회적 합의 역시 성립된 것이 아니다. 그런데 왜 이 논의가 과거의 논란으로 치부되고 있을까? 그 이유는 제도적으로나 문화적으로 아이의 죽음을 부모의 형편에 위임한다는 상식이 깊숙이 침투되어 있기 때문이다.

이전부터 일본의 학교 교육에서는 서양국가에 비해 성교육이 원활하지 않아 임신의 위험이나 피임 방법, 부모가 된다는 책임 문제가 좀처럼 논의되지 못했다. 한편으로는 낙태에 관한 법률상 제한이 매우 느슨하여 국제적으로 '낙태 천국'이란 야유를 받아왔다. 그래서 일본의 '모체보호법'[10]이 허용하는 낙태 조건을 확인해보겠다.

우선, '낙태'는 '태아가 엄마의 몸 밖에서 생명을 유지할 수 없는 시기에 인공적으로 태아 및 그 부속물통상적으로 태반, 태막, 탯줄, 양수을 배출하는 것'이라고 정의하고 있다. 그리고 낙태가 가능한 시기는 1953년에는 임신 8개월 미만까지, 1976년에는 임신 24주 미만까지, 1990년에는 임신 22주 미

---

9 태아의 생물학적 성장에서 어느 시점을 기준으로 살 권리가 있는지, 없는지를 결정하므로 속되게 선긋기라고 표현함.

10 우리나라의 '모자보건법'과 유사하다.

〈도표 8-4〉 낙태에 관한 법률의 추이

우생보호법(1948): 제2차 세계대전 후 인구급증의 대처로 중절의 한정적 용인. 유전
병, 강간, 신체적 건강을 이유로 인정

개정(1949): 경제적 이유를 인정한다.

개정(1952): 지구우생보호심사회의 심사 없이 지정의사 한 명의 승인만으로 낙태
가 가능해짐

모체보호법(1996): 나치의 정책을 연상시킨다는 이유로 명칭 변경

만까지로 서서히 단축되는 추세다 모두 후생성 사무차관 통달이며, 법률로는 명문화되어
있지 않다. 이것은 소아 의료의 발전으로 태아가 성장 초기단계부터 생존할
확률이 높아지고 있음을 보여주는 것이다. 그런데 그 운용상황을 살펴보면
실태는 위에서 말한 방침과 일치하지 않는다.

모체보호법 제14조[11]

제1항 의사는 다음 각 호의 하나에 해당하는 경우에 본인 및 배우자의
동의를 얻어 낙태를 할 수 있다.

---

11 **우리나라 모자보건법의 낙태 조항**
제14조(인공임신중절수술의 허용한계) ① 의사는 다음 각 호의 어느 하나에 해당되는 경
우에만 본인과 배우자(사실상의 혼인관계에 있는 사람을 포함한다. 이하 같다)의 동의를 받아
인공임신중절수술을 할 수 있다.
1. 본인이나 배우자가 대통령령으로 정하는 우생학적(優生學的) 또는 유전학적 정신장애
나 신체질환이 있는 경우
2. 본인이나 배우자가 대통령령으로 정하는 전염성 질환이 있는 경우
3. 강간 또는 준강간(準强姦)에 의하여 임신된 경우
4. 법률상 혼인할 수 없는 혈족 또는 인척 간에 임신된 경우
5. 임신의 지속이 보건의학적 이유로 모체의 건강을 심각하게 해치고 있거나 해칠 우려
가 있는 경우
② 제1항의 경우에 배우자의 사망·실종·행방불명, 그밖에 부득이한 사유로 동의를 받
을 수 없으면 본인의 동의만으로 그 수술을 할 수 있다.

제1호 임신의 계속 또는 분만이 신체적, 경제적 이유로 모체의 건
강을 해칠 우려가 현저한 경우
제2호 폭행 또는 협박에 의해 저항 또는 거절할 수 없을 때 발생한
간음으로 임신한 경우
제2항 전항의 동의는 배우자를 모를 때 또는 그 의사를 표시할 수 없을
때 또는 임신 후에 배우자를 잃었을 때는 본인의 의사만으로 충분
하다.

제2차 세계대전 이후 일본에서는 지역의료에 종사하는 의사가 환자와
상담해 본인의 의사에 반하는 임신, 모친의 건강상 문제, 가정의 경제 상태
와 같은 이유로 낙태가 허용되었다. 그리고 의사의 승인이 필요하다고는
해도 낙태를 원하는 환자의 의사를 무시하는 것은 실질적인 문제로서 어렵
기 때문에 태아의 생명에 대한 결정권은 부모에게 맡기는 것이 관례가 되
었다.[12]
확실히 의사법에서 낙태는 다른 치료와 달리 설사 환자의 요구라 해도
그것이 이유가 부적당하다면 치료를 거부해야 한다고 되어 있다. 만약 시
술할 경우에도 감독 관청에 대한 보고의무를 지켜야 한다. 그러나 부모가
될 환자의 건강 상태나 경제 상태가 아이의 양육을 감당할 수 있을지, 또는
환자가 부모가 될 각오를 하고 있는가에 대한 판단은 객관적 지표를 정하

---

③ 제1항의 경우 본인이나 배우자가 심신장애로 의사표시를 할 수 없을 때에는 그 친권
자나 후견인의 동의로, 친권자나 후견인이 없을 때에는 부양의무자의 동의로 각각 그
동의를 갈음할 수 있다.

12 일본의 낙태 건수는 연간 약 20만 건 전후로, 출산 건수의 20% 정도로 추산된다. 최근
전체 건수는 감소 경향에 있지만 미성년의 건수가 증가하는 경향이 있다.—후생노동성

기 어렵다.

부모가 키울 수 없는 아이를 맞는 입양제도의 정비는 미흡한 상태다. 더구나 일본에서는 자녀를 '독립된 의지를 가진 한 사람의 개인'으로 존중하기 이전에 부모의 분신이나 가문의 성원으로 이해하는 문화적 전통이 있기 때문에 대부분의 사람들이 그러한 현실에 의문을 갖지 않으며, 출산을 둘러싼 상황의 개선도 기대할 수 없다. 이 때문에 의사는 '아이를 낙태하고 싶다'는 환자의 희망을 거절하지 못하는 것이다.

이상과 같은 상황을 당연하게 생각하기 때문에 일본인에게는 싱어의 논의가 왜 서양사회에서 격렬한 저항에 부딪히는지 실감하지 못한다. 인격론에 관한 논란의 종식이 피상적인 수입문화의 쇠퇴로밖에 보이지 않는 것은 일본 문화의 특질 탓이기도 하다.

'장애인'과 교류하며 배울 점

그러나 이 논점은 동시에 일본의 철학자가 직시해야 할 문제를 시사한다.

인격론의 타당성을 찾는다면 '마음이란 무엇인가, 언제 어떻게 생성될까' 하는 논점을 인지과학 및 발달심리학과 협력해 해명해야 한다. 특정 신체적 특징이 장애가 되는 이유와 그 개선책을 사회학 및 복지학과 함께 검토하는 작업도 필요하다. '생명을 낳아 기르는 행위의 의미와 조건은 무엇인가'를 재검토하고 법률학이나 교육학과 함께 부모의 의무와 자녀의 권리에 대한 재정의에도 착수해야 한다.

그러나 이러한 문제를 파고들기에 내 능력은 다소 부족하다. 그 대신에 인간이 자신과는 이질적인 존재에게 갖는 편견을 풀고자 했던 드니 디드로 Denis Diderot, 1713~1784의 사상을 소개하고자 한다.

디드로는 프랑스의 계몽주의자이자 근대 최초의 정보혁명이라고 할 수 있는《백과전서百科全書》[13]의 편집 책임자 중 한 사람으로 알려져 있다. '계몽주의'는 근대 과학의 지적 성과를 널리 민중에게 알리고 인습에 얽매인 낡은 생활방식을 쇄신하려는 시도이다. 그러나 한편으로는 과학적 지식을 절대시하는 풍조를 초래했다는 점에서 현재는 비판적으로 바라보는 경우가 많다. 하지만 그는 계몽주의 지도자로서 얼굴뿐 아니라 계몽주의를 안쪽에서 파괴한 현대사상의 선구자로서 얼굴도 지니고 있다.

'절충주의eclectisme'라 불리는 디드로의 철학적 견해는 다음과 같다. 이 견해는 전통적인 권위나 상식을 신뢰하지 않고 끊임없이 정반대 시각을 가지고 사물을 반대로 다시 생각하고 자신의 경험으로 확인한 것 이외에는 진리로 인정하지 않는다. 다만, 그렇게 해서 얻은 지식도 절대적이지 않기 때문에 그것을 맹신하거나 타인에게 강요하지는 않는다. 확실히, 우리는 자신의 인식이나 경험에 관해서는 오류가 없다고 생각하기 쉽다. 그러나 신이 아닌 인간이 지식의 중심에 있다면 그곳에는 사람의 수만큼 다른 지식의 체계가 형성될 가능성이 있다. 그러므로 우리는 자신과 다른 조건하에서 다른 사람이 사물을 어떻게 인식하고 경험하는지를 알아냄으로써 자신의 지식을 수정할 기회를 얻을 수 있다.

이러한 디드로의 발상에는 인간에 관한 특정 정의에서 벗어난 사람을 '인간이 아닌 타자'로서 배제할 것이 아니라 오히려 '자신을 개선할 기회를 주는 자'로 받아들이는 긍정적 태도를 발견할 수 있다.

그 사례를 살펴보자. 디드로에 따르면 청각장애인은 '눈으로 보는 클레브생clavecin, 건반을 치면 음악과 동시에 형형색색의 패가 올라오는 악기'을 자신들이 색채를 통해 대화를 나누는 장치로 간주하고, 바이올린 같은 악기를 귀가 들리

---

13 원제: Encyclopédia(1751~1772).

는 사람들이 대화하는 장치로 이해했다고 한다. 그것은 청각을 가진 사람 처지에서 보면 한 번도 악기 소리나 음악을 들어본 적 없는 사람의 잘못된 사고방식으로 보일 수 있다. 그러나 청각장애와 언어장애를 모두 가진 사람에게는 거의 증명된 것이다. 그리고 이런 차이를 알게 된 계기로 우리 자신도 향수의 차이로 타인의 기분을 느끼거나 옷 색깔로 자신의 기분을 표현하고 있음을 깨닫게 된다. 다시 말해, 다른 감각기관을 이용해 사물을 파악한 사람과의 교류는 이해나 표현 방법이 다르기 때문에 서로의 인식을 넓히고 세계를 좀더 풍요롭게 한다.

이 에피소드에는 인간에 관한 디드로의 생각이 나타나 있다. 청각장애인의 예에 그치지 않고 각각의 다른 신체를 가진 현실의 인간 사이에는 동질의 주관을 상정할 수 없다. 원래 신체 기관은 저마다 개성이 있고 같은 기관이라도 사람에 따라 차이가 있다. 그러므로 사람들이 비슷한 눈을 갖고 있다고 해서 같은 시력 범위를 공유할 수 있다는 보장은 없다.

그러한 사실을 명시하는 이질적인 인간의 출현은 데카르트가 정신으로 상정한 인식 주관으로서의 일반적인 동일성에 의문을 갖게 한다. 각각의 인간은 인간 일반으로는 환원할 수 없는 차이를 가진 존재이며, 다른 각도에서 보면 타자성을 가진 존재로서 다른 인간과 병존하는 것이다.

이처럼 인간의 인식이나 표현은 단지 눈이나 입을 가지고 있다고 성립되는 것이 아니다. 어떤 사물을 보기 위해서는 그 사물을 보는 법을 배워야 하고 무언가 말을 하려면 적절한 화법을 배워야 한다. 단, 그것이 옳다는 주장은 유사한 능력을 가지고 동일 조건 아래 놓인 사람에 대해서만이며, 그 이외의 사람에게는 통용되지 않는다. 그래서 우리의 지식은 수정과 확장을 거듭해나가지 않으면 안 된다. 디드로에게 장애인과 교류하는 것은 그러한 '배움의 장'일 수 있다.

전 지구상에 완벽한 구성으로 완전하게 건강한 인간이란 단 한 사람도 존재하지 않는다. (……) 인류는 많든 적든 환자들로 이루어진 개인의 집단에 지나지 않는다.

– 디드로, 《생리학요강》[14]

장애인과 친하게 교류한다는 건 다른 사람들은 생각할 수 없다. 그런 건 현실에서는 실현될 수 없는 겉치레라고 생각하는 사람이 적지 않을 것이다.

분명 디드로와 같은 태도를 관철하기는 어렵다. 그러나 아무도 겉치레를 입 밖으로 내지 못하고 그것에 귀를 기울이려 하지 않는 세계에서 우리는 안심하고 살아갈 수 있을까? 내일 병에 걸리지 않고, 사고를 당하지 않고, 사건에 휘말리지 않는다고 확실하게 정해진 사람은 없다. 그러니까 적어도 자신이 가해자가 되지 않도록 자신 안에 잠재된 편견을 찾아내고 그것에 저항하는 것이 중요하다.

---

14 원제: Elements de Physiologie(1775~1783).

아이를 낳은 엄마만
육아를 할 수 있을까?

        페미니즘의 견지에 선 법철학자 코넬(D. Cornell, 1950~)에 따르면 '남자는 사회에 나가 일하고, 여자는 가정에서 아이를 낳아 기르는 것'이 가족의 본래 모습이란 발상이 여성의 존재 의의를 엄마로서의 기능으로 축소시키고, 출산과 육아의 도구로 여성을 취급하는 것이 당연하다는 편견을 포함한 채 미국에서 낙태를 인정하지 않는 근거로 활용되고 있다. 그러나 동일한 가족상이 보급되었음에도 일본에서는 매년 상당한 수의 낙태 건수가 보고되고 있다. 여기에는 법률적 규제 완화뿐 아니라 '낳고 싶어도 키울 수 없어 낳지 못한다'라는 이유가 포함된다. 그렇다면 '키울 수는 없지만 출산하고 싶다'라는 희망은 여성의 권리의 일부로 인정받을 수 있을까? 또 그것을 충족하려면 어떠한 사회제도가 필요할까?

제 9 장

좀비(Living Dead)
제조 방법

1. 그의 인생은 타인에 대한 봉사 외에는 아무것도 허락되지 않았다

'간병인'과 '제공자'의 배움터

아무리 고전 명작이라도 주인공이 담배를 너무 많이 피우는 책은 헤일샴 (Hailsham)의 도서관에는 없다는 소문도 있었다. 그 대표적인 책이 셜록 홈스 일까? 간혹 페이지가 찢겨 있는 그림책이나 잡지를 맞닥뜨리기도 한다. 분 명 누군가 담배를 물고 있는 그림이 있었을 것이다.

— 가즈오 이시구로(石黒一雄), 《나를 보내지 마》[1]

영국 교외의 작은 기숙사 학교 헤일샴에서는 16세까지의 소년, 소녀가 살고 있다. 그들은 어디서나 볼 수 있는 보통 아이들과 같이 공부와 운동에 열중하며 지낸다. 평화로운 학원 생활 속에서 연애나 작은 다툼을 경험하

---

1   원제: Never Let Me Go(2005).

며 저마다 자신의 앞날을 꿈꾼다. 단, 이곳에는 외부 물건이나 음식 등에 엄격한 규칙들이 정해져 있다. 특히 건강을 해칠 우려가 있는 행동이나 지식은 철저하게 배제된다.

그 이유는 잔혹했다.

학생들은 복제기술을 통해 만들어진 인간으로 그들의 신체는 다양한 질병에 시달리는 생면부지의 사람들을 위해 준비된 이식용 장기 저장고였던 것이다. 그래서 그들은 흡연이나 음주, 감염질환에 걸릴 수 있는 환경 노출 등 건강을 해칠 수 있는 행위가 허용되지 않는다. 그리고 이런 상황에 의문이나 반발을 품지 않도록 일반사회로부터 격리되어 있는 것이다.

이들은 취학 기간을 마친 뒤 사회에 나가 자신과 유전형질이 비슷한 환자로부터 장기제공을 요구받으면 공여자로서 역할을 시작한다. 그리고 그 요구가 있을 때까지는 간병인으로서 공여자 곁에서 신체적, 정신적 돌봄 역할을 한다.

헤일샴은 이러한 숙명을 타고난 아이들에게 조금이라도 인간다운 생활을 경험할 수 있게 가능한 한 보통 학교에 가까운 형태로 창설된 인도적 시설이었다.

어느 날 밤, 헤일샴의 창고 방에서 한 소녀가 ⟨Never let me go⟩라는 미국의 흘러간 팝송에 맞추어 둥글게 만 수건을 가슴에 안고 춤을 추고 있다. 그녀는 의사에게 자신이 출산을 할 수 없는 몸이란 진단을 받았는데, 운 좋게도 아이를 가진 것이다. 이 행복이 자신의 손안에서 빠져나가지 않도록 신에게 기도하며 그 아이를 끌어안고 사랑스럽게 바라보는 자신을 머릿속에서 상상한다.

어려서 누구나 한 번쯤 경험했을 혼자서 상연하는 무언극이다.

그런데 그 모습을 문틈 사이로 엿보는 사람이 있었다. 마담이라 불리는 여성으로, 학교 책임자이다. 늘 무표정하고 규칙 준수를 외치는 그녀가 보고 있다는 것을 눈치챈 소녀는 혼날 것이라 예상했지만, 마담은 말없이 자리를 떠난다.

마침내 학교를 나온 소녀는 간병인으로, 공여자들을 간병하는 일을 시작한다. 그들 중에는 헤일샴에서 함께 자란 친구도 있다.

그녀 자신도 언젠가는 같은 처지가 될 것을 알면서도 신체의 여러 부위가 잘려나가 쇠약해져 가는 공여자가 가능한 한 평온하게 죽음을 맞을 수 있도록 계속 마음을 썼다.

그런 일상이 계속되던 어느 날 그녀는 마담과 재회한다. 그리고 그날 밤 아무 책망 없이 떠난 이유를 묻자 마담은 다음과 같이 답한다.

> 새로운 세계가 빠르게 다가오고 있어. 과학이 발달해 매사가 효율적이고, 오래된 질병에 새로운 치료법도 발견되고 있어. 멋진 일이야. 하지만 무자비하고 잔혹한 세계이기도 하지. 그런데 그곳에서 한 소녀를 보았단다. 눈을 지그시 감고 가슴에 낡은 세계를 꼭 끌어안고서 말이야. 마음속으로는 사라져가는 세계임을 알면서도 그것을 끌어안고 날 보내지 마, 보내지 마 하며 간절히 애원하더군. 나는 그것을 본 거야.
>
> — 《나를 보내지 마》

'복제인간'의 바람직한 상

복제인간은 동서고금의 소설이나 영화에 빠지지 않고 등장하는 친숙한 설정이다. 그리고 대부분의 경우 그것은 생명의 신비라는 신의 영역에 대한 침범, 인간이 시도해서는 안 되는 '과학기술technology'의 상징으로 다루어져 왔다. 복제인간은 '히틀러의 복제'라거나 뛰어난 전투능력을 부여하고 공포심은 없앤 복제 군단 또는 악의 수단으로 등장하는 경우가 많다.

그래서 《나를 보내지 마》와 같이 그들을 보통 인간으로 다루며, 그 내면을 그린 작품은 많지 않다. 하지만 그것은 이상한 일이 아니다. 왜냐하면 복제기술은 매우 흔한 기술이며, 복제인간은 '오리지널의 복제'가 될 수 없기 때문이다.

원래 '복제기술cloning'은 어떤 것일까? 그 원형은 초등학교 과학 시간에 배우는 '접붙이기'에서 찾을 수 있다. 한 그루 나무에서 가지를 잘라내고 그 작은 가지 그리스어로 클론 Klon 를 흙에 심으면 원래 나무와 동일 유전형질을 가진 다른 나무가 자라기 시작한다. 클론이란 이 새로운 나무처럼 '유전적으로 동일한 개체나 세포 그리고 그 세포의 집합체'이며 복제기술은 그 생산 과정에 포함되는 인위적 조작을 의미한다.

이러한 복제기술은 우리의 사회생활에 없어서는 안 될 것으로 보급되고 있다. 유명한 것은, 일본에서 생산되는 귤의 대부분이 하나의 나무에서 접붙이기를 반복하여 얻은 것이란 사실이다. 그렇게 극단적이지도 않을뿐더러 동일한 조작에 의해 안정된 품질의 식량 공급이 실현되고 있는 것이다. 그리고 이것은 식물뿐만 아니라 동물에도 응용 가능하다. 인간생활에 유용한 동물을 생산하기 위해 다양한 교배를 반복하여 바람직한 개체를 얻은 후 그 개체의 유전형질을 다음 세대에 전달하기 위해 복제기술을 이용하고 있다.

또 그러한 기술은 인간에게도 응용되고 있다. 확실히, 특정한 누군가를 재현하거나 특수능력을 가진 사람을 생산하지는 않았다. 한 부부의 정자와 난자를 의학적으로 조작하여 수정을 거쳐 산모의 태내에서 출산하는 이른바 인공수정은 일부 복제기술을 적용한 것이기 때문이다.

다만 세간에서 복제인간이라 하여 생산이 금지된 존재는 인공수정처럼 부모의 유전정보를 나누어 가지고 그 계승, 발현을 자연에 맡긴 존재가 아니라 한쪽 부모와 완전히 동일한 유전정보가 주어진 '인위적으로밖에 탄생할 수 없는' 존재이다. 다시 말해 인공수정이 부부 사이의 자연스러운 임신, 출산 과정을 보조하는 기술인 반면, 복제인간의 생산은 자연에서 일어날 수 없는 사태를 인공적으로 가져오는 기술이다. 복제기술을 기피하는 이유가 여기에 있다.

그렇다고 복제인간이 인간이 아닌 것은 아니다. 부모와 클론개체의 경우보다 유전학적 동일성이 높은 일란성 쌍둥이가 서로 다른 개성을 지니고 자라는 데서 알 수 있듯이, 비록 부모의 복제를 기대했던 복제 개체라도 뇌의 발달이나 생육 환경의 차이에 따라 부모와 다른 인물로 자라기 때문이다. 그러니까 공상과학에 등장하는 불길한 악의 화신보다 매일의 생활에 일희일비하는 보통 아이 쪽이 사실적인 복제인간의 모습인 것이다.

상식이 과학을 따라잡아야 한다

그렇다 해도 이시구로가 섬세하면서도 정감 넘치게 그린 아이들 세계는 조금 이상하다. 의학이 발달해 수명이 늘어난 사회에서는 만성 내장질환에 시달리는 사람이 증가하여 이식용 장기의 수요가 늘어난다. 그러나 이식에 적합한 거부반응이 적은 장기를 필요에 따라 얻을 수 있는 상태는 예컨대 뇌사판정의 기준을 완화하더라도 좀처럼 실현될 수 없다. 그렇다면 그러한 장기의 공급원으로서 다양한 유전 형질을 가진 인간을 준비하여 사회 전체가 양성해두는 편이 좋지 않을까? 이들에게는 생활의 안정을 보장하는 대신 자유롭게 의사결정하고 행동할 권리는 주어지지 않는다. 그래야 일반 시민이 안심하고 인생을 살아갈 수 있다. 얼마나 합리적이고 이기적인 사회인가.

우리는 '이런 세계가 실현되어서는 안 된다'라는 생각을 한다. 하지만 그러한 도덕 직관은 언제 깨질지 모르는 취약한 것이다. 실제로 복제인간의 필요성이 제기되고 있지는 않지만 현대 과학에서는 만능세포[2]의 배양으로 인간의 신체 부위를 만드는 연구가 활발히 진행되고 있다.

재생의료로 불리는 해당 분야는 1990년대 수정란을 이용한 장기제작을 시도했는데 그 과정에는 생명의 근원이라 할 수 정배아의 파괴가 따르기 때문에 많은 비판과 제한을 받아왔다[이 장 제2절 참조]. 그러한 상황 속에서 해당 분야의 연구자 논문과 발언에는 다음과 같은 취지의 주장이 들어 있다.

이식용 장기를 기다리는 환자의 희망을 실현하기 위해 만능세포 연구는 필수적이며 그 중요성은 지금 장기가 필요하지 않은 사람들도 결국 이해할 것이다. 생명은 신성불가침하다는 생각은 시대에 뒤떨어진 것이며, 상식은 과학을 따라잡아야 한다.

이런 주장은 우쭐해하는 과학자의 주장처럼 보이지만 우리 삶은 스스로는 개발은커녕 예상조차 할 수 없는 과학기술로 넘쳐나고 있다. 그리고 그것에 의존하는 것을 생각하면 처음에는 거부감이 들더라도 그 유용성을 깨닫게 된다면 처음 의문은 완전히 잊힐 것이라 생각한다. 오늘날, 재생의료는 그 방법을 쇄신해 새로운 단계에 이르렀지만 그것은 다음 절에서 설명하기로 하고 여기서는 이 같은 사고방식의 배경에 있는 근대 이후의 과학과 기술에 관한 이미지를 확인하기로 한다.[3]

---

2 만능세포(pluripotent cell): 지방세포, 골세포, 연골세포, 신경세포 등 다양한 종류의 세포로 분화 가능한 세포. 줄기세포가 대표적이며, 전능세포라고도 함.

3 이러한 과학적 인식의 구도는 '인간이 알 수 있는 것은 인간이 만든 것뿐이다'라는 잠바티스타 비코 (Giambattista Vico, 1668~1744)의 지적을 계승한 칸트에 의해 자연법칙의 배후에 인식 불가능한 '사물 자체'가 남겨진다는 논증으로 확립되었다.

뉴턴의 고전물리학이 등장한 이후, 자연은 각각의 사상에 각각 고유한 목적이 내재되었다는 전통적인 발상에서 벗어나 자연현상의 뒤에는 유일한 본질, 즉 자연법칙이 있다는 발상으로 파악되게 되었다. 과학은 그러한 자연현상을 지배하는 법칙을 분석, 발견하고 그것을 기점으로 적절한 조건을 첨부해 다양한 사상을 설명하는 시도이다. 그래서 자연은 기계와 같은 구조를 가지고 운동하는 것으로 그려진다. 하지만 그와 동시에 이 구조를 파악하면 조건의 조정과 다른 구조와의 운동을 통해 자연계에서는 발생하지 않는 현상을 인위적으로 만들어낼 수 있다는 발상을 할 수 있게 된다.

그리고 인간이 자신의 이해 관심에 입각해 세운 목적을 실현하기 위해 자연의 구조를 수단으로 이용하는 절차가 기술이다. 원래 인간이 일상생활이나 직업노동 속에서 익혀온 기능은 과학의 힘을 빌려 더 큰 성과를 좀더 효율적으로 실현하고, 더 많은 사람이 구사할 수 있는 기술로 대체하여 자연 상태에서는 발생하지 않는 현상을 만들어내게 되었다. 이렇게 자연은 그 자체가 아니라 인간의 관심에 적합한 측면만을 제시하는 대상으로 인식되기에 이르렀다. 그리고 그 발상은 물리학에서 화학이나 생물학으로 파급되어 생명현상도 조작 대상이 된 것이다[도표 9-1 참조].

앞에서 설명한 바와 같은 과학과 기술의 관계는 과학이 진리의 추구이고, 기술은 편리성의 추구인 이상 애초에 동일하지 않다. 그러나 프랜시스 베이컨F. Bacon, 1561~1626이 남긴 '아는 것이 힘이다'라는 명제 이래, 과학의 존재 의의를 '인간의 행복에 공헌하는 기술로의 전용'에서 찾는 발상은 오늘날에도 쉽게 볼 수 있다. 앞서 과학자의 주장도 이식용 장기의 제작을 '인간의 행복'으로 일반화한 후에 복제기술이 그것에 공헌하는 것이라 정당화했다. 여기에서는 연구의 소재가 되는 자연, 즉 인간의 세포나 배아는 단순히 과학기술의 대상으로서의 가치만 인정한다. 따라서 이들의 관점에

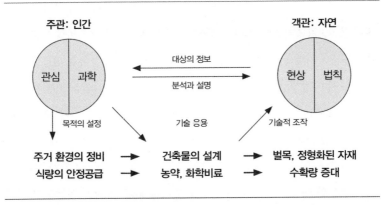

〈도표 9-1〉 근대 이후 과학과 기술의 관계

서는 '재생의료연구'의 진로를 방해하는 상식은 파기되어야 한다는 결론이 나온다.

그러나 인간과 과학기술의 관계는 과학자가 상정하는 것처럼 낙관적이지 않을뿐더러 좀더 심각한 상태에 빠져 있다. 즉 과학기술이 달성할 수 있는 영역이 확대됨에 따라 인간의 욕망이 비대해지는 속에서 어느 사이엔가 과학기술이 부여하는 이외의 욕망을 가질 수 없게 되는 역전 현상이 나타난 것이다. 다음은 장기이식에 관한 의료나 정책의 추이를 좇아 이 문제에 접근해가기로 한다.

2. '무자비하고 잔혹한 세계' 속에서 벌어지는 시행착오

재생의료가 직면한 상식의 벽

어떤 상식이 1990년대 재생의료 연구에 종사한 과학자들을 초조하게 만들었을까? 그 상세를 밝히기 위해서 우선 당시 연구 모습을 확인해두자.

재생의료는 선천적이든 후천적이든 상관없이, 질병이나 사고로 인해 신체의 일부가 상실 또는 기능 부전이 된 환자에게 대체물을 제공하는 의료의 일환이다. 특징은 기존에 쓰인 인공물이나 타인의 부위 이식이 아니라 가능한 한 환자 본인에게 가까운 유전 정보를 가진 조직을 환자 자신의 세포를 배양해 제작한다는 점에 있다. 그리고 이때 이식용 장기 제작의 대상은 배양 환경에 따라 모든 장기가 될 수 있는 '만능세포'인데, 당시 연구의 중심에는 '수정 배아' 또는 '복제 배아'를 분할 · 파괴해 채취한 '배아줄기세포 embryonic stem cell, ES세포'가 있었다 [도표 9-2 참조].

ES세포는 다음 두 가지 성과가 기대되었다. 하나는 환자 본인과 동일한 유전 정보를 지닌 '복제 ES세포'로 거부 반응이 적은 장기를 제작하는 것이다. 또 하나는 유전적으로 내장질환이 예상되는 사람이 미리 자신의 대체 장기를 준비함으로써 기증자 부족과 우선순위 문제를 해소하는 것이다. 이러한 의료상의 의의와 함께 해당 라이선스 취득에 기대한 이익이 동반되면서 세계 각국에서 재생의료를 둘러싼 연구, 개발 경쟁이 격화되었다.[4]

그러나 이 단계의 재생의료 연구에는 어머니의 태내로 되돌렸을 때 생체로서 생육 가능한 배아의 파괴에 대한 비판이 제기되었다. 비록 아직 감각이나 의식이 따르지는 않지만 배아가 생명의 근원인 이상 그것을 타인의 신체 일부로 만들기 위해 이용하는 것은 인간을 도구화한다고 비판하는 것이다. 더욱이 연구가 시작되었을 당시 ES세포 채취에는 불임치료 목적으로 인공 수정한 여분의 수정배아를 사용하였다. 그때는 환자 부부가 합의

---

4 '만능세포'는 다음과 같은 분야에 공헌할 것으로 생각되고 있다. ① 희귀동물의 보호, 재생, ② 식량의 안정적 공급, ③ 실험용 동물의 혁신, ④ 기술의 특허권, ⑤ 의약품 제조, ⑥ 불임부부의 출산, ⑦ 이식용 장기의 제작.

〈도표 9-2〉 ES세포의 특징

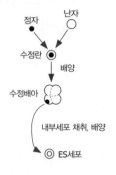

① ES세포

유성생식에 의한 '수정란'을 분할해서 얻은 '수정배아'를 이용해 만든 만능세포이다. 부모의 유전정보를 물려받기 때문에 특정 개인과 유전학상의 동일성은 얻을 수 없다. 또한 이 '수정배아'로 생산한 생물개체는 '복제 수정란'이라 부른다.

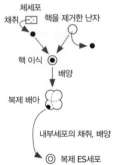

② 복제 ES세포

핵을 제거한 난자(또는 수정란)에 성체 또는 태아 체세포의 핵을 이식하여 만들어진 '복제 배아'로 만든 만능세포이다. 무성생식을 하므로 체세포를 채취한 생물개체와 유전적 동일성을 얻을 수 있다. 또한 '복제 배아'에서 태어난 생물개체는 '체세포 핵이식 클론'이라 부른다.

하였고, 연구 목적으로만 이용한다는 규칙이 적용되기는 했지만 그 수정배아는 불임 치료 결과 태어난 태아와 유전학상 차이가 없다. 따라서 설령 부모의 동의가 있었다고 해도 배아의 파괴를 수반하는 ES세포 연구는 피실험자 본인의 합의가 결여된 인체실험이나 다름없다는 의문이 제기되었다.

또한 이것에는 '미끄러운 내리막길slippy slope'이라 불리는 문제도 지적되었다.[5] ES세포의 제작, 이용이 용인된 후에 눈사태 양상으로 일어날 수

5 마사 누스바움(Martha Nussbaum) 외, 《클론 AND 클론: 인간복제에 관한 사실과 환상(Clones

있는 문제를 열거하고 그 끝없음을 지적하는 형식의 비판이다. 다시 말해, 만약 이 연구가 용인되었을 경우, 연구자 집단에 '빠른 사람 승리'라는 풍조가 생겨나고 사회로부터의 요구도 빠르게 증가할 것이다. 그 결과 여분의 수정배아 사용에서 '매매된 난자의 복제 배아' 사용으로, 나아가 이식용 장기 제작에서 복제인간의 생산으로 진행될 것이란 예상이 가능한 것이다.[6]

그리고 의학상의 중대한 미해결 문제도 남는다. 먼저, 장기로 분화하고 장기 안에 남겨진 손상된 만능세포는 암세포와 같이 무한 증식하는 종양으로 변화해 이식된 환자를 죽음에 이르게 할 위험성이 있다. 다음으로, 포유류에 대한 복제기술 응용 기간이 아직 짧기 때문에 이 기술을 통해 생산된 생물 개체나 장기가 미래에 어떤 상태가 될 것인가 하는 점도 분명하지 않다. 그리고 성체의 체세포는 이미 유전정보의 변이가 생긴 상태여서 그로부터 반드시 원하는 장기를 배양할 수 있다고 단정할 수 없다.

이상이 상식이 ES세포 연구의 용인에 주저하는 이유다.

'꿈의 의료' 실용화를 위해

이상과 같은 문제를 내포한 단계의 재생의료연구에 관해 옳고 그름을 결정하는 판단기준은 1970년대 이후의 유전자연구에 관해 국제적으로 공유되었던 다음 조건을 모두 충족하는 것이었다.[7]

---

and Clones: Facts and Fantasies about Human Cloning》 참조.

6 이러한 우려가 한국 서울대와 일본의 이화학연구소에서 '연구 성과 조작'과 '데이터 변경' 등의 '연구 부정' 형태로 현실이 된 것은 잘 알 것이다.

7 가토 히사다케(加藤 尚武), 《현대를 해석 하는 윤리학 응용 윤리학의 추천 II (現代を読み解く 倫理学応用倫理学のすすめ II)》 참조.

① 환자(제공자)와의 사이에 '사전동의'가 성립된다.

② 생식세포가 아닌 체세포로 조작 대상을 한정한다.

③ 이상을 정상에 가깝게 하는 치료를 목적으로 한다.

④ 다른 치료 수단이 없다.

⑤ 이미 안전성이 충분히 확인되었다.

이상의 조건은 극복하기 어려운 벽이 되어 ES세포 연구의 앞을 가로막았다. 그러나 2006년 피부조직으로 만들어진 만능세포 '유도만능줄기세포iPS세포'가 개발되자 사태는 한순간에 달라졌다.

iPS세포는 환자의 체세포에 만능화 유전자를 도입하여 만들어지기 때문에 배아의 파괴나 난자 제공을 필요로 하지 않는다[도표 9-3 참조]. 따라서

〈도표 9-3〉 인간 iPS세포 제작법

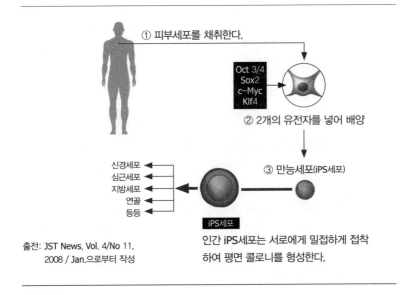

① 피부세포를 채취한다.

Oct 3/4
Sox2
c-Myc
Klf4

② 2개의 유전자를 넣어 배양

③ 만능세포(iPS세포)

신경세포
심근세포
지방세포
연골
등등

iPS세포

출전: JST News, Vol. 4/No 11, 2008 / Jan.으로부터 작성

인간 iPS세포는 서로에게 밀접하게 접착하여 평면 콜로니를 형성한다.

배아를 재료로 하지 않는다는 점에서 복제인간 생산과 같은 치료 이외의 목적에 사용될 가능성이 낮아진다. 이는 앞에서 설명한 ES세포 연구를 위한 윤리적 조건을 충족할 수 있는 것으로 당연히 상식에 포함된 도덕직관에 저촉되지 않아 쉽게 받아들이게 되었다.

기술개발은 암세포 억제인자의 특정, 정자와 난자의 제작, 인간의 간세포나 심근세포의 제작으로 진행되었고, 2018년 현재 모발, 각막, 망막, 근육, 피부, 심근과 연골세포 그리고 뇌, 췌장, 폐세포의 일부 제작에 성공, 망막과 심장근육세포는 환자에게 이식되었으며 파킨슨병 임상시험도 착수했다.

이들은 동시에 환자의 유전정보를 지닌 세포를 이용한 맞춤 약제의 개발에 이바지하였다. 또한 재생의료의 가장 어려운 문제였던 환자의 세포가 지니고 있는 질병 유발 유전정보의 배제라는 과제 해결이 '게놈 편집'의 응용으로 시도되고 있다. 그리고 막대한 비용이 드는 iPS세포^{유도만능줄기세포}의 배양을 상업 기반에 얹기 위한 'iPS세포 은행'과 불특정 다수의 환자에게 응용할 수 있는 범용성 높은 iPS세포를 준비하는 'iPS세포 주식'이 창설되었다.

이렇게 현재 재생의료는 문자 그대로 '꿈의 의료'가 되고 있다. 단 여기서 잊지 말아야 할 것이 있다. iPS세포의 개발자인 야마나카 신야^{山中伸弥,} ^{1962~}가 지금까지의 ES세포 연구에 대해 상식에 기초한 의문을 품고 '생명을 파괴하는 일이 없는 재생의료'를 목표하는 문제의식에서 이 연구에 착수했다는 점이다. 그것은 기존의 기술이나 성과의 연장선상에서만 생각했던 많은 과학자에게 결여되어 있었던 관점이다.

기증 부족을 해소하는 금기

그러나 재생의료의 실용화는 요원한 일이며 현실사회에서 장기이식을 기다리는 환자 수는 갈수록 늘고 있다. 그럼으로써 최근 이 문제에 대한 대처가 행정의 과제로 부상하고 있다. 일본에서는 1997년에 '장기이식법'이 시행되었지만 다음과 같은 제한이 있었다.

① 이식용 장기는 이를 목적으로 뇌사 판정이 내려진 환자의 신체에서만 제공될 수 있다.

② 장기이식의 기증은 각자의 자기결정권에 기초하며 본인의 의사표시가 필수적이다. 따라서 가족의 동의만으로는 인정하지 않는다.

③ 민법 규정에 따라 15세 이하의 환자는 장기이식에 관하여 본인이 원하더라도 충분히 이해할 수 없다는 이유로 장기 제공은 인정하지 않는다.

이상의 제한은 상식의 관점에서 보면 당연한 것으로 생각할 수 있다. 그러나 법률로 명시되면 장기이식을 쉽게 할 수 없게 되어 만성적인 기증 부족이 발생한다. 게다가 15세 이하 어린이에게는 또래 어린이에 대한 장기이식의 가능성이 완전히 닫히고 말았다.

2009년 7월, 이 문제를 해결하기 위해 개정 '장기이식법'이 국회에서 통과되었다. '개정법'은 사회통념상 이미 뇌사가 사람의 죽음으로 인정된다는 전제하에 장기제공을 거부한다는 환자 자신의 의사표시가 없는 한 가족의 동의가 있으면 나이와 상관없이 이식을 인정한다. 이렇게 현행법상 원칙적으로 누구나 장기 기증자가 될 수 있으며, 장기이식이란 목적에 입각해야 하지만 심장사가 아닌 뇌사 단계에서 죽은 사람으로 취급할 수 있게 되었다.[8]

---

8 우리나라의 경우에는 '장기 등 이식에 관한 법률' 제3장 장기 등의 적출 및 이식 등 제1

3. 자신의 신체가 '장기 저장고'가 될 것에 대한 위화감

생명을 조작하는 '테크놀로지'

앞에서 확인했듯이 신체 부위를 교체하여 질병과 장애를 극복하려는 욕망은 의료 기술의 혁신을 촉진할 뿐 아니라 법률상 인간의 모습이나 권리의 내용을 변화시키기에 이르렀다. 재생의료연구와 장기이식법 개정은 각기 다른 움직임으로 보이지만 '모든 질병과 장애를 치유할 수 있을지도 모른다'라는 희망이 생겨난 순간에 발동한 사회의 추세 속에서 연동된 구성요소이다.

이러한 추세를 '지식과 권력의 관계'라는 관점에서 고찰하고 그 위험성을 호소해온 사람이 프랑스 사상가 미셸 푸코M. Foucault, 1926~1984이다. 그는 언뜻 중립적으로 보이는 과학 속에 숨겨진 권력을 어느 일정 목적을 실현하기 위해 인간을 수단으로 여기며, 나아가 그것을 본인에게 의문이 들지 않도록 연관 작용으로 파악하여 현대의 사회구조를 미시적 수준에서 성립시키는 구조를 밝혀왔다.

이러한 그의 저서 중에는 19세기 말 이후 역사에서 '안전하고 위생적인 사회생활의 실현'이란 명목 아래 일정한 인간상을 모델로 이상화하고 그로

절 제11조(장기 등의 적출 · 이식의 금지 등)에 자세히 나와 있다. 간단히 설명하면, 살아 있는 자의 장기 적출은 본인이 기증에 동의한 경우에만 할 수 있다. 미성년자인 경우 부모의 동의를 받아야 가능하다. 뇌사자나 사망한 자의 경우에는 본인이 뇌사 또는 사망 전에 적출에 동의한 경우에 가능하다. 단 가족 또는 유족이 장기 등의 적출을 거부하는 경우는 적출할 수 없다. 또한 본인이 뇌사 또는 사망 전에 동의 또는 반대한 사실이 확인되지는 않지만 가족 또는 유족이 동의하면 적출할 수 있으나, 본인이 16세 미만의 미성년자인 경우에는 그 부모가 동의하여야 한다. 16세 이상인 미성년자의 경우에는 골수를 제외한 장기 등은 배우자 · 직계존비속 · 형제자매 또는 4촌 이내의 친족에게 이식하는 경우가 아니면 적출할 수 없다. 살아 있는 자의 신장은 정상적인 것 2개 중 1개만을, 간장 · 골수 · 췌장 · 췌도 · 소장 등은 의학적으로 인정되는 일부만을 적출할 수 있다.

부터 벗어난 존재를 배제해온 국가의 정책 및 자연과학과 심리학이 담당해온 역할을 규탄한 것이 있다.[9] 그리고 현대사회에 관해서도 생물학이나 의학에 내재된 '생명권력bio-pouvoir'[10]이 건강관리나 성교육과 같은 형태로 우리의 발상이나 생활 속에 자리 잡았으며, 사회구조 자체가 하나의 '테크놀로지'로서 체계화되었다고 주장했다.

푸코의 관점에서 보면 현대의료를 둘러싼 동향도 무조건 긍정할 수는 없을 것이다. 왜냐하면 우리의 생활을 개선하려는 한편, 인간이 나아가야 할 방향이 달리 있을 수 없는 것처럼 믿게 해 자신들의 자유 축소를 수용하도록 만드는 것이 아닐까 하는 의심을 불러일으키기 때문이다.

'꿈의 의료'는 아직 가상이나 희망이란 의미에서 꿈의 단계를 한 걸음 내디딘 정도인데 세간에는 이미 실용화 직전에 와 있는 것 같은 말들이 난무한다. 무서운 것은 꿈이 꿈으로 끝나기보다 다른 꿈을 꿀 수 없어지는 것이다. 그러나 iPS세포의 개발 이래, 재생의료에 관해 이 같은 의문은 찾아볼 수 없게 되었다.

알고 있지만 멈출 수 없다

과학적 지식의 심화, 확장에 따라 인간이 자연을 이용하고 그 모습을 변화시켜가는 사태는 근대 이후 철학사의 중심 문제였다. 데카르트 이후 철학에서 한편으로는 종교에 대해 과학의 권리를 주장하고 다른 한편으로는 과학의 발전에 제동을 거는 두 가지 추세가 서로 대항해왔다.

---

9 푸코의 '권력'론은 《광기의 역사(Histoire de la folie à l'âge classique)》(1961)나 《감시와 처벌: 감옥의 탄생(Surveiller Et Punir. Naissance De La Prison)》(1975) 등으로 알려져 있다.

10 푸코는 인간의 신체를 권력이나 자본의 의지와 필요에 따라 길들이고 규칙화하여 생명에까지 개입하는 것을 생명권력이라고 했다.

그러나 19세기 후반에 과학의 진보를 인류의 행복과 동일시하는 사상이 사회에 보급되고 과학기술의 세력이 확대되었다. 그러자 과학이 인간의 제어를 넘어 위협이 되지 않을까 하는 위기감이 생겼고 그런 사태에 대한 비판적 고찰이 20세기 철학에 급한 해결과제가 되었다. 그리고 이러한 과제에 대한 대처를 대표하는 저서가 독일의 철학자 에드문트 후설 Edmund Husserl, 1859~1938의 《유럽학문의 위기와 선험적 현상학》[11]이다. 그는 원래 다양해야 할 학문이 '수학적인 엄밀화'라는 이념에 의해 획일화되는 상태에 경종을 울렸다.

후설에 따르면 현대인이 지닌 세계상은 세계 자체를 과학적인 인식주관에 대치된 객관적 세계로 단순화한 다음 그것을 각 과학의 대상이란 틀 속에서 설명한 것에 불과하다. 그럼에도 사람들은 아무런 의심 없이 과학에 의한 설명을 세계의 참된 상으로 믿고 과학기술의 공죄와 상관없이 그 성과를 맹목적으로 수용하고 있다. 이런 상태를 벗어나기 위해서는 인식하는 세계는 의식의 상태에 따른 특정 모습으로 현상한 것에 지나지 않는다는 '현상학 Phanomenologie'의 시각에서 학문을 재건할 필요가 있다. 이것이 이 저서의 취지이다.

이 같은 후설의 프로젝트는 조금 전문적으로 말하면 다음과 같이 요약할 수 있다. 그 첫 단계는 일상에 침투한 과학적 인식을 고려 밖에 둠으로써 그에 앞선 '생활세계 Lebenswelt'[12]로 되돌아가는 '현상학적 환원'이다. 여기서 말하는 생활세계란 과학에 앞선다는 의미로 주관과 객관이 미분화된 상태

---

11 원제: Die Krisis der europäischen Wissenschaften und die transzendentale Phänomenologie(1936).

12 과학적 객관주의가 간과된 근본적인 세계로 우리들의 직접적 경험을 내포하는 세계이자 우리들의 의식적인 생활에 대한 고정관념을 형성시키는 세계이다.

로 머물러 있는 상호주관적 세계이며 그 속에서 사람들이 공유하는 의미를 통해 생활의 실제 감각을 이해, 전달하는 살아 있는 세계이다.

그리고 두 번째 단계는 생활세계에 근거한 새로운 학문의 기반을 마련하기 위해 그 출발점으로서 사람들의 인식을 성립시키는 조건인 순수의식을 찾는다는 초월론적 환원이다.

이상과 같은 후설의 시도는 미완으로 끝났지만 그 문제의식은 그의 수제자인 마르틴 하이데거Martin Heidegger, 1889~1976에게 계승되었다.

제2차 세계대전에서 대량파괴무기의 투입과 전시 총동원 체제를 목격한 하이데거는《기술론》등의 저서에서 현대 과학기술의 본질을 '게슈텔'[13]이란 개념으로 표현했다. 이 개념이 의미하는 것은 과학기술이 인간의 도구이기를 중단하고 자기 목적화한 상태, 즉 그것이 신속하고 광범위하게 작동하기 위해 인간과 자연을 자원으로 동원하여 거대한 자율 시스템처럼 우뚝 솟아 증식해나가는 것이다. 그래서 인간이나 자연의 본래 존재가 은폐될 위험이 생길 수 있다고 보았다.

우리는 과학기술을 자신의 상황에 맞추어 이용할 수 있다고 생각한다. 그리고 실제로는 어느 정도 위험이 따른다는 것을 알면서도 이를 포기하지 못한다. '스마트폰 좀비Smartphone zombie'에서 '원자력 발전소 재가동'에 이르기까지 그 예는 얼마든지 들 수 있다. 하지만 이렇게 된 이유는 무엇일까? 대부분의 경우 그 대답은 인간이 한번 맛본 편리함을 버리지 못하기 때

---

13 게슈텔(Gestell)은 의미에 따라 철자를 구분하여 사용하는데(Ge-stell, Ge-Stell, Gestell) 본래의 뜻은 '받침대' 정도로 쓰인다. 하지만 하이데거가 Ge-stell로 띄어 쓰면서 단순한 받침대가 아니라 고문 도구로 또는 심문대로 그 의미가 확대되어 쓰였다. 독일어에서 'Ge-'는 집단이라는 뜻을 내포해 단독이 아닌 '집단 심문대'의 의미를 가지게 되었다. 하이데거는 근대기술의 본질은 집단적 이익과 편리를 위해 자연에 최대한 빨리 많은 양을 만들어내라고 요구하는 것이라고 보았다.

문이다. 그러나 하이데거는 문제의 소재를 인간 존재의 근본과 관련된 차원에서 찾았다.

하이데거에 따르면, 이러한 사태가 생긴 이유는 인간이 '세계 안의 존재 In-der-Welt-sein'로서 자신이 그 안에 놓여 있는 세계의 정세를 받아들이는 형태로만 살아야 한다는 점에 있다. 인간은 세계와 대치하는 특권적인 존재자가 아니다. 자연을 자신의 일부로 만들면서 자연과 함께 만들어가는 세계 안에 존재하며 그 관계성 속에서 자신이나 자연이 존재하는 의미를 해석하며 살고 있는 것이다. 그러한 사정 때문에 기술적 세계 안에 던져진 인간은 눈앞에 있는 기술이 부정적 결과를 불러온다 해도 그것을 버리지 못한다. 그 기술은 지금 현재 자신의 존재 방식과 분리될 수 없으며 오히려 그를 향해 가도록 설정되어 있기 때문이다.

이상과 같은 하이데거의 견해는 어떻게 해도 기존의 세계에서 탈출할 수 없다고 우리에게 선고하는 것처럼 보인다. 그러나 그는 위험에 가까울수록 구원도 가까워진다고 했다. 아마도 과학기술에 대한 인간 존재의 현실 관계로부터 거리를 두는 것이 우리로 하여금 현재와는 다른 존재 방식을 생각하고 새로운 기술을 갈망하도록 방향을 전환시킬 수 있다는 것이다.

하이데거에 따르면 '기술Technik'의 어원은 고대 그리스의 테크네techne, 예술에 있다. 그것은 사물의 배후에 숨겨진 '알레테이아aletheia, 진리'를 드러내는 '창작poiesis'에 정통한 지혜를 뜻한다. 아테네 등의 도시국가는 신들 밑에서 자연과 인간이 조화로운 세계를 형성하고 있으며, 신전과 가옥, 장식과 시가지를 만드는 장인의 일은 물질을 솜씨 좋게 변형만 시키는 기교가 아니라 그들의 종교적 세계관을 형태로 나타내는 예술이기도 했다. 하이데거는 테크네를 단서로 앞으로 도래할 기술을 모색했지만 유감스럽게도 구체적인 상을 제시하지는 못했다.

육체를 되찾는 방법

상당히 광범위한 주제를 다루었으므로 원래 이야기로 돌아가자.

앞에서 설명한 바와 같이 오늘날 일본에는 인간의 신체는 '이식용 장기의 저장고'로서 의미를 가진다. 적어도 의식이 있는 동안에 거절 의사를 나타내지 않으면 뇌사판정 후 자신의 몸이 어떻게 다루어질지 가족의 판단에 달려 있다. 분명히 여기에는 자기결정권을 확보한 것처럼 보이지만 만일 자유 의지를 자연 그대로의 상태에서는 일어날 수 없는 사건을 초래하는 행위의 원인으로 간주한다면 '거부권을 행사하지 않는 한 장기 제공에 동의한 것으로 처리한다'라는 규정은 환자의 동의를 수반하지 않은 치료와 실험에 준하는 강제로 받아들여져도 어쩔 수 없다. 법률로 정했다고 해서 모든 국민이 기증을 등록한 것처럼 전제하는 것은 역시 무리가 있다.

이 같은 부자연스러움에 대한 당혹감은 의료 현장에서도 나타나고 있다. 개정 장기이식법이 시행된 후 가족이 이식에 동의한 사례는 아직까지 많지 않기 때문이다. 여기에는 감독관청 등이 주장하는 장기이식에 관한 이해 부족 그 이상으로 법제도에 대한 위화감이 작용하는 것으로 추측할 수 있다. 임종 직전 '환자가 장기기증을 희망한다'고 알리는 것과 '환자가 거부하지 않는다'라고 알리는 것은 '고인의 뜻에 따르고 싶다'라는 가족의 마음을 이식 동의 쪽으로 돌리는 동기부여의 정도가 다르기 때문이다.

아무튼 ES세포나 개정 장기이식법에 관해 우리의 상식은 납득하기 어려운 점이 있어 그것을 쉽게 받아들이려 하지 않는다. 그리고 확실한 이유가 존재한다면 설사 시대에 뒤떨어졌다고 평가하든 이해가 부족하다고 주장하든 굳이 양보할 필요는 없다.

현대 의료는 환자의 생명의 질을 존중한다고 한다. 그것은 환자의 선택사항을 늘리고 삶의 폭을 넓혀가는 것이다. 그리고 그때 환자의 선택 기준은 자신이 어떻게 하면 살아 있다는 것을 실감할 수 있을까 하는 점에 있다. 그것은 본인 외에는 아무도 결정할 수 없다.

《나를 보내지 마》 앞부분에 인상적인 에피소드가 있다. 간병인에 종사하는 주인공이 한 공여자를 담당하게 되었을 때 그 사람이 자신과 전혀 관계 없는 헤일샴의 이야기를 듣고 싶어 한다. 주인공이 공여자에게 출신을 묻자 그는 괴로운 표정을 지으며 자세히 대답하려 하지 않는다. 그런 공여자는 주인공이 돌보는 날들 속에서 몇 번이고 몇 번이고, 헤일샴에 어떤 시설이 있고, 어떤 교관과 학생이 있으며, 어떤 일이 있었는지를 묻는다. 그러고는 그때마다 같은 이야기를 가만히 듣고 있었다고 한다.

> 그 사람은 분명 헤일샴에 대한 이야기를 단순히 듣는 것에 만족하지 않고 자신의 일로 -자신의 어린 시절의 일로- '생각해내고 싶어 했다'고 생각합니다. (……) 그렇게 하면 잠들지 못하는 밤, 약과 통증과 피로로 몽롱한 시간에 나의 기억과 자기 기억의 경계가 모호해져 하나로 뒤섞이게 될지도 모르잖아요.
>
> – 《나를 보내지 마》

우리는 자신이 하나의 독립된 개인으로 존재한다고 생각하기 쉽지만 타인의 도구처럼 취급받는 경우가 있는가 하면, 이런 식으로 자신의 틀을 깨고 나와 타인과 서로 융화되어 구별할 수 없는 관계에 빠져들기도 한다. 그것은 꼭 말을 주고받지 않아도 가능하다.

누군가와 손을 마주 잡았을 때 우리는 어느 쪽이 잡고 어느 쪽이 잡혔는지 분명하게 알 수 없게 되고 마침내 신체의 경계가 없어진 것처럼 느낄 때가 있다. 그때 우리는 각각 다른 나이면서 서로 구별하기 어려운 우리라는 공동체 속에 존재한다. 그것은 개인으로서 자립성을 잃고 실제로 그 안에서만 자기 자신임을 인정받고 있다고 실감할 수 있는 관계이다.

가족 혹은 친구이든 아니든 상관없이 간호사나 간병인이 환자 손을 잡고 그 등을 부드럽게 쓰다듬는 행위의 중요성은 그런 식으로 살아 있다는 감각을 서로 나누는 것에 있다.

우리는 서로의 '신체Korper, body'를 누구나 조작할 수 있는 단순한 물체가 아니라 타인과 접촉하며 살아 있다는 느낌을 받을 수 있는 생생한 '육체 Leib, fresh'로 이해해야 한다. 이러한 경험을 토대로 하면 우리는 어떤 의료 기술이 우리에게 바람직한 것인지를 고찰할 수 있는 관점을 얻는다. 왜냐하면 그래야 내가 느끼는 고통과 괴로움이 나 혼자만의 것이 아님을 생각해낼 수 있기 때문이다. 서로를 구분하기 어려운 소중한 존재로 사랑한 경험은 비록 그것이 과거의 것이었다고 해도 우리의 내면에 계속 살아 숨 쉴 것이다.

연구를 추진하려고 상식을 깎아내리는 과학자나 곡예와 같은 방법으로 법률을 개정한 정치가가 간과한 것은 이러한 인간의 살아 있다는 느낌이다.

의료가 개입하면
안 되는 영역이 있을까?

오늘날 재생의료뿐 아니라 10년 전에는 상상도 못 했던 기술이 개발되고 있다. 유전자공학은 '인간 게놈(genome)[14] 계획'에 사용된 '게놈 편집' 방법을 암 유전자나 노화 유전자의 절제, 교체의 형태로 응용하는 시도를 했다. 또한 나노테크놀로지 연구는 혈관을 통해 투입, 환자 상태를 세포 수준에서 감시하는 '컴퓨터 탑재의 인공분자 로봇'을 제작하고 그것에 약제조합과 투여기능을 담는 단계로 진전을 보였다. 또한 사이보그 기술은 자연적으로는 불가능한 감각(적외선 투시나 360도 시야)이나 운동(가동 영역에 제한이 적은 4개의 팔)을 가능하게 하거나 IC칩의 두뇌 삽입에 의한 '인간의 단말화'(치매 환자의 기억 제어)를 초래하는 기술로 변화하고 있다. 그렇다면 '가능해도 금지해야 한다'고 생각되는 의료 기술이 있다면 그것은 어떤 것일까?

---

14 1920년 독일 함부르크대학의 식물학자 빙클러(H. Winkler)가 처음 만들었다. 유전자(gene)와 염색체(chromosome)를 합성해서 만든 용어로 염색체 속에 들어 있는 모든 유전자를 말한다.

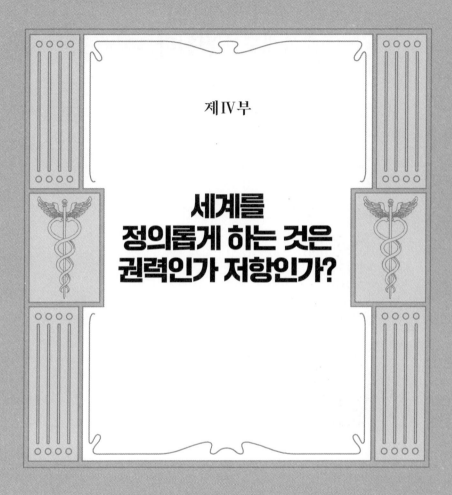

제 IV 부

세계를
정의롭게 하는 것은
권력인가 저항인가?

제 10 장

정의의 저울의
설계도를 펼친다

1. 선생님은 직업에 귀천이 없다고 하지만

왜 청소가 예술인가?

'오늘날, 집단에 유용한 경제 따위 존재하지 않는다. 이윤만을 위한 경제가 있을 뿐이다. 현재는 이 화폐경제를 끝내야만 할 이유가 있다. (……) 경제는 예술의 개념으로만 뛰어넘을 수 있다. 그러나 이 경우의 예술은 모든 인간 존재의 능력과 관련된 것이다.'

– 다키 코지(多木浩二), 《시지프스의 웃음》[1]

1972년 5월 1일, 서독의 수도 베를린에 있는 카를 마르크스 광장에 한 남성이 모습을 나타냈다. 흰색 셔츠 위에 조끼를 입고, 검은색 펠트 모자를 쓰고 있다. 그 야윈 뺨과 야릇한 빛이 감도는 눈빛은 그가 누구인지 모르는

---

[1] 원제: シジフォスの笑い(1997).

사람에게는 아무래도 불온한 존재로 보일 것이다. 옆에서는 두 청년이 심각한 얼굴로 그의 표정을 살피고 있다. 청바지에 티셔츠, 길게 자란 머리카락, 그의 외모는 전형적인 '히피'로 보인다.

"대체 무슨 모임이야?"

거리를 오가는 사람들은 그들을 호기심 어린 눈으로 바라보지만 시비가 붙지 않도록 시선을 외면하며 무관심을 가장한다. 특히 임금인상 요구를 위해 집회 행진을 하는 노동자들은 고용주와 정부를 향해 항의의 목소리를 높이는 데 열중한 나머지 그들에게는 신경도 안 쓰고 지나쳐 간다.

"좋아, 시작하자."

모자를 쓴 남자의 신호와 함께 청년들은 행동을 개시한다. 그들의 손에는 대걸레가 쥐어져 있다. 예술작품 〈청소Sweeping Up〉의 시작이다.

남자 이름은 요제프 보이스Joseph Beuys,[2] 당시 미술계의 스타이다. 〈그랜드 피아노를 위한 동질적 침윤Homogeneous Infiltration for Piano〉이나 〈지방 의자fat chair〉와 같이 무기물에 '생명체'와 같은 자립적 조형력을 부여하는 것으로 알려진 그의 예술이념은 이 무렵에는 '사회조각'의 형태를 띠고 있다. 보이스에 따르면 '예술'이란 사람이 지니고 있는 각각의 고유한 재능을 발휘해 세계의 모습을 바꾸어가는 것이라고 한다.

2 　요제프 보이스와 그의 작품 〈보관소(Storage Place)〉. 1993년 독일에서 발행한 우표이다.

그의 활동은 특히 자본주의 경제의 부정적 측면, 예컨대 빈곤과 환경파괴를 폭로하고 그것에 가담하는 기존의 생활양식이나 가치관 비판에 주력했는데, 그 성과는 '자유국제대학' 창설과 '녹색당' 결성에까지 이르렀다.

〈청소〉는 길가에 흩어진 쓰레기를 '경제성장'의 도구로써 자연의 자원과 인간의 노동력을 동원하는 소비사회의 상징으로 보고, 쓰레기를 수거하는 과정을 기록하고 쓰레기 자체를 작품으로 전시함으로써 사람들에게 자신의 생활에 의문을 갖는 계기를 제공하고자 한 '액션 ^{행위 예술}'이었다.

쓰레기는 아무런 가치가 없을까? 자신도 모르는 사이에 소중한 것을 쓰레기로 버리고 있지는 않을까? 그 쓰레기에 자신이 포함되어 있지 않을까?

우리 사회는 일을 존경할 가치가 있는 것과 존경할 가치가 없는 것으로 구분하는 경향이 있다. 예컨대 더러운 일은 흔히 후자에 속한다. 물론 '청소'는 사회생활에 필수적인 일이고 '청소 전문가'의 탁월한 기능에는 놀랄 만한 것이 있다. 그러나 실제로 환경미화원(청소부)은 한정된 시간밖에 일할 수 없는 사람, 퇴직자나 외국인, 학력이 낮은 사람이나 자격증이 없는 사람이 종사한다. 그리고 그 고용 형태도 고수입이나 미래의 전망을 꿈꿀 수 없는 비정규직이나 아르바이트인 경우가 많다. 그래서일까, 우리는 '힘든 일을 처리하는 같은 시민에 대해서 그들을 일종의 울타리 안에 가두는 행동 패턴, 다시 말해, 거리를 두는 상투적인 방법을 취한다. (……) 쓰레기 운반부가 자신의 일로 오명을 쓰고 있다고 느낄 때 이 오명은 그의 눈에 들어온다. (……) '그의 낮은 자아로 우리를 더럽히지 않기 위해 그는 우리와의 공모'에 들어간다. 그는 시선을 돌리고 우리도 그렇게 한다. '우리는 눈을 마주치지 않는다. 그는 비인칭이 된다.'

— 마이클 월저(Michael Walzer), 《정의의 영역들》[3]

예술에는 인간의 감성에 작용하여 상식으로 굳어진 '아름다움/추함'의 기준을 재검토할 기회를 주는 힘이 있다. 작품 〈청소〉를 본 사람은 쓰레기나 그 처리를 단순히 더럽다고 혐오하는 것이 아니라 조금이라도 쓰레기를 줄이는 생활방식을 찾는다. 예컨대 식재료를 모두 다 소진하는 요리나 폐기물을 재활용한 장식을 창조한다. 이러한 운동이 사회 조각임이 틀림없다. 따라서 사람은 누구나 예술가가 될 수 있다. 그것이 보이스의 신념이었다.

작은 정부×자기 책임=격차사회

우리는 어려서부터 '직업에는 귀천이 없다'라고 배워왔다. 어떤 일도 그 사회에 필요하므로 항상 상대를 존중해야 한다. 직종이나 지위에 따라 사람을 대하는 태도가 바뀌어서는 안 된다는 것이다. 나아가 이것은 자신에게도 귀속되는 것으로, 원해서 일을 하든 그렇지 않든 매번 자신에게 주어진 업무에 심혈을 기울여야 한다는 약속이기도 하다.

그것은 분명, 옳다. 그러나 실제로는 거의 지켜지지 않고 있다.

이 말을 하는 사람들은 대부분 선생으로 불리며 다른 사람으로부터 업신여김을 당하지 않는 직업과 지위를 가진 사람들이다. 이들이 자신의 직업을 버리고 청소부가 되었다는 이야기는 불상사라도 생기지 않는 한, 들은 적이 없다. 그래서 진심으로 그렇게 말하는 것인지 의심스러울 따름이다.

그럼, 학생은 어떨까? 학력이나 자격이 필수인 전문직 외에는 학력이 취업활동의 성패를 좌우한다. 따라서 16년에 달하는 학교생활이 안정된 수입과 복리후생을 보장해주는 기업이나 관공서에 들어갈 수 있는 취업 수단

---

3 원제: Spheres of Justice(1983).

이라고 생각해도 어쩔 수 없는 상황에서 살고 있다. 그러므로 이들을 향해 '직종과 근무환경으로 다른 사람을 평가하지 말라'고 해봐야 좀처럼 설득력이 없다.

다른 한편으로, 학생은 그러한 신분이 타인을 정당하게 평가하는 기준이 될 수 없다는 점도 인식하고 있다. 아르바이트를 하며 정규직 지위를 가진 상사의 업무 처리나 아랫사람에 대한 태도에 불만과 불신을 품게 되는 일을 자주 겪기 때문이다. 그런데도 정규직과 비정규직이란 구별은 그들의 생활수준과 미래 설계에 압도적인 차이를 가져온다. 그렇기 때문에 학생은 인생 최대의, 어쩌면 마지막 기회로서 취업활동에 열심히 노력해야 하는 것이다.

그러나 이런 '동일노동 동일임금'의 실현은 고사하고 생활보호 정도의 수입도 충분히 보장되지 않는 현대의 일본에서 지난 십여 년간 언론매체를 통해 거듭 화제가 되면서 일상적인 대화에도 정착된 단어가 있다. 바로 작은 정부와 자기 책임이다.

'작은 정부'란 본래 시장의 자유경쟁 결과를 존중한다는 사고방식에서 나온 것이다. 즉 '성공한 사람에게는 필요 이상의 경제적 부담을 요구하지 않고 실패자에게는 최소한의 생활보장 외에는 베풀지 않는다'는 방침을 가진 정부를 의미한다. 다시 말해, 가능한 한 경제활동을 민간에게 맡기고 국가 재정을 축소, 사회보장을 최소화하는 정부를 뜻한다. 그러나 일본에서는 정치가에 의해, 작은 정부가 낭비 없는 정부, 이권이 얽힌 공공사업이나 공무원의 특권 등을 낭비로 보고 삭감하는 정부라는 뜻으로 쓰이게 되었다. 암묵적으로, 국가재정 건전화와 사회보장 삭감이 하나의 짝을 이뤄 열악한 근로 상태를 방치하게 되었다.

또한 자기책임은 경제정책 실패에 대한 정부의 책임으로 향하는 시민의 눈을 돌리는 데 쓰이는 조어이다. 애당초 책임은 자기 행위의 결과에 대해 져야 할 부담을 의미하므로, 군이 자기라는 말을 덧붙일 필요가 없다. 그런데도 왜 자기책임이라고 표현할까? 그 이유는 경제활동의 성패가 각자의 자유로운 의사결정에 기초한 행동의 결과이므로 비록 실패로 끝난다 해도 그 책임이 정부에 미치지 않는다는 점을 강조하기 위해서이다.

이 두 단어는 일상 회화에 보급되면서 '자유주의 경제'하에서 생기는 격차가 모두 국민 개개인의 책임이라는 상식을 성립시켰다. 빈곤층이 자신의 모든 경제적 불행을 자기책임으로 받아들임으로써 작은 정부 아래서의 양극화 사회가 완성되는 것이다.

시장에서 '승/패'는 실력의 반영

이상의 두 단어는 '자유지상주의libertarianism'라 불리는 정치철학적 견해에서 번안·채택되었다.[4]

미국의 정치학자 로버트 노직Robert Nozick, 1938~2002에 따르면 '자유주의 사회'에서는 부정 없이 자신의 재능과 노력만으로 획득한 것 혹은 정당한 절차를 밟아 교환한 것이라면 누구나 그것을 소유할 '권리entitlement'를 얻는다. 거꾸로 말하면 이 같은 본인의 행위 없이 무언가를 얻는 일은 있어서는 안 된다. 이것이 '자유주의 경제'를 채택하는 국가의 기본원칙이며 따라서 정부의 정당한 역할은 시민을 폭력, 절도, 사기로부터 보호하고 시민에게 계약 이행을 엄수케 하는 것, 두 가지뿐이다.

---

4 다음에서 거론하는 로버트 노직의 견해는 다음 장 이후의 중심이 되는 롤스의 학설에 대한 반론으로 제시되었다. 그러나 '자유지상주의'는 노직 이전부터 주장되어온 사고이며 노직에 대한 롤스의 반론도 '정의'론 해설에 포함되어 있어 지금과 같은 순서로 다루었다.

이러한 '최소국가minimal state'에서는 부유층에게 높은 세금을 부과하고 빈곤층을 위해 복지정책을 펴는 것은 부유층의 '권원權原'⁵에 대한 부당한 침해에 해당하므로 필요 최소한도를 넘어선 복지정책을 채택해서는 안 된다. 자유경쟁에 의한 성공과 실패는 그대로 개인의 행복에 반영되어야 한다. 만약 개인의 실적이나 사회공헌도의 차이에서 오는 보수와 명예의 차이가 부정된다면 우수한 인재는 그 나라를 떠날 것이며, 노력하는 사람도 없어져 사회를 쇠퇴시키게 된다.

따라서 '유토피아'란 개개인에게 자신의 선한 삶을 실현할 권리가 보장되고 타인으로부터 어떤 강요도 받지 않는 사회를 의미한다.

이런 '자유지상주의'의 주장은 이해하기 쉽다. 그러나 이해하기 쉬운 대신에 중요한 것이 불문에 부쳐진다면 그것은 그것대로 문제다. 자신의 현 상황에 만족하고, 나아가 그것이 모두 자기 실력이라고 자부하는 사람은 어쨌든 활약의 장소는커녕 그곳에 발을 들여놓을 기회조차 얻지 못한 사람, 태어나 자란 가정, 지역의 교육 환경과 경제 상태에 불만이 있는 사람 처지에서는 '자유지상주의'를 순순히 수긍할 수는 없을 것이다. 그런 초조함도 철학으로 향하는 입구가 된다.

2. 자유주의 사회가 전제하는 평등한 경쟁이란 허구

미국이라는 평등의 실험실

자유지상주의의 주장은 '그렇게 잘될까?'라는 소박한 의문을 갖게 한다.

---

5 권원: 법률적으로 어떠한 행위를 정당화하는 근거.

그러나 미국에는 수많은 지지자가 존재하며 앞서 말한 조건들이 이미 충분히 실현되고 있다는 주장이 공화당을 중심으로 확산되고 있다.

여기에는 '미국의 건국이념'이 작용한다. 두말할 필요 없이 미국은 영국을 비롯한 서구 유럽국가에서 이주한 평민을 중심으로 세워진 국가이다. 그곳에서는 울타리를 치고, 집을 짓고, 농지를 개척하면 그 땅이 자신의 것이 되는 상태에서 시작되었다. 정착민이 증가하면서 도시와 농촌이 만들어지고 아메리카 대륙의 동해안 지역에서부터 광범위하게 확대되었다. 정치적으로는 우선 지역의 집회나 마을 평의회 결성부터 시작하여 시와 주 의회로 나아가 국회 설립에 이르렀다. 단, 국가에 대해서는 지역의 자치를 우선하며, 각 지역에서 해결할 수 없는 '아메리칸 원주민Native American'이나 '뒤늦게 도착한 이주민'과의 분쟁, 영국 본국과의 외교 문제만 국가에 위임한다는 발상이었다. 다시 말해, 미국에서는 자기 힘으로 얻은 자기 것에 대해서는 누구에게도 그 권리를 침해받지 않는다는 문화가 역사적 경험으로 뿌리내리고 있다.

이러한 미국의 역사적, 문화적 특징에서 자유지상주의가 상정하는 사회상에 설득력을 부여한다. 그러나 국민 모두가 그러한 이론을 사실로 받아들인다면 어째서 인종차별에 대한 항의나 노동쟁의가 되풀이되어왔을까? 이 의문을 진지하게 마주하고 자유지상주의가 안고 있는 문제점을 밝힌 사람이 있었다. 그는 공민권 운동Civil Rights Movement[6]이 한창이던 1960년대 후반에 후생경제학과 정치철학 분야에서 두각을 드러내며 《정의론》[7]을 세상에 내놓은 존 롤스John Rawls, 1921~2002였다.

---

6 백인과의 동등한 권리를 요구하던 미국의 흑인 운동으로 선거권·피선거권·기타의 공민권(참정권)의 획득을 위한 운동이다.

7 원제: Theory of Justice(1971).

그에 따르면 자유지상주의에는 세 가지 문제점이 있다.

첫째는 사람들이 권리를 얻는 근거에 대해 오해하고 있다는 점이다. 자유지상주의가 빈부 격차를 정당화하는 근거로 꼽은 개인의 능력 차이는 자연의 복권에 당첨된 것과 같은 것으로, 그 사람의 생활환경이나 사회적 조건에 상당 부분을 의존하므로 능력 차이로 생기는 결과의 우열 전체를 근거 지을 수 없다. 개인의 능력은 어느 정도 그 사람이 속한 사회의 것으로 생각해야 한다.

둘째는 자유지상주의가 상정하는 '자유주의 사회'에는 사람의 행복에 관한 배분원칙이 결여되어 있다는 점이다. 그 사회에서 자유경쟁이 이루어지는 것은 정당하지만 경쟁에서 패한 사람이 다시는 행복을 추구할 수 없을 정도로 극단적인 좌절에 빠지는 것은 부당하다. 그 사람이 경쟁에 참여할 수 없는 탈락자로 고정되는 것은 누구에게나 열린 자유경쟁이란 전제에 모순된다. 따라서 실패한 사람이 경쟁에 다시 참가할 수 있을 정도로 생활을 보장하는 것, 한 세대의 빈곤이 다음 세대까지 이어지지 않도록 하는 것은 물론 차별받는 집단에 태어난 사람이 유리한 사람과 동등하게 경쟁할 수 있도록 지원할 필요가 있다. 이를 위해서는 일반적으로 말해 '출발점의 평등'을 확보하는 사회적 부의 재분배 원리가 마련되어야 한다.

셋째는 무엇을 분배 대상으로 할 것인가에 대한 검토가 불충분하다는 점이다. 확실히, 개인에게 '좋은 것goods'은 다양하기 때문에 보편적으로 타당한 '선Good'을 전제할 수 없다. 사람들의 행복추구는 합리적으로 자신의 인생설계를 성공시킬 '권리right, 정의'로서, 형식적으로 정의할 수 있을 뿐이다. 이런 의미에서 '선에 대한 옳음의 우위'는 맞다. 그러나 인생에 필요한 '사회적 기본재social primary goods'에는 자유지상주의가 상정하는 자유, 기회, 소득, 자산뿐 아니라 교육과 자존심 등도 포함된다. 따라서 인간에게는 최소한의 생활을 유지하기 위한 보장뿐 아니라 좀더 폭넓은 금전적 지원이 필요할 것이다.

롤스는 이 같은 자유지상주의의 난점을 근거로 그것을 해결할 수 있는 자유주의 사회의 기본 구조의 구상이라는 과제에 착수한다. 그러나 그 내용을 알아보기 전에 그에게 기존의 자유주의 사회가 채택해온 정치철학으로서 공리주의가 어떻게 평가되었는지를 확인해두고자 한다.

'공리주의'는 편리하지만 역부족

원래 '자유주의liberalism, 정치철학상의 주장을 뜻하는 경우에는 '리버럴리즘'으로 표기한다'란 17세기 영국 종교분쟁 시대에, 국교회로 일원화하려는 정부에 대항하여 다른 종파들이 단결하여 신앙의 자유를 지켜냈을 때 기치로 내걸었던 말이다. 그것이 자본주의 경제의 침투와 함께 시민의 경제활동의 자유 주장으로 변질되어 개개인의 이해를 축으로 한 정치적인 의견 표명의 자유 추구로 확대되었다. 그리고 정부가 국민의 사적 소유와 정치적 자유의 권리를 인정하지 않고, 정치와 경제 두 측면에서 정책결정을 하는 사회주의의 등장에 맞서 국가권력에 대항해 시민의 경제적, 정치적 자유를 존중하는 정치신조라는 의미에서의 자유주의가 성립하게 되었다.

이 같은 자유주의에 입각한 국가의 정치적 과제는, 서로 다른 이해와 신념을 가진 제각각의 시민들 사이에서 의견을 통일하는 제도적 절차와 판단 기준을 마련하는 것이었다. 전자에 관해서 말하면 전통적인 신분을 유지하면서 신분 간의 합의를 목표로 하는 '공화제 共和制, republic'[8]와 더불어 신분

---

8 주권이 국민에게 있고, 국민이 선출한 대표자가 국민의 인권과 이익을 위해 국정을 행하며, 국가원수가 국민의 선거로 선출되고 일정한 임기로 교체되는 정치 체제를 말한다.

을 폐지한 일반 민중이 정치에 참가하는 민주제가 그 대표적인 예이다. 특히 후자의 구체적인 안으로 구상된 대의제, 다시 말해 정치이념의 차이에 따른 '정당'을 축으로 하여 개개인을 복수의 집단으로 묶은 후에 그 대표자들이 의회에서 협의하는 통치 형태가 서양의 자유주의 사회의 기본 구조가 되었다.

그러나 이런 제도의 틀 안에서 사람들의 의견을 집약하여 그들이 납득할 수 있는 견해를 제안하는 것은 어려운 일이다. 그리고 이때 가장 큰 지지를 받은 것이 밀의 '공리주의'였다. 벤담과 달리 시민의 인격적 성숙에 신뢰를 두고 개개인의 자유를 존중한 밀의 정치철학은 자유주의 사회에 강한 친화성을 지니고 있었다.

밀에 따르면 인간은 일상생활 속에서 사회의 규칙을 익힘과 동시에 자기 자신의 개성을 개발하며 그러한 자신을 길러낸 타인과 사회를 존중하는 자세를 익힌다.[9] 그리고 그 내용은 '자신이 원하는 바를 남에게 베풀고 자신처럼 이웃을 사랑하라'는 '황금률golden rule'에 따른 것이다. 이는 기독교 사회에서 계승되어온 도덕규범인 동시에 공리주의의 최대행복원리에 부합한다.

---

9 이러한 밀의 견해의 배경에는 데이비드 흄(David Hume, 1711~1776)의 철학이 있다. 흄은 《인성론(원제는 A Treatise of Human Nature〈인간 본성에 관한 논고〉이다)》(1739~1740)에서 인간의 사회생활을 각각의 행위를 통해 그 배경에 있는 사회적 규칙을 갱신하는 '규약(convention)'으로 이해하였다. 여기서는 사람들의 내면에 '공감(sympathy)'이라는 감정이 자라고 사회의 일원으로서 성숙하는 축이 된다. 그리고 그러한 사회화를 완수한 개인은 자신의 특수한 관점뿐 아니라 일반적 관점을 익히며 후자의 관점으로 자신과 타인 혹은 타인과 타인의 공정한 관계를 판단할 수 있게 되고 '정의'의 관념을 가지게 된다. 그런 의미에서 흄은 공리주의에 대한 공헌뿐 아니라 아리스토텔레스에서 롤스에 이르는 '정의'론의 발전에도 중요한 위치를 차지한다.

공리주의의 기준은 행위자 자신의 최대행복이 아닌 전체적인 행복의 최대 양이다. 자신의 행복인가, 타인의 행복인가를 선택할 때 공리주의가 행위자에게 요구하는 것은 이해관계가 없는 제3자처럼 엄정히 공평하라는 것이다.

- 《공리주의론》

따라서 이러한 사회생활을 보호하는 것이 정부의 임무이며, 나아가 그때는 '문명사회의 구성원에 대해, 그 사람의 뜻에 반하더라도 권력이 정당하게 행사될 수 있는 경우는 오직 타인에 대한 위해를 방지한다는 목적을 위해서이다'라는 '타자위해원칙 Harm principle'이 엄수되어야만 한다. 그리고 정부와 의회는 이 원칙이 허용하는 범위에서만 제8장 제1절에서 언급한 '쾌락계산'으로 법률과 정책을 제안, 의결, 시행해야 한다.[10]

이상과 같이 개개인의 자유를 확보한 후 이해대립의 해결이나 국가 수준에서의 안건을 쾌락계산으로 대처한다는 밀의 견해는 자유주의 사회의 자기이해와 합치하는 것이다. 그러나 공리주의는 리버럴리즘에서 드러난 문제점을 해결하지 못한다. 왜냐하면 개개인의 자유는 어디까지나 권리라는 수준에 머물며, 그 권리를 누구나 동등하게 행사할 수 있게 하는 조건의 수준에는 도달하지 못했기 때문이다.

분명히 밀은 《자유론》[11]에서 다음과 같이 경고했다. 예컨대 소수파의 의견은 다수파의 의견을 다른 각도에서 검토, 수정하기 위해 반드시 필요하며 그들을 침묵시켜서는 안 된다. 이런 조건을 충족하지 못하는 민주제는

---

10 법제화에서만 '쾌락계산'을 적용하는 밀의 입장은 '규칙공리주의', 모든 행위에 적용되는 벤담의 입장은 '행위공리주의'로 구별된다.

11 원제: On Liberty(1859).

강자가 약자를 일방적으로 조종하는 '다수파의 전제정치'에 빠진다는 것이다. 그러나 그것이 공정한 경쟁의 전제가 되는 '평등'을 보장하지는 못한다.

바꿔 말하면, 공리주의의 평등원리는 '국왕이나 귀족의 소수파'에 대한 평민이란 다수파의 우위를 정당화하는 것이었다. 그러나 '민중이란 다수파majority'에 대해 '민중'에 포함되는 '빈곤층이나 이민자와 같은 마이너리티'의 지원을 주장하는 것이 아니며, '자유주의 사회의 기본구조'를 뒷받침하는 조건으로서의 '평등'을 실현할 수도 없다.

아리스토텔레스를 현대에 계승한다

이러한 사정 때문에 롤스는 공리주의에 기대지 않고 아리스토텔레스의 정치학에 주목했다.

고대 그리스에서 정의는 양손에 각각 저울과 검을 쥔 여신 디케Dike로 상징되는 것에서 알 수 있듯이 시민의 공동생활을 성립시키기 위해 도시국가가 행사해야 할 응보의 규율을 의미하는 개념이다. 그리고 아리스토텔레스는 이것에 명확한 기준을 부여하고자 했다[제1장 제3절 참조]. 각자의 능력에 따라 재화를 배분할 때의 '배분적 정의'는 비례를 이용한 '기하학적 평등'이라는 조건을 충족해야 하며, 범죄 등으로 파괴된 원형을 회복시키는 조정적 정의는 당사자 간에 발생한 손해를 산정하는 산술적 평등이란 조건을 충족해야만 한다. 아리스토텔레스는 이러한 기준을 명시함으로써 도시국가의 질서를 성립, 유지하려 시도했다.

그러나 아리스토텔레스의 정의론은 자유주의 사회를 지탱하는 평등을 다루지 않는다. 그가 말하는 배분적 정의는 도시국가에서 정해진 역할과 그 성공 정도에 관한 것이며, 자유경쟁의 결과로 발생하는 빈부의 격차에 관한 것이 아니기 때문이다.[12] 오늘날 명확히 해야 할 것은 인간이 동등하

게 자유 경쟁을 계속하기 위해 필요한 사회적 재화의 재분배에 관한 원리
이다.

롤스는 이러한 철학사적 시각에서 정치철학의 현대적 과제를 다음과 같
이 정리하였다. 도시국가의 기본구조를 지탱하는 규범적 조건을 이끌어내
는 아리스토텔레스의 문제의식은 현대의 자유롭고 민주적인 사회라는 상
황에서 계승되어야만 한다. 왜냐하면 이 사회는 자유롭고 평등한 개인들이
자발적으로 각각의 행복을 추구하는 곳임과 동시에 서로 협력하여 상호이
익을 추구하는 모험적 프로젝트이기 때문이다.

이 같은 사회를 가능하게 하는 규범적 조건은 이곳에서 훼손된 '평등
equity'을 사람들이 납득할 수 있는 형태로 시정하는 '정의justice'의 원리이
다. 그리고 여기에는 출발점의 평등을 실현하기 위한 사회적 기본재의 재
분배 원리를 포함하게 된다.

3. 모든 사람을 평등하게 하는 정의를 실현할 수 있을까?

격차 시정은 만일을 위해

이제 롤스의 정의론을 살펴보자.[13]

여기서 중요한 것은, 개인은 자신에게 좋은 것을 추구할 권리를 가지

---

12 로마법에서는 정의를 '각자에게 정당한 지분을 주려는 변함없는 동시에 끊임없는 의지'
    라고 정의했다. 그 목표는 근거 없는 차별의 제거와 경합하는 여러 요구 사이에서 적절
    한 균형을 유지하는 것이다. 그런데 이들 목표를 실현하기 위한 기준은 명확하지 않았다.

13 이 책에서는 '정의'에 관한 여러 원리의 도출을 간단히 이해하기 위해서 《정의론》과 그
    뒤 저작의 논의를 조합하여 해설하고 있다.

〈도표 10-1〉 '원초적 상태'에서 대화 참가자의 조건

① **무지의 장막:** 자신들의 가치관이나 사회적 지위와 같은 개별 정보를 모른다.

② **서로에게 이해관심을 갖지 않는 합리성:** 서로의 상태에 질투나 우월감을 갖지 않고 자신의 상황 개선만을 지향한다.

③ **대화 결과에 대한 약속:** 대화를 통하여 규범으로 채택된 규칙은 그 이후 예외도 변경도 인정하지 않는다. 또한 먼저 발견된 규칙은 후속 규칙보다 우선한다. 그리고 그것들은 모두가 받아들인 원리로 철저하게 주지된다.

기 때문에, 그 이론이 때로는 같은 것을 원해 다투는 사람들이 동일한 결론에 납득할 수 있는 논증 방법을 갖추어야만 한다는 점이다. 그래서 개개인이 아직 아무런 사회적 규칙이 존재하지 않는 '원초적 상태the original position'[14]에서 출발하여 대화를 통해 스스로가 사회의 기본구조를 만들어 가는 과정을 제시하는, 사회계약설에서 유래한 방법이 채택되었다. 다시 말해, 그 대화 속에서 어떤 사회규범이 어떤 이유로 사람들의 합의를 얻어낼 것인가 하는 점이 명확해지는 것이다.

롤스는 이러한 방법으로 논증을 시작할 때, 대화에 참가하는 사람에게 도표 10-1에서 제시한 조건을 충족하도록 요구했다. 그리고 대화 참가자는 다음 단계에 따라 자신의 사회생활 규범을 찾아나간다.

먼저 '무지의 장막the veil of ignorance'[15]이 쳐져 자신의 구체적 상황을 모르는 참가자들은 동일하게 좀더 좋은 지위나 소득을 위해 공정한 경쟁이 이루어지길 희망한다. 그래서 '정의의 제1원리'로서 '모든 멤버가 평등하

---

14 특별히 누구를 챙겨야 할 이유도, 누구를 미워해 해를 끼치고 싶지도 않은 상태, 즉 이기적으로 오직 나의 이익만을 따르는 상태를 롤스는 원초적 상태로 말했다.

15 롤스가 제시한 원리로 계약 상황에서 합의 당사자의 능력이나 재능, 심리 상태 및 가치관, 사회경제적 지위 등을 모르게 하는 것을 말한다.

게 기본적 자유를 최대한, 즉 타인의 기본적 자유와 충돌하지 않는 한 얻을 수 있어야 한다'라는 '평등한 자유의 원리the principle of equal liberty'가 도출된다.

그러나 기본적 자유를 평등하게 분배받아도 경쟁의 결과로서 사회적, 경제적 불평등이 생긴다. 이때 참가자는 각각 자신의 사회생활에서 이득_{경쟁}의 출발점과 도달점을 모두 포함이 최소가 될 가능성을 알고 있다.

자신의 처지가 불확실한 상황에서는 예상되는 최악의 사태를 가능한 한 높은 수준에 머물게 하는 전략을 세워야 한다. 다음으로 결과의 불평등이 어디까지 허용되고, 어느 정도 시정되어야 할 것인가 하는 문제를 협의한다.

그리고 참가자가 시행착오를 거쳐 찾아낸 것이 '공정한 기회균등이라는 조건하에서 모든 사람에게 개방된 지위나 직무와 연결된 불평등은 허용된다'라는 '정의의 제2원리이다.

'정의의 제2원리 1: 공정한 기회균등원리the principle of fair equality of oppor-tunity.' 다시 말해, 그들은 누구나가 자기 처지의 개선을 목적으로 하기 때문에, 우선 개인이 노력한 성과가 정당한 것으로 인정받기를 원할 것이다.

그러나 노력이 항상 결실을 맺는 것은 아니다. 이 때문에 참가자는 이른바 안전망을 준비한다. 그것이 '정의의 제2원리 2: 차등의 원리the difference principle'이다. 이것은 '사회에서 가장 불우한 성원의 편익에 도움이 되는 불평등은 허용된다'는 것으로, 극단적인 실패나 부모 세대의 실패에서 비롯된 불운은 서로 협력하여 사회 전체의 힘으로 개선되어야 함을 뜻한다.

이상과 같이 개인의 기본적 자유를 확보한 후 자유경쟁에 따라 발생한 불평등, 즉 격차를 정당하다고 간주하면서도 자신이 실패했을 때의 대비책으로써 극단적인 격차를 회피, 시정하기 위해 성공한 사람이 그 부담을 지는 불평등은 허용된다. 이리하여 자유주의 사회의 현안이었던 '결과의 불평등'에서 생기는 '출발점의 불평등'이라는 문제에 대처하는 복지정책이 리버럴리즘의 틀을 벗어나지 않고 도출, 합의된 것이다.

롤스는 이 같은 상호 원조를 바탕으로 한 평등을 민주적 평등이라 부르며, 이것을 근거로 복지정책을 중시하는 정치철학을 '자유주의Liberals'라 이름 붙였다. 이것은 자유지상주의와 비교해 더 현실적이고 온건한 자유주의 사회를 구상하는 정치철학이다.

초기 조건에 따른 '합리적 허구'

이상과 같은 롤스의 정의론은 발표 직후부터 큰 반향을 불러일으키고 사회과학 전반에서 상정되어야 할 사회구조의 재조정을 촉구하며 많은 지지자를 얻었다. 또한, 현실정치 현장에서도 미국에서 인종차별에 의한 경제적 격차를 해소하기 위해 도입된 '소수자 우대정책affirmative action'의 이론적 근거로 채택되었다. 그리고 그 영향으로 우리가 일상생활에서 떠올리는 자유주의 사회의 이미지를 결정하기에 이르렀다. 그의 이론은 20세기 후반 서구사회의 자기이해에 '패러다임 전환'을 가져왔다고 할 수 있다.

물론 롤스의 이론을 모든 사람이 수용한다는 것은 아니다. 자유지상주의는 빈곤층과 이민자 등의 세력이 커질 때마다 소생하여 복지정책을 삭감하고 시장에서 자유경쟁 존중을 주장하고 있다. 반대로 롤스가 이끌어낸 '차등의 원리'가 문제의 근간에는 이르지 못한 피상적 해법에 지나지 않는다고 비판하는 견해도 있다.

인간에 관해 자신을 어떠한 공동체의 일원으로 이해하고 그곳에서 함께 나눈 공공선에 기초하여 인생의 방향을 결정해나가는 존재로 생각하는 '공동체주의communitarianism'의 지지자는 롤스 논의의 문제점을 발견하였다.

그들의 주장에 따르면 정의론은 지극히 정밀하고 반박할 여지가 없는 논증으로 보이지만 그것을 가능하게 하는 것은 현실성이 없는 인간상이다. 사회의 기본구조를 고안하기 위해 자신이 어떤 사람인지 모르게 무지의 장막을 쓰고 자기 혼자의 이해만을 목적으로 삼아 사물을 합리적으로 추리하는 대화 참여자의 모습은 현실의 인간이 짊어지고 있는 일체의 사회적 요소가 결여된 '무연고적 자아unencumbered self'이다.[16]

그러나 우리가 다른 사람과 협상하여 타협점을 찾아야 하는 상황은 자신이 놓인 처지나 조건 등에서 부득이하게 발생하는 분쟁이라는 구체적인 사건이다. 따라서 그 상황을 사전에 제외할 정도라면 애초에 대화할 필요도 없다. 따라서 진정으로 빈곤과 차별을 해결하고자 한다면 대립하는 사람들의 구체적인 모습을 출발점으로 삼아 그들의 정체성을 존중하고 해석하면서 문제 해결의 실마리를 찾아야 한다. 그런 관점에서 보면 롤스가 제시한 합의 형성과정은 바람직한 결론을 도출하기에 적당한 인간상을 초기 조건으로 설정해놓아 성립된 '합리적 허구'에 지나지 않는다.

또한 개발경제학에서 활동한 아마르티아 센Amartya Kumar Sen, 1933~[17]은 재분배되어야 할 '사회적 기본재화'에 대해서 의문을 제기했다.

롤스는 사회적 기본 재화로서 자유, 기회, 소득, 자존심이라는 광범위한 내용을 들고 있다. 그러나 이들 권리를 원활히 행사하기 위해 고려되어야 할 것, 즉 '어떤 인물이, 무엇을, 어떤 형태로, 어느 정도를 필요로 하는가'는

---

16 공동체주의를 대표하는 논객은 알래스데어 매킨타이어(Alasdair Macintyre, 1929~), 마이클 샌델(Michael Sandel, 1953~), 찰스 테일러이며 '무연고적 자아'는 샌델의 용어이다.

17 인도의 경제학자. 1970년대부터 빈곤과 기아에 시달리는 인도 현실에 주목하여 빈곤과 불평등, 인간의 복지를 위한 경제학에 평생을 바쳤다. 그는 '경제학자의 양심'으로 불린다. 현재 하버드대학교 교수로 재직 중이다.

고찰하지 않았다. 그 때문에 롤스는 결국 '누구나 똑같이 갖고 싶어 하며, 보유량에 따라서 그 차이를 측정할 수 있는 것', 즉 금전이라는 재화를 통해서만 그것들을 다룰 수 있는 것이다.

센은 이러한 롤스 비판에 이어 다음과 같이 주장한다.

사회가 각 개인에게 제공할 수 있도록 노력해야 할 것들을 이끌어내는 것은 그들의 '잠재능력 capabilities'이다. 그것은 자신이 희망하는 인물이 되기 위해 필요한 능력이며, 그것을 개발하기 위한 조건을 마련하는 것이 사회 공동생활의 과제인 것이다.

물론, 잠재능력 속에는 개인의 자아실현의 필요조건 중에서도 특히 기본적인 것 신체 이동, 의식주, 사회참가 등이 있으며, 그것에 관해서는 평등이 보장되어야 한다. 그러나 그것만으로 잠재능력의 개발 조건이 갖추어지는 것은 아니다. 왜냐하면 누가 무엇을 어떠한 형태로 얼마나 필요로 하는가는 일정하지 않기 때문이다. 영양을 섭취하는 능력이 부족한 사람, 친구를 대하는 능력이 부족한 사람, 사회에 참여하는 능력이 부족한 사람, 세상에는 매우 다양한 인간이 존재한다.

이러한 '잠재능력 접근법'으로, 사회적인 상호원조가 경제적 지원을 뛰어넘어 확장해야 한다고 주장하는 센의 관점에서 보면, 롤스가 엉뚱한 복지정책밖에 주장하지 못하는 것은 현실의 인간을 직시하는 관점이 결여되어 있기 때문이다.

부담을 서로 나누어 갖는 평등의 기점

이상과 같이 롤스가 복지정책을 정당화한 앞에는 좀더 현실적인 면에서 충실해야 한다는 요구가 기다리고 있었다. 그러나 롤스에게 그러한 요구에 대응하는 것은 어디까지나 '자유주의 사회의 정치철학'으로서 리버럴리즘이라는 틀을 넘어서지 않는 정도의 제한적인 것이다. 왜냐하면 공동체주의나 센의 견해는 원래 각자의 행복 추구는 각자에게 일임한다는 선에 대한 정의의 우위에 입각하지 않기 때문에 주장할 수 있는 것이다.

이 같은 정치철학상의 대립이 어떤 합의점에 도달할지, 아니면 우리가 어떤 학설을 지지할지 그 결론은 쉽게 내릴 수 없다. 그러나 어느 견지에 서든 어느 특정 집단이나 노동을 그것이 사회에 필요한 것임에도 '존경할 가치가 없는 것' 혹은 '가볍게 여겨도 괜찮은 것'으로 간주하는 편견이나 차별이 부당한 것은 분명하다.

미국의 철학자 마이클 월저는 이 장 1절에서 언급한 '청소'에 관한 인용문에 이어 다음과 같이 기술하고 있다.

이 공모를 깨는 한 가지, 아마도 가장 좋은 방법은 시민 모두가 가장 힘든 일을 하는 자기 동료의 노동의 날들에 대해 생생하고 정확한 지식을 갖는 것이다. 일단 그렇게 되면 사회의 힘든 일을 (함께 나누어 가지는) 조직화를 위해 시장을 포함한 다른 시스템을 생각할 수 있게 된다.

– 마이클 월저, 《정의의 영역들》

월저에 따르면 원래 천한 직업은 없다. 천하다는 것은 문화적 현상이다. 그러나 실제로 대부분의 사회에서 오물, 쓰레기, 폐기물과 관련된 일은 경멸과 회피의 대상이며 이민자이나 저학력자, 천하다고 여기는 신분의 사람들에게 떠맡겨왔다. 그 극단적인 사례가 불가촉천민에게 더러운 일을 할당하는 인도의 카스트제도이다.

간디가 그의 친구와 자신에게 도량의 화장실 청소를 요구했을 때 (······)

그것은 힌두사회에서 불가촉천민이라는 사고방식을 추방하는 상징적 방법이며 나아가 실천적인 면을 시사했다. 사람들은 자신의 오물을 청소해야한다. 그렇지 않으면 자신뿐 아니라 다른 모든 사람을 위해 청소하는 사람들은 결코 정치적 공동체의 평등한 성원이 될 수 없을 것이다.

- 《정의의 영역들》

이런 월저의 주장은 보이스의 사회조각과 공명한다. 자각을 하고 직접 청소하는 행위를 하면 쓰레기를 처리하는 사람이 어떤 생각을 할지 상상하면서 나 자신의 생활 전반을 돌아보고 어디에 어떤 상태로 쓰레기를 버려야 할지 반성을 할 수 있다. 그리고 이러한 시각을 가지면 청소업에 종사하는 사람들을 보는 눈이 변화하기도 한다.

우리는 자신이 다니는 학교나 직장에서 일하는 청소원, 경비원, 설비 관리원, 조리사, 매점 판매원과 친하게 이야기한 적이 있을까? 물론, 서로 알게 되어 인사를 나누거나 작업에 관해 고마움을 표하기도 하지만 그 사람이 왜 그 일을 하는지, 어떤 삶을 살았는지 아는 사람은 아마도 드물 것이다. 왜 그럴까?

오해 없기를 바라며 쓰지만, 여기서 내가 말하고자 하는 것은 '그 누구와도 친하게 지내라'라는 말이 아니다. 그것은 반대로 세상 물정에 어두운 설교에 지나지 않을 것이다. 나는 '특정 사람을 그 지위나 속성만으로 무시하는 데 정당한 이유는 없다'라고 말하고 싶은 것이다.

"일본에는 차별이 없다."

이런 말을 자주 듣는다. 정말 그럴까? 여기에서 상정하는 차별은 인종차별일 텐데, 일본 내에는 일본인과 외모가 두드러지게 다른 인종이 적기 때문에 편하게 그렇게 말할 수 있는 것뿐이다. 외모상 분별이 어려운 아시아인들에 관해서 동일한 주장을 하기는 어렵지 않을까? 그들이 어떤 직업을 가지고, 어떤 생활을 하며, 어떤 미래를 꿈꾸는지 현실을 알려고 하지 않으면서 차별이 없다고 단언하는 것은 너무 오만하다. 여기에는 암묵적으로 고려할 가치가 없다고 단정하고 사실을 외면하는 형태의 편견이 드러나 있는 것이 아닐까?

최저 소득으로 행복을
느끼는 조건은 무엇일까?

자유주의 사회에서는 불평등 해소를 어느 정도의 수준(최소한의 생활 보장이냐, 재기를 위한 교육적, 경제적 지원이냐)으로 설정하고, 어떠한 방법(소비세인가, 누진 과세인가)으로 재원을 확보할 것인가 하는 논점이 항상 문제가 된다. 그러한 정책의 성패는 경제 활성화로 가늠할 수 있는 이상 지원을 받는 사람의 지지로 확인되어야 할 것이다. 그러한 것도 비록 '격차 시정'이 실행되어도 그 대상이 된 사람들이 자신의 생활에 '경제적 성공과 다른 측면에서의 행복'을 실감하지 못하는 경우, 그것은 최소한도의 문화적 생활이라고 말하기 어렵기 때문이다. 그렇다면 여기서의 행복을 생활에서 선택지의 다양성으로 생각한 경우, 생활이 보장된 만큼의 빈곤 속에서 사람들이 행복을 느끼는 데 필요한 것은 어떤 사회적 조건일까?

제 11 장

리바이어던(leviathan)은 깨어나고

1. 선량한 시민 사이에서 잠재범을 구별하는 기준은 무엇인가?[1]

스트레스 체크는 누구를 위해?

"좋은 아침입니다. 기상할 시간입니다. 잠재범 여러분, 오늘 하루도 성격 정화를 위해 노력합시다."

– 모토히로 카츠유키(本広克行) 총감독, 〈PSYCHO–PASS〉 제12화[2]

2112년의 일본, 이곳에서는 인간의 심리상태와 성격특성 등을 계측, 분석하여 개인의 행동을 예측하고 직업 적성을 측정하는 '시빌라 시스템

---

1   다음은 〈PSYCHO–PASS〉의 내용으로 강력한 스포일러일 수 있음을 밝힌다.

2   2012년에 시작된 TV애니메이션이다. 감독인 모토히로 카츠유키는 〈춤추는 대수사선〉 으로 유명하다. 제목인 PSYCHO–PASS는 반사회성 성격 장애를 뜻하는 사이코패스 (Psychopath)와 스펠링을 달리해, 제한된 구역을 자유롭게 다닐 수 있는 통행증을 의미하 고 Pass를 사용해서 감정상태가 정상인 것을 증명하기도 한다.

Sibylla System'[3]이 국가의 중추적 역할을 담당하고 있다. 이곳에서는 범죄를 저지를 가능성이 '범죄계수'로 수치화되어 아직 죄를 짓지 않은 단계에서도 일정한 규정 수치를 넘은 사람은 잠재범으로 체포, 구금하고 병원이나 교도소로 송치된다. 게다가 흉악범죄를 일으킬 긴급 정도가 높은 잠재범은 후생성 관할 경찰조직인 공안국의 형사가 휴대하는 '도미네이터 Dominator'로 사형에 처해질 수도 있다. 이것은 특수 권총으로, 시빌라와 연결되어 그 자리에서 잠재범의 위험도를 판정하고 그에 적합한 처벌을 내리게 되어 있다.

잠재범으로 판정된 사람은 대부분 회복하지 못하고 평생을 엄격하게 감시당하며 가능한 한 일반 시민과 접촉하지 않도록 사람 눈에 띄지 않는 직업군에 들어가 혼자서 생활하도록 강제된다. 이들은 재판받을 권리가 없으며 사형조차도 한순간에 결정된다.

일반 시민은 이 시스템에 따라 자신이 나아갈 수 있는 인생의 경로를 제한받으며 지정된 선택사항의 틀 안에서 살아간다. 게다가 이들은 도시 전체에 심어놓은 센서에 의해 어떤 심리 상태에 있는지, 범죄를 일으킬 만한 스트레스나 군중 심리가 생기지 않았는지 항상 감시받는다. 따라서 학교나 직장에 있어도, 연인이나 가족과 함께 있어도 짜증이나 분노를 느낄 때는 바로 그 위험도를 체크받으며, 사회에 위해를 끼칠 여지가 보이면 당국에 수감, 구류된다. 그래서 사람들은 항상 자신의 심리상태가 어떻게 판정될지 신경을 쓴다. 그리고 그 지표가 되는 것이 심경을 색채로 표시하는 '색상'이다.

이런 사회는 너무 갑갑하고 불편할 것 같지 않은가? 그러나 애니메이션

---

3 고대 그리스-로마 세계에서 예언을 하는 신녀를 가리키는 단어 Sibylla에서 유래.

작품 〈PSYCHO-PASS〉에 담긴 시민들의 모습은 오히려 온화하고 즐거워 보인다. 확실히, 그곳은 사생활이 없고 미래에 대한 꿈을 꿀 수도 없는 '자유롭지 못한 세계'이다. 그러나 잠재범으로만 낙인찍히지 않으면 시빌라 시스템이 마련해준 레일 위에서 안전하고 안정된 삶을 보장받을 수 있다. 그러므로 원하는 직업을 가질 길이 막혀 있거나 행동 제한에 다소 불만스럽기는 해도 자신의 능력을 필요로 하는 장소에서 분수에 맞는 삶을 살 수 있다. 그리고 이런 안도감이 자유로운 사회보다 행복감을 줄 수 있다고 확신한다.

타인에게 일임한 '안심, 안전한 세계'

그러나 그런 사회에서도 범죄는 일어난다. 특히 범죄 수사와 치안 유지를 담당하는 공안국을 곤란하게 하는 것은 산발적이긴 하지만 감시망을 뚫고 엽기적인 살인과 연쇄 살인이 끊이지 않는 것이다. 그리고 이들 사건의 배후에서 남몰래 활동하는 청년 '마키시마'는 그가 정말로 존재하는지조차 확실하지 않아 좀처럼 수사에 진전을 보지 못한다.

마키시마 쇼고는 아무리 타인에 대한 살의를 품어도 범죄 계수가 오르지 않는 면죄 체질을 지니고 있다. 그래서 어디서 무엇을 하든 시빌라는 감지하지 못한다. 그는 이런 자신의 특성을 이용해 범죄 충동을 느끼면서도 아직 당국의 감시를 피하고 있는 사람을 발견하면 그들에게 자신의 욕망에 충실하라고 부추기거나 자신도 시스템을 무너뜨릴 파괴 활동에 가담한다.

게다가 그의 마음속에는 인권존중이나 인간성 회복 같은 대의명분도, 위법행위나 시민의 희생에 대한 망설임이나 후회도 없다. 마키시마는 자신의 자유 의지를 행사하여 살아 있다는 실감을 얻고 싶다는 목적만을 위해 계속해서 수많은 사람을 가해자나 피해자로 만든다. 그는 니체의 말투를 구사하며 마치 자신이 선악의 피안에 서 있는 것 같은 달관한 표정으로 도발과 유혹을 반복하고 사회질서를 파괴하며 세상을 비웃는다.

타인과의 유대가 자아의 기반이었던 시대 따위는 이미 오래전에 끝났다. 모두가 시스템의 감시하에 시스템의 규범에 따라 살아가는 세계에서는 사람과 사람의 연결고리는 필요 없다. 모두 작은 독방 안에서 자신만의 안락함에 길들여져 있을 뿐이다.

– 〈PSYCHO-PASS〉 제21화

그래서 마키시마의 행위는 이상과 선의를 가지고 사회체제의 횡포에 저항하는 '레지스탕스'가 아니라 파괴공작으로 공포와 혼란만을 초래하는 '테러리즘'이다.

이 같은 마키시마의 음모에 일반 시민은 너무나 무력하고 간단하게 조종당한다. 사람들은 시빌라 시스템의 감시하에 있다는 것에 안심하고 사건이나 사고에 휘말릴 위험을 상정하지 않으며 살기 때문이다. 그들은 자신의 생존과 생활의 안전을 확보하기 위해서는 그에 상응하는 자기방어가 필요하다는 것을 완전히 잊어버린 것이다. 눈앞에서 누군가가 '묻지마 범죄'를 당해도 범인이 다음에 자신을 향해 올 수 있다는 예상을 하지 못한다. 은행에 바이크 헬멧을 쓰고 들어오는 사람이 있어도, 경비원조차 시스템이 경고를 하지 않는 한 그가 강도일 것이라고는 꿈에도 생각하지 못한다.

이 같은 도덕적 해이가 세상에 만연한 탓에 마키시마는 즐기듯 시민을 조종해 그들을 공포와 혼란에 빠뜨리거나 서로 죽이게 할 수 있다. 자신이 생각하는 것을 포기한 인간은 일정한 패턴을 따르도록 프로그램된 자동화 기계에 지나지 않기 때문이다.

법의 파수꾼과 레지스탕스

수사선상에 떠올랐다가 사라지는 마키시마를 약간의 단서를 더듬어 추적해가는 사람이 있다. 베테랑 집행관 고우가미 신야와 신입 감시관 즈네모리 아카네가 그들이다. 스트레스 내성이 강해 아무리 긴장되는 상황에 놓여도 색상이 거의 탁해지지 않는 즈네모리는 대학을 졸업하고 후생성에 들어가 바로 공안국 감시관에 배정된 젊은 톱 엘리트이다. 감시관은 범죄수사를 지휘하는 한편, 직접 범죄자와 잠재범 대처를 담당하는 집행관을 부하로 거느릴 권한을 갖는다. 집행관은 시빌라 시스템상 잠재범으로 낙인찍혔지만, 범죄에 대한 증오심과 강한 정의감을 갖고 있다는 점에서 수사를 지원하고 처벌을 실행하기 위해 채용된, 말하자면 사냥개 노릇을 한다.

이들은 마키시마를 몰아붙이는 과정에서 서서히 자신들이 명령에 따르는 시빌라 시스템에 의문을 품기 시작한다. 아무리 범죄계수가 위험 수치에 도달해도 안정을 찾아가는 잠재범을 처형해야 하는 이유는 무엇일까? 심지어 범죄를 당한 두려움 때문에 타인에게 적개심을 보인 피해자조차 동일하게 취급한다.

시빌라는 어떤 원리에 따라 이런 판단을 내리는 것일까? 이 시스템에 관한 정보는 왜 전혀 공개되지 않는 것일까? 그 시스템에 부족한 점이 발견되었을 때, 그것을 개선할 기술을 인간은 가지고 있을까?

마키시마의 흔적을 추적하는 가운데 고우가미와 즈네모리의 가슴속에는 이 같은 의문이 자라난다. 특히 원래 감시관이었던 고우가미는 마키시마에게 동료가 살해당하자 분노를 느꼈고 그로써 잠재범으로 판정되어 집행관이 된 과거 때문에 시빌라에 강한 반발심을 품고 있다. 그래서 고우가미와 마키시마는 적인 동시에 자칫하면 동지가 될 수도 있는 위험한 관계다.

마침내 고우가미는 집행관직을 그만두고 소식이 끊긴다. 열심히 그를 돌려세우려 했지만 결국 실패한 즈네모리는 시빌라에 불신을 가지면서도 감시관을 계속하는 이유를 다음과 같이 말한다.

> "법이 사람을 지키는 것이 아니라 사람이 법을 지키는 것이다. 이제까지 악을 미워하고 올바른 삶을 찾아 헤맨 사람들의 생각이 (……) 그 축적이 법이다. 더 나은 세상을 만들고자 했던 과거의 모든 사람의 바람을 무의미하게 만들지 않기 위해……. 그것은 마지막까지, 반드시 지켜야만 하는 것이다!"
>
> – 〈PSYCHO-PASS〉 제21화

2. 의혹과 공포를 안심으로 바꾸는 '관리사회'

남의 일이라면 편리한 '관리사회'

서론이 꽤 길어지긴 했지만, 앞에서 말한 가까운 미래상은 그다지 새로울 것이 없다. 그래서 여기서 눈여겨보고 싶은 것은 오히려 〈PSYCHO-PASS〉의 세계에 살고 있는 시민이 마음속까지 들여다보는 감시에 거부감을 느끼지 않는다는 점이다. 그들은 수치로 데이터화된 자신을 누가 무슨 기준으로 어떤 절차에 따라 판단하는지도 모른 채 안전을 보장해주는 사회질서에 의존하고 그것에 만족한다.

이런 상태를 관리사회라는 개념을 이용해 예견한 사람이 있다. 프랑스의 철학자 질 들뢰즈Gilles Deleuze, 1925~1995에 따르면 인간 사회에 질서를 가져오는 권력의 형태는 다음 세 단계로 변화해왔다.

제1단계는 지배자가 자신의 명령을 거스르는 위법 행위를 처벌함으로써 피치자를 통치하는 '군주형'으로, 이것은 18세기 이전 봉건사회에서 볼 수 있었다.

제2단계는 18세기에서 20세기 초까지 발전한 '규율=훈련형'이다. 이는 푸코가 지적했듯이 공공장소에서의 예절처럼 그 자리에 어울리는 태도를 각자가 익힐 수 있게 훈련을 거듭함으로써 인위적으로 질서화된 생활양식을 자연스러운 것으로 수용하게 된다는 것이다.

제3단계는 그때그때의 유동적인 상황에 따라 국가의 운영과 관리에 필요하다고 이론적으로 도출된 목적에 맞게 사람들이 동원되는 관리형이다. 특히 현대는 전자화된 과학기술을 통해 생활 전반에 대한 불투명한 감시가 이루어질 뿐 아니라 인간이 수치 데이터화되어 일괄적으로 취급받는다.

따라서 관리사회의 통치자는 특정 개인이나 집단의 의지, 혹은 정치적 이념을 공유한 시민들이 아니라 국내외 경제상황의 변화에 즉각적으로 대응해 가장 적절한 해답을 끌어내는 금융공학과 재정학이다. 그리고 이런 상황에 익숙한 사람들은 그것에 의문을 품지 않는다.

> 관리사회에서 중요한 것은 더 이상 (통치자의) 서명도 아니고 (시민의) 수도 아닌 (데이터의) 숫자이다. 법률사회가 지령 언어로 조정된 것에 비해 관리사회의 숫자는 (행정집행의) 암호로 기능한다.
>
> — 들뢰즈, 〈추신 – 관리사회에 대해〉[4]

불평등을 재생산하는 교활한 방법

옆집에 어떤 사람이 살고 있고, 무엇을 하는지 알지 못하는 현대 생활에서는 자신의 생활권에서 위험을 제거하는 것이 다른 무엇보다 중요하며 그

---

[4] 《대담(Pourparlers): 1972–1990》(1990)에 수록된 글이다.

대가라면 사생활이 노출되어도 어쩔 수 없다. 이 같은 사고는 이해 못 할 것도 없다.

다만, 자신이 잠재적인 범죄자 리스트에 오르지 않았을 때의 일이다. 가정불화나 직장에서의 문제, 질병이나 간호 등 우리 생활에는 다양한 스트레스의 불씨가 산재하며 언제 색상이 흐려질지 알 수 없다. 자신은 괜찮을 거라고 우습게 여겨도 그런 일은 장담할 수 없다.

'이런 사회는 애니메이션이나 소설 속에서만 존재하고 현실은 아직 자유가 보호되고 있다.' 그렇게 생각할 수도 있다.

그러나 현실에서도 감시의 눈은 우리가 예상했던 것보다 훨씬 광범위하게 확대되고 있다.[5] 상가 곳곳에 설치된 무인 카메라, 공공시설의 안전을 확인하는 감시 카메라, 편의점 등의 점포에도 소매치기 방지를 위한 얼굴 인식 시스템이 도입되고 있다. 그중에는 과거에 의심스러운 행동을 한 사람이 감지되는 즉시 경계 신호를 발령하는 경우도 있다. 그러나 여기에는 담당자의 착각이나 악의로 입력된 잘못된 데이터, 대조 정밀도가 낮은 인증장치, 관할이나 점포를 통한 비합법적 정보 공유, 악의적인 장난에 의한 범인 색출 등을 통해 일상생활에 지장이 생기는 무고한 사람이 얼마든지 생길 수 있다. 그리고 그것은 장치의 성능이 좋아질수록 반대로 방치된다.

이런 사태에 대해 세상의 관심 정도는 낮다. 그러나 범죄 경력도 없는데 특정 특징을 가지고 있다는 사실만으로 어떤 사람을 '범죄자가 될 수 있는 위험인물'로 부당하게 판단하는 편견, 그것을 알게 모르게 제도화하여 대상자로부터 다양한 권리를 박탈하는 차별이 드물지 않게 일어나고 있다.

---

5 시카고와 런던에서는 이미 전자정보 등을 이용하는 '범죄예측시스템'이 실용화되어 일반 시민이 경찰의 감시대상으로 취급받는 사태가 일어나고 있다.

알기 쉬운 예로는 이민자에 대한 차별이 있다.

2005년 11월, 프랑스 전역에서 이슬람계 이민자의 폭동이 일어났다. 소수의 지적 엘리트를 제외한 이민자를 범죄자 예비군으로 결정한 사르코지 전 대통령의 '사회 쓰레기racaille, 무뢰한는 정리한다'라는 발언이 기폭제가 되었다.[6] 그 무렵 프랑스 전체 노동인구의 실업률이 10%였던 반면 구식민지에서 유입된 이민자와 프랑스 국적을 가진 2세, 3세의 실업률은 30%로 이민자 사이에서는 경제와 문화 양 측면에서 이민정책에 대한 불만이 격해지고 있었다. 사르코지의 발언은 이 같은 '이민자 감정'을 거슬러 그들의 반발을 유발했다.

프랑스는 '자유, 평등, 우애'를 국가 정책으로 삼고 오래전부터 드레퓌스 사건Dreyfus Affair[7] 등 시민 대다수가 민족차별에 대한 반대의사를 표명해왔지만 그 한편으로 그러한 주장과 행동이 필요할 만큼 오랫동안 민족적 멸시와 인종차별 문제가 내재해온 국가이기도 했다.

프랑스의 '이민정책'은 구 프랑스령에서 이민을 폭넓게 받아들여 국적을 부여하고, 자유주의 사회 참여를 인정하되 프랑스의 문화와 전통, 정치적 신념을 따르겠다는 서약 조건을 이민자에게 부과하고 있다[도표 11-1 참조].

사회학자 피에르 부르디외Pierre Bourdieu, 1930~2002에 따르면 이상과 같은 프랑스의 이민정책은 형식적으로는 직업 선택의 기회균등을 실현하고 있지만 실질적으로는 이민자에게 공정하지 않은 상태에 있다. 왜냐하면 비

---

6 정교분리의 원칙과 프랑스의 문제에 대해서는 다테 키요노부(伊達聖伸)의 《라이시나로 읽는 현대 프랑스─정치와 종교의 현재》를 참조하기 바란다.

7 19세기 후반 프랑스를 휩쓸었던 군국주의, 반유대주의, 강박적인 애국주의 때문에 억울하게 옥살이를 한 프랑스 포병대위 드레퓌스의 간첩혐의를 놓고 프랑스 사회가 양분되어 격렬하게 투쟁했던 정치적인 스캔들을 말한다.

〈도표 11-1〉 프랑스 이민정책의 특징

① 이민자라도 국적을 지닌 사람은 국민으로 간주한다(2005년 당시. 국민 전체 인구에서 이 민자가 차지하는 비율이 10%를 넘었지만 통계상으로는 5.6%였다).

② 행정상 국민과 이민자를 구별하지 않는다. 취업이나 승진의 기회가 균등하게 열린 자유경쟁에 따라 '소수자 우대정책'은 시행하지 않는다(프랑스 도시부의 직업 분포에서 는 저임금 육체노동이나 오물처리에 종사하는 노동자 대부분이 이민자이다).

③ '정교분리(laicita)의 원칙'을 철저히 지키고 공공장소에서 종교활동을 금지한다(공립 학교에서의 이슬람계 여학생의 베일 사용 금지나 직장에서의 예배 금지 등이 그 예이지만. 가톨릭 에는 저촉되지 않는다는 편향을 가진다. 또한 정교분리는 원래 국가에 의한 종교의 고정 금지이고 정치나 공공에서 종교를 제외하는 것은 아니다).

록 문호가 열려 있다고 해도 채용과 승진에서 선발 기준으로 삼는 것이 업무상 능력이나 경험 이상으로 일상의 교류 속에서 드러날 사투리와 매너, 취미와 독서 성향 등 그 사람의 출신 계급이나 지역과 관련된 '아비투스 habitus'[8]이기 때문이다.

고용주는 채용 면접에 참석한 사람이 아무리 고학력과 훌륭한 자격을 소유하고 있어도 피부색이나 사투리를 통해 어떤 지역, 어떤 환경에서 자랐는지 멋대로 넘겨짚고 가까이하지 말아야 할 위험인물로 판단되면 "유감스럽게도 저희와는 함께할 수 없겠습니다"라고 정중하게 거절한다. 사람들은 '아비투스'를 지표로 삼고 동료로 여길 수 없는 타인을 제외함으로써 자타가 속한 계급을 재생산하는 것이다.

계급을 재생산하는 자본의 일종이란 뜻에서 문화자본이라고도 불리는 아비투스는 그것을 익힌 개인에게는 쉽게 교정할 수 없는 것이며, 아이러니컬하게도 자신의 출신에 자부심을 가질 경우에는 둘도 없는 개성이 된다.

---

8 자신의 이익에 유리한 방식을 부과하면서 집단이 계승하는 수단들의 관습행동.

〈도표 11-2〉 사회계약설의 분류

	홉스	로크	루소
자연권	자기보존	자유와 평등한 소유	자유와 사랑
자유와 사랑	만인의 만인에 대한 투쟁 → 생명 유지 추구	불평등의 방치 → 이해조정 필요	검소하지만 평등 → 문명화에 따른 불평등
계약	자연법에 기초한 신약	동의와 협약	계약에 의한 합의체 설립
사회상태	절대 권력을 가진 국가	민주국가	공통 이해에 기초한 일반 의지

죽음의 공포가 소환한 바다괴물

이 같은 현실이 존재하는 데도 우리는 관리사회로 가는 걸음을 용인하는 경향이 있다. 그 이유 중 하나가 그로 인해 보장되는 안전이라면 이 사회의 근저에는 주민 사이에 존재하는 상호 불신에서 오는 막연한 불안이 도사리고 있다고 생각할 수 있다. 그리고 그 감정이 치안의 문란과 범죄의 증가로 공포로 표면화되었을 때 관리사회는 더욱 막강한 국가 권력을 각성시킬지도 모른다.

홉스가 17세기 영국의 내전 상태를 경험하고 집필한《리바이어던》속에서 인간이 '죽음의 공포'에 직면하고 스스로 자기 보존이 최우선 사항임을 깨달았을 때 어떤 통치 형태를 추구하게 될지 고찰했다. 그 방법은 근대의 자연법사상으로 자리매김한 사회계약설이었다.[9]

---

9 '사회계약설'을 대표하는 세 철학자의 학설은 위 도표 11-2를 참조할 것.

홉스에 따르면 인간의 마음은 죽음에 의해서만 소실되는 끝없는 욕망으로 일반화된다[제4장 제3절 참조]. 그에게 이성은 선을 인식하는 능력이 아니라 더 효율적으로 욕망을 채우기 위한 추리 능력이며, 의지는 어느 정도 목적을 어떤 수단으로 만족시킬지 결단하는 능력임이 틀림없다. 그런 사람들이 아직 사회질서가 성립되지 않은 자연상태에 내던져진다면 대체 어떤 일이 일어날까?

이것이 홉스의 사고 실험의 출발점이다.

홉스에 따르면 인간은 태생적으로 이기적이며 각각이 자신의 생명을 유지하기 위해 생활물자를 확보하려 한다. 그러나 인간이 생존하기 위해 필요한 의식주를 지탱하는 물자는 동일하며 그것이 항상 넉넉히 존재하는 것은 아니므로 인간은 물자를 둘러싼 분쟁과 폭력도 마다하지 않는다. 이렇게 이른바 '만인의 만인에 대한 투쟁'이 발생한다.

> 이상과 같은 사람들의 행동은 태어남과 동시에 부여받는 생존에 대한 '자연권'에 기초하며 이 단계에서는 어떠한 사회규범도 존재하지 않으므로 투쟁에 관해 아무도 그것을 비난하거나 금지할 수 없다. 따라서 '자연상태'에서는 '지속적인 공포와 갑작스러운 죽음이 존재하며 인간의 삶은 고독하고 빈곤하며, 험악하고 잔인하며, 짧다.'
>
> — 홉스 《리바이어던》

그러나 인간은 이와 같은 투쟁 속에서 그것을 끊임없이 계속하는 것에 지쳐 그로부터 탈출하는 길을 찾게 된다. 사람들은 죽음의 공포를 피하려는 정념과 장기적인 이해를 보장해줄 규칙, 즉 '사람들을 동의로 이끄는 데 안성맞춤인 다양한 평화 조항'을 찾아내는 이성과 협동 작업을 해서 '기본적

〈도표 11-3〉《리바이어던》의 기본적 자연법

① 인간은 희망이 있는 한 평화를 위해 노력해야 한다. 하지만 그것이 불가능할 때는 전쟁에 의한 모든 도움과 이익을 추구해도 좋다.

② 다른 사람들도 그렇게 할 경우에는 평화와 자기방위를 위해서 그것이 필요하다고 생각되는 한 모든 것에 대한 자신의 권리를 기꺼이 버려야 한다. 또한 자신이 다른 사람들에 대해 갖는 자유는 다른 사람이 자신에 대해 갖는 것임을 기꺼이 인정할 수 있는 범위에서 만족해야 한다.

③ 자신이 맺은 신약은 이행해야 한다.

자연법'[도표 11-3 참조]을 발견, 공유한다. 그리고 자신들의 권리의 일부^{특히} ^{폭력 행사나 무기 소지에 관한 권리}를 특정 집단^{동등한 사람들이 형성하는 합의체}에 이양하고 그렇게 설립된 '국가commonwealth'의 지배하에 들어갈 것을 약속한다.

홉스에 따르면 이러한 원시 계약은 이미 존재하는 국가의 원수에 대해 종속을 맹세하는 신민의 '계약contract'과 달리 자신이 권리를 포기함으로써 설립되는 국가에 대한 복종을 약속하는 '신약covenant'이다.

이렇게 인간은 자연 상태를 벗어나 사회 상태로 이행하는데 여기에는 평화와 안전을 목적으로, 개인들이 포기한 권리를 합의체라는 인격하에 통일하는 국가가 설립된다. 그리고 그 권력은 중앙 집권적 성격을 지니며, 절대 불가침의 존재가 된다.

홉스는 이러한 절대 권력을 사나운 바다에 군림하는《구약성서》의 바다 괴물에 빗대어 '리바이어던'이라 불렀다. 그는 당시 영국 사회에서 죽음의 공포에 떠는 사람들에게 그 상태를 탈출하기 위해 어떤 정치권력이 필요한지, 앞에서 언급한 사고실험을 통해 호소했다.

이상과 같은 홉스의 사회계약설은 서로에 대한 공포나 불신을 품은 사람들이 평화를 얻기 위해서는 그들을 함께 굴복시킬 수 있는 압도적 권력을 가진 국가가 필요하다는 것을 보여준다. 게다가 그러한 국가에서 안전은 시민 상호 간의 신뢰에 근거하지 않기 때문에 국가의 통치가 약해졌을 때 그곳에는 다시 상호 불신과 항쟁이 생겨난다. 그러므로 홉스가 구상한 국가는 시민 개개인의 자기보존을 보장하는 한편, 그들의 자유에 대한 제한 완화가 곤란해지는 것이다.

3. 무엇을 해야 할지 모르지만 '이문화공생'에는 찬성

자유는 같은 제복을 입지 않는다

앞에서 말했듯이 상호 불신에 기초한 관리사회의 배경에는 국가 권력의 절대화를 초래할 수도 있는 위험성이 잠재한다. 그때 생각해내야 할 것이 있다. 제2차 세계대전 이후 수많은 철학자가 '개인의 권리에 대한 국가 권한의 우위'를 주장한 과거 학설을 비판했다는 점이다. 그들은 자유를 훼손당하지 않을 사회를 추구하고, 민족정화나 전체주의로 이어지는 발상법을 철저하게 부정하려 했다.[10] 그러한 논의는 차별과 표리일체의 안전이 뒷받침하는 현대의 관리사회에 대해서도 의미가 있을 것이다.

러시아 출신의 유대계 철학자 이사야 벌린Isaiah Berlin, 1909~1997은 '인류가 서로에 대해 가차 없이 죽이기만 했다는 점에서 20세기에 필적할 만한 세기는 없다'라고 말했다. 그리고 우리가 자신도 모르는 사이에 빠져드는 선입견, 즉 '모든 문제에는 하나의 진리가 있고 그 외에는 모두 필연적으로

---

10 이런 사조를 대표하는 사람은 《열린사회와 그 적들(Open Society and Its Enemies)》(1945)의 저자 칼 포퍼(Karl Popper, 1902~1994)일 것이다.

거짓이다'라는 생각에 의문을 품었다.

> 보편적이라고는 말할 수 없지만 어쨌든 최소한 공통의 가치, 그것이 없
> 으면 존속해나갈 수 없는 (생존권)과 같은 가치가 있다. (……) 그러나 완벽을
> 추구하는 것은 유혈로 향하는 길이다. (……) 독단적으로 믿은 계획에 필요
> 하다고 해서 사람들에게 제복을 입히는 것은 대부분 비인간적인 방향으로
> 나아가는 첫걸음이었다.
>
> — 이사야 벌린, 《이상의 추구》[11]

이렇게 생각한 벌린은 근대 이후 인간사회에서 중요하게 여겨온 자유라
는 개념을 크게 소극적 자유와 적극적 자유 두 가지로 나눈다. 한편 소극적
자유는 무언가 속박으로부터의 해방 또는 외부로부터의 강제적 간섭이 없
는 상태를 의미하는 개념이다. 그리고 이 개념에 입각한 정치학은 홉스, 로
크, 벤담, 밀과 같은 영국계 철학에서 보이듯이 개인의 권리 보호를 국가의
목적으로 자리매김하였다. 다른 한편, 적극적 자유는 '특정 목적의 실현을
의욕, 실행하는 것'을 의미하는 개념이다. 이것에 입각한 정치학은 헤겔 등
대륙계 철학에서 볼 수 있다. 개인의 의지가 자기 부정의 형태로 정치체 政治
體[12]의 의지와 합치해나감으로써 성립하는 국가를 구상한다.[13]

---

11 원제: The Pursuit of the Ideal(2004).

12 정치적으로 구성된 조직으로 이뤄진 사회를 말한다.

13 벌린이 구분한 것처럼 영국계의 철학에서 국가는 그 운동을 각자의 행동으로 분해할 수
    있다고 생각한다. 하지만 편의상 하나의 인격과 같은 동일체로 취급하는 '의제적 국가'(벤
    담)이며 대륙계 철학에서 국가는 그 운동을 개개인의 의사를 떠나서 수행하는 자립적 주
    체, 극단적 표현으로는 '국가유기체'(헤겔)이다. 또한 강권적인 국가상을 제시한 홉스가
    '소극적 자유'로 분류되는 것은 국가 설립 후에도 저항권이 시민에게 부여되기 때문이다.

이상과 같이 벌린은 '개인에 대한 국가의 우위'를 함의하는 적극적 자유보다 개개인이 '타인으로부터 일체의 간섭을 받지 않는 상태'를 추구하는 소극적 자유 쪽이 현대사회에 필요한 사고방식이라고 주장한다. 그리고 비판의 창끝을 '근대 민주제의 아버지'로 평가받는 장 자크 루소Jean-Jacques Rousseau, 1712~1778에게로 돌렸다.

계몽주의 견지에서 인간의 자연본성을 이성에서 찾은 루소는 사회계약설을 통해 인간 공동체 본연의 모습을 추구했다. 그에 따르면 자연 상태에서 인간은 풍요로운 자연 속에서 생활 터전을 나누어 살고, 검소하지만 평온하게 살았다. 그러나 천재지변 등 자연환경 변화로 생활물자의 궁핍과 이를 둘러싼 다툼이 발생하면서 사람들은 점차 살기 좋은 지역으로 이주하여 마을과 도시를 형성하게 되었다. 그런데 토지나 자산을 소유한 사람과 그들에게 고용되지 않으면 생활할 수 없는 사람 사이에 불평등이 생겨나고 질투와 증오가 만연했다. 그리고 그들은 그러한 상태를 벗어나기 위해 토론을 거듭하고 모든 사람이 공통으로 추구하는 이해, 즉 모두의 안전과 재산을 보호한다는 이해를 발견하고 사욕으로서 특수 의지나 다수파를 이루어 자신들만의 이해를 추구하는 전체 의지를 포기하고 서로의 협력하에 공통 이해를 추구한다는 데 합의한다. 이렇게 해서 사람들은 국가를 설립하고 입법자와 위정자를 포함한 모든 사람이 공통이해를 지향하는 '일반의지volonte generale'에 복종하게 된다.

우리 각자는 신체와 모든 힘을 공동의 것으로 하고 일반의지의 최고 지도하에 둔다. 그리고 우리는 각 구성원을 전체에서 분리할 수 없는 일부로서 하나로 통합해 받아들인다.

– 장 자크 루소, 《사회계약론》[13]

이 같은 루소의 주장은 후세에 많은 영향을 남겼다. 스스로 규범을 정립하고 자기입법, 자신이 의지로 그 규범에 복종한다 자기복종는 논리구조는 그를 잇는 철학자 대부분이 자유에 기초한 윤리를 구상할 때 표본으로 삼는 것이다. 또한 신분 차이를 배제한 민주적 토론의 고안은 지역주민이 이해 분쟁에 빠지기 쉬웠던 고대 그리스의 민주제나 중세 봉건사회의 연장선상에 있는 '근대 유럽의 공화제'보다 선진적인 국가상을 제시했기 때문이다.

그러나 벌린은 그러한 루소의 철학에 경의를 표하면서도 국가설립과 동시에 국민 모두에게 보편타당한 일반의지가 전제되고 보편적 목적 아래에서 개인의 권리가 억압받을 위험성이 생겨나는 것에 문제의식을 제기한다. 예컨대 국민 모두의 안전이라는 목적을 실현하는 수단으로서 위험하다고 여겨지는 개인에게서 권리를 박탈하는 것이 정당화될 우려가 완전히 사라지지 않는다는 것이다. 이 같은 이론적 구성을 채택하는 한 아무리 공들여 제도를 구상해도 국가의 이름하에 개인의 권리가 침해될 가능성은 배제할 수 없게 된다.

확실히 적극적 자유는 그곳에 세워진 목적에서 가치를 찾을 수 있는 사람에게는 양보할 수 없는 것이리라. 그러나 이 목적을 자기 이외의 사람들에게도 똑같이 가치 있는 것, 즉 보편적 가치로 간주하고 그 공유를 밀어붙여 소극적 자유를 침해하는 일은 없어야 한다. 왜냐하면 각각의 인간에게 가치 있는 대상은 저마다 다르며 그러한 가치의 다원성을 존중하지 않고는 서로가 충실한 삶을 살 수 없기 때문이다. 개개인이 찾아낸 것에 불과한 특정 가치가 종교와 철학에 의해 보편화되고 국가권력이나 집단적 폭력과 결합했을 때 인류는 다양한 비극에 빠져들었다. 따라서 소극적 자유는 적극

---

14 원제: Du contact social(1762).

적 자유보다 우선되어야 한다. 이것이 벌린의 주장이다.

관용의 전통과 환대 요구

그렇다고는 해도 단순히 서로가 각자의 권리만 보호한다면 경제 격차나 범죄자 취급 등의 불평등은 해결되지 않는다. 특히 사람들의 국제적인 이동이 빈번한 현대에서 다른 민족이 하나의 사회에서 상생할 때는 가치관이 다르다는 이유로 서로가 마음대로 했을 때 문제없이 상황이 끝나지는 않을 것이다. 무심코 한 행동이 그것을 본 타인에게 자신을 모욕하는 행위로 비치는 일은 흔히 일어날 수 있기 때문이다.

벌린은 이 같은 이문화 문제를 해결하는 실마리로 '관용tolerance'이라는 개념을 제시한다.[15] 이것은 세상에 양립하기 어려운 여러 가치가 존재한다는 사실에 입각한다. 예컨대 적대적인 상대나 이해할 수 없는 가치관을 가진 상대의 언행이 자신이 파악한 의미와 다를 수도 있음을 잊지 말아야 한다. 나아가 그것이 비록 자신의 기분을 상하게 할지라도 직접적으로 반발할 것이 아니라 서서히 서로의 이해를 강화해 차이가 메워지기를 기다리는 태도이다.

아마도 이 제안에 반대 의견을 갖는 사람은 적을 것이다. 특히 문화적 알력과 직면할 상황이 적은 일본에서는 긍정하기가 어렵지 않을 것이다. 그러나 관용이 쉽다거나 바로 상생이 실현될 것이라는 등 성급히 결론을 내리는 상태야말로 편견과 차별의 씨앗을 내포하게 된다.

프랑스의 철학자 자크 데리다Jacques Derrida, 1930~2004에 따르면 관용이

---

15 관용은 개신교를 계속 배척해온 가톨릭 교회에 대해 이성을 옹호할 때 주장해온 덕목이며, 데리다가 상정한 것은 프랑스 계몽주의자 볼테르(Voltaire, 1694~1778)이다.

라는 개념은 그 유래를 보면 동정의 다른 표현이며, 강자가 약자에게 은혜를 베푼다는 뜻을 포함한다.[16] 여기에는 받아들이는 쪽이 주는 쪽을 따라야 한다는 암묵적 강제력이 작용한다. 누가 그 은혜를 받을지도 전적으로 주는 쪽에 맡겨진다. 이처럼 타인을 내려다보는 감각이 포함된 태도는 피차별자의 마음속에서 거절될 수밖에 없다.

이러한 발상은 일본인에게는 다소 짐작하기 어려운 것이다.

더욱이 데리다는 이를 근거로 유럽에서 계승되어온 다른 사상을 관용보다 중요한 것으로 제시한다. 칸트는 지구의 표면은 근본적으로는 모든 사람이 공유하므로 사람들에게 보편적인 평화조약을 통해 어느 나라든 자유롭게 방문할 권리가 주어져야 한다고 주장했다[제12장 제2절 참조]. 그리고 그들이 '세계시민Weltburger'[17]으로서 절도 있는 행동을 하도록 촉구했다.[18] 그러나 데리다에 따르면 여기부터는 좀더 철저한 권리, 다시 말해 이성이라는 서양철학의 기축에서 해방된 권리를 도출할 수 있다. 이는 서로 다른 국가, 종교, 언어의 경계를 넘어 타자가 그 타자성을 유지한 채 '환대hospitalite'받을 권리이다. 주인은 '주인host'이기 때문에 손님이 주인인 양 봉사하는 '능력ability'을 보여줄 책임이 있다. 그런 손님의 권리와 주인의 책임은 무조건적인 법이며 국가나 문화적 공동체의 법규와 타협을 하여 구체화되어야 한다는 것이다.

이상과 같이 벌린의 관용에서 데리다의 환대로 나아가면 '이문화공생異文化共生'이 얼마나 어려운 태도를 요구하는 것인지 분명히 알게 된다. 그러

---

16 데리다, 〈말을 믿고(Sur parole)〉 참조.

17 세계 시민은 생명에 대한 책임을 지는 것을 의미한다. 이때 책임은 인간의 생명뿐만 아니라 자연에 대한 존중도 포함한다.

18 칸트, 《도덕형이상학(Metaphysik der Sitten)》(1797) 참조.

나 현실에서 일어나는 이민이나 난민의 이주에 대한 대응은 그러한 사상적 문제 해결을 기다려주지 않는다. 그래서 마지막으로 현재 어떠한 정치 방침이 제시되어 있는가 하는 점을 언급하고자 한다.

이문화가 공생하기 위한 정치

유럽 국가들의 이민정책은 '다문화주의multi-culturalism'라는 개념을 사용하여 표명하는 경우가 많다. 그러나 앞에서 제시한 프랑스의 사례가 있는가 하면, 영국과 같이 마을 단위로 이민자의 거주 지역을 설정하여 미리 생활구역 분리를 도모하는 나라도 있다. 그리고 미국처럼 동일 민족이 공동체를 만들거나 그로부터 개개인이 독립하는 경우가 공존하기도 한다. 어쨌든 여기에는 받아들이는 국가의 자기이해, 즉 통상적으로 자기 나라의 주민이 누구인지에 관한 이해와 그곳에 이주하는 사람이 어떠한 처지에 있고 어떤 문화를 지녔는지에 따라 사정이 달라지기 때문에 이민족을 받아들이는 방법도 일률적으로 결정하기가 어렵다.

이런 상황에서 비교적 가까운 문화를 가지고, 국가 설립 시기부터 다른 민족이 공존했음에도 국가 분열의 위기를 맞았던 나라가 캐나다이다. 캐나다에서는 영국계 주민이 국가의 중추를 차지하며, 프랑스계 주민은 오랜 세월 2급 시민으로서 그 권리를 제한받아왔다. 그래서 대부분이 프랑스계인 퀘벡에서는 본국으로부터의 분리, 독립을 원하는 운동이 계속 있어왔다.

그런 캐나다에서 살면서 인간의 의사결정과 행동양식에 기초한 문화적 공동체의 공공선이 미치는 영향을 고려해 이문화공생으로 가는 정치철학을 구상한 사람이 찰스 테일러다.

테일러에 따르면 인간은 일반적으로 자신이 속한 공동체의 문화적 가치관에서 벗어날 수 없다고 한다[제1장 제3절 참조]. 그러므로 서로 다른 문화를 가진 민족은 각각의 생활권에서 독립, 번영하는 것이 바람직하다. 그리고 민족 사이에서 생기는 분쟁에 관해서는 단기적으로는 해결이 불가능하다고 보아야 한다. 만일 그것이 해결된다면 오랜 세월에 걸쳐 이루어진 개인 수준에서의 교류가 그들의 문화 자체를 변화시킬 때이기 때문이다.

한쪽에서 (문화적인) 진정성이 결여된 동질화를 강요하는, (리버럴리즘이 주장하는) 평등한 가치를 시인하라는 요구와 다른 한편에서 자민족 중심주의적인 기준의 내부에 대한 자폐 사이에 중도가 존재할 것이다. 우리와는 다른 문화들이 존재하며 세계 수준에서도 또 각각의 사회 안에서도 서로 뒤섞이는 형태에서도 한층 더 상생을 필요로 한다.

― 찰스 테일러, 《다문화주의》[19]

하지만 이를 위해 넘어야 할 장벽이 높다.

첫째, 이문화를 따르는 생활양식을 허용한다는 장벽이다. 다양한 문화권으로 분산된 사람들의 공존은 다른 가치관의 대립을 불러오고 이것은 쉽게 해소될 수 없다. 현실사회는 다양한 '승인 결여non-recognition'나 '왜곡된 승인dis-recognition'으로 가득 차 있다. 그리고 사람들은 그러한 환경으로부터 독립하여 제각기 자신이 속한 공동체의 가치관을 지키고 키워나갈 수 있어야 한다. 따라서 정치가 실현해야 할 것은 여러 문화의 공존뿐 아니라 예컨대 학교 교육 속에서 국가의 역사뿐 아니라 서로 민족의 역사를 배울 기회를 마련하는 형태의 가치평등에 대한 배려이다.

---

19 원제: Multiculturalism(1994).

둘째, 자문화를 반성하는 기회를 확보한다는 장벽이다.

확실히 자문화에 대한 집착에서 탈출하고 이문화의 가치를 인정하기는 쉬운 일이 아니다. 그러나 개개인은 자기 해석을 통해 바뀔 수 있는 존재이므로 타인과의 교류 속에서 서서히 '다른 문화에 대한 편견'이나 '자기 문화에 대한 고집'을 버리고 새로운 공통의 가치관을 발견할 가능성이 잠재되어 있다. 따라서 정치에 기대되는 것은 그때까지 미지였던 대상이 시야에 들어옴으로써 고정된 시야를 깨우고 사람들에게 세계관을 변화시킬 '지평융합fusion of horizons'을 가져올 기회로 문화를 초월한 교류의 장을 마련하는 것이다.

테일러에 따르면 목표를 추구하는 이와 같은 '승인의 정치politics of recognition'는 '이문화'에 대해 무관심과 표리일체의 존중을 표명하는 '문화상대주의cultural relativism'에는 빠지지 않는다고 한다.[20] 오히려 '자기 해석하는 동물'로서 인간에게 타인과의 관계에서 새로운 경험의 가능성이 열린다는 것은 미지의 자신을 진정한 것으로 발견하여 그 실현 과정에서 공동체의 문화를 변화시키는 조건이 되기 때문이다. 따라서 어느 특정 사회에서 요구되는 정의는 각각의 공동체 안에서 문화적인 제반 가치의 평등 원리에 반하여 부족하게 여겨지는 환경을 보완하는 것으로 구체화된다. 나아가 그들이 다른 문화에 대해 불필요한 적대감을 갖지 않도록 배려함으로써 의미를 부여받게 된다.

이상과 같이 기독교의 테두리 안에서의 민족대립조차 국가의 존속을 위

---

20 '문화상대주의'는 모든 문화를 유럽적 잣대로 측정할 수 있다는 전통적 발상을 부정하고 (근저에 하나의 원형이 상정되었다 해도) 각각의 문화를 독립된 가치체계로 다루어야만 한다는 문화인류학자 클로드 레비스트로스(C. Levi Strauss, 1908~2009)의 사상에서 파생된 것이다.

협할 정도로 뿌리가 깊다. 하물며 유대교와 이슬람교, 힌두교와 불교 등의 종교적 차이나 언어와 외모의 차이 등 생활 속에서 만나는 이질성에는 제한이 없다. 이런 사실을 눈앞에 두고 우리는 이문화와 상생을 약속할 수 있을까? 그렇지 않으면 예부터 다양한 수입 문화를 능숙하게 받아들여온 유연성이 이 경우에도 발휘될 수 있을까? 그러고 보니 〈PSYCHO-PASS〉에서 그려진 미래의 일본은 인권침해라고 하여 시빌라 시스템을 거절한 국제사회와 단절하고 쇄국상태에 있었다.

감시 장치가 권력으로
바뀌는 이유는?

'원형 교도소(팬옵티콘, Panopticon)'는 총을 장착한 간수가 상주하는 높은 감시탑 주변을 수감자 수용시설이 에워싼 구조의 교도소 시설이다. 탑에서는 수감자가 있는 실내를 감시할 수 있지만 죄수 쪽에서는 간수 모습이 보이지 않는다. 이 시설에 대해서는 대조적인 두 가지 평가가 있다.

하나는 고안자 벤담의 주장으로, 필요한 최소 인원의 간수로 많은 수감자를 효과적으로 감시하고, 쌍방의 안전을 확보할 수 있다는 것이다. 다른 하나는 푸코의 비판적 평가로, 이 시설에서는 수감자가 자신을 감시하는 '보이지 않는 눈'을 의식하여 자기 자신에게 규율을 부여하는 훈련을 거듭함으로써 자유 의지를 상실하게 된다는 것이다. 이 구조는 이미 현대사회생활 구석구석까지 파고들어 있다. 그렇다면 그것이 '안전보장'에서 '권력장치'로 변하는 순간은 언제일까?

제 12 장

'연쇄 복수'에
쐐기를 박을 수 있을까?

1. 테러와 전쟁의 구별이 사라지고 있는 신세기

위장 테러라는 미숙한 저항

'언론은 자폭 공격을 범죄로 다루고 있으며, 국제앰네스티(Amnesty International)도 반인도적 범죄로 간주하고 있다. 그러나 나는 그렇게 생각하지 않는다. (……) 나는 자주, 그들과 같은 일을 할 수 있을까 하고 스스로에게 묻는다. 결론은 올가와 같은 방식이라면 분명히 할 수 있다는 것이다. 더이상 아무것도 얻을 수 없을 때에도 무언가를 잃을 수는 있으니까.'

– 장 뤽 고다르, '인터뷰 〈당신은 왜 영화를 만듭니까?〉'

장 뤽 고다르Jean Luc Godard, 1930~가 자체 제작한 영화 〈아워 뮤직〉[1]의 2부 '연옥' 속에서 학생단체가 주최하는 '책의 만남'이란 모임에 초대되

---

1 원제: Notre Musique(2004).

어 사라예보를 방문한다. 유고 해체에 영향을 준 보스니아 헤르체고비나 Bosnia and Herzegovina 분쟁 속, 그때까지 공존했던 민족 사이의 항쟁이 격화되어 3년 이상 학살과 파괴가 지속되었던 시가지에는 아직 곳곳에 전쟁의 화마가 할퀴고 간 흔적이 짙게 남아 있었다.

고다르가 '전쟁의 흔적'과 '부흥의 전조'가 교차하는 이곳에 도착했을 무렵 그곳에는 이미 세계 각국에서 모여든 다양한 '문화인'이 사라예보를 둘러싼 정세에 관해 서로 의견을 교환하고 있었다.

스페인 작가 후안 고이티솔로 Juan Goytisolo, 1931~, 팔레스타인 시인 마무드 다르위시 Mahmūd Darwīsh, 1942~2008, 프랑스 작가이자 조각가인 피에르 베르구누 Pierre Bergounioux, 1949~, 프랑스 건축가 질 페케욱스 Gilles Pecqueux, 1950~와 같이 실존하는 인물과 애버리지니 Aborigine, 오스트레일리아 원주민나 아메리칸 원주민의 모습, 나아가 이스라엘인 저널리스트 쥬디트 레르너와 같은 가공의 인물도 등장한다.

이런 다양한 인종과 민족, 국적을 가진 사람들이 교류하는 환경에서 고다르는 학생들을 위해 영화에 관한 강의를 주최한다. 그리고 그 청중들 속에는 러시아 출신의 유대계 프랑스인으로, 인근 대학에 다니는 것으로 생각되는 소녀 올가 브로드스키도 자리하고 있다.

강의에 참가하기 위해 쾌활하게 거리를 달려가는 한편으로, 이곳을 방문한 삼촌을 향해 세상에 대한 절망을 토로하는 그녀 또한 팔레스타인과의 끝이 보이지 않는 전쟁이란 민족적 처지를 짊어지고 살아가고 있었다. 그래서 올가의 가슴속에는 이 세계에 대한 비통한 생각이 꿈틀대고 있다.

아무래도 좋아 / 우리의 가난은 명백하다 / 그것이 확실한 철조망 투성이의 풍경과 폭발로 붉게 물드는 하늘

문화 따위와는 거리가 먼 폐허이니까 / 문화 따위는 잊어야 한다
무에서 쌓아 올려라 / 화염 속에서 가구를 나르는 것은 바보짓이다
패자로서 행운을 잡는 거야

— 장 뤽 고다르, 〈아워 뮤직〉

올가는 강연을 끝낸 고다르에게 다가가 머뭇거리며 자신이 만든 영상을
봐주길 원한다. 그러나 그녀의 마음 같은 건 생각도 못 한 그는 조수에게 건
네라고 무정하게 말하면서 두 사람의 대화는 끊긴다. 그런데 스위스로 귀
국한 고다르는 올가의 부고를 접한다.

예루살렘으로 건너간 올가는 인질을 잡고 영화관에서 농성하며 그녀 나
름의 방법으로 평화의 소중함을 주장했다. 그런 후 인질 전원을 풀어주었
다. 그럼에도 포위한 무장경찰에 사살되고 말았다. 그녀가 경찰의 경고를 듣
지 않고 가슴에 안고 있던 붉은 가방에 손을 넣었기 때문이다. 경찰은 자폭
테러를 감행할 것으로 판단했지만 가방 안에는 책이 들어 있었을 뿐이다.

자신과 같은 일반시민이 아무리 항의의 목소리를 높여도 이스라엘과 팔
레스타인의 보복 전쟁은 멈출 수가 없다. 매일 죄 없는 희생자가 계속 생겨
난다. 그중에는 무기를 소지하지 않은 힘없는 민간인, 여성과 아이, 노인이
포함되어 있으며 결국 자신의 가족과 친구도 휘말리게 될 것이다. 그런 무
력한 자신이 무엇을 할 수 있을까? 그렇게 자문하여 올가가 생각해낸 답은
이랬다. 서로 대립하는 두 국가라는 적을 공격할 것이 아니라 자신의 생명
을 상대에게 내어줌으로써 전쟁의 불합리성을 밝혀내는 것이었다.

삶에도 죽음에도 무관심할 수 있어야 비로소 완전히 자유로울 수 있다.

— 〈아워 뮤직〉

테러를 가장하여 적에게 자신을 살해하도록 하는 형태로 자살을 계획하여 '나는 이 세상을 살아갈 희망을 찾을 수 없다'라는 메시지를 보낸다. 그런 올가의 저항은 순수하지만 너무나 미숙했다. 마침 영화관에 있던 사람들에게 죽음의 공포를 맛보게 하고 동포를 지키는 일을 하면서 동포를 죽인 죄 없는 살인자를 만들었기 때문이다. 이것으로 올가의 행위를 테러의 일종이라고 부정한다면, 그녀가 품은 마음에 대해 너무 잔혹한 것일까?

테러리스트는 범죄를 과시한다

21세기는 테러의 세기라 불린다. 그 이유는 2001년 9월 11일에 이슬람교 원리주의 과격파 조직인 알카에다가 미국 동시다발 테러를 실행한 것에서 기인한다.

납치된 대형 여객기의 충돌로 세계무역센터 빌딩이 굉음을 내면서 무너져 내리는 모습을, 그리고 뒤이은 일련의 파괴행위를 우리는 TV와 인터넷을 통해 실시간으로 목격했다. 이 사건은 그 규모나 예상치 못한 수단으로 신세기를 뒤덮은 무겁고 두꺼운 암운을 우리 뇌리에 새기게 된 것이다. 실제로 그 뒤에도 다양한 지역에서 단속적으로 테러가 자행되었고, 알카에다 괴멸 이후에도 이슬람국가라는 새로운 형태의 조직으로 계승되어 더욱 교활하고 잔인한 사건들로 이어졌다.

그러나 이런 문제는 오늘 당장 시작된 일이 아니다. 그것은 1990년대 제2차 세계대전 후, 국제 질서의 축이었던 동서냉전 구조가 붕괴되면서 그때까지 강대국의 압도적인 정치, 경제, 군사의 압력으로 억제되어왔던 민족 대립이 그 봉인이 해제되어 폭력이라는 형태로 분출되는 시대적 추세에 가담한 것이기 때문이다.

테러로 치닫는 이슬람교도에게 기독교 사회에 대한 증오는 역사상의 종교적 대립뿐 아니라 제2차 세계대전 이후 국제질서 속에서 겪어온 차별과 박해의 산물이기도 하다. 갓 출범한 국제연합UN의 주도하에 1948년, 나치 독일을 '청산'하기 위해 유대인의 국민국가인 이스라엘이 세워졌다. 그로 인해 팔레스타인은 거주지와 성지를 동시에 빼앗겼다. 그 이후 안정된 생활을 찾아 이주한 국가들에서 겪은 차별과 이스라엘로부터 성지를 탈환하려는 전쟁이란 두 상황이 세계 각국에서 차별을 경험해온 일부 이슬람교도를 '지하드jihād'라는 이름하에 '이교도에 대한 보복'으로 몰아갔던 것이다.[2]

그래서 아무리 잔혹하고 불법적인 행위일지라도 그들에게는 그들 나름의 정당한 이유가 있고 그들은 자신을 테러리스트로 여기지 않는다.[3]

그들은 죽은 뒤의 영광 또는 자신의 행동이 개척할 미래 세계로부터 폭력의 정당성을 끌어오는 것이며, 당장은 자신과 같은 가치관을 가진 사람들 사이의 칭송에 의존하고 있다. 따라서 '테러리스트'는 현재 사회질서 속에서는 범죄자이지만 자신의 동료가 실현할 미래 혹은 신의 세계 피안에서는 영웅이다.

그리고 이러한 테러리스트의 행동은 그들이 실현하고자 하는 목적이 비현실적일수록 다양한 형태를 띠게 되고 그 대상도 현재의 부정한 세계에 가담하는 사람이라면 누구라도 좋다는 식으로 확장해나간다. 정치적 테러

---

2 '지하드'는 '신의 도리를 위해 투쟁하고 노력한다'는 의미로, 여기에 전투는 포함되지 않는다. 그러나 현재는 기독교 사회에 대한 공격을 '지하드'라고 부르는 경우가 많아 일본에서는 '성전'으로 번역한다. 또한 《코란》에서는 신앙을 섬기는 방법은 다르지만 동일한 신을 믿는 유대교와 기독교 신도의 살해가 금지되어 있다. 이 때문에 이슬람교 원리주의 과격파조직은 십자군을 증거로 삼아 현재의 유대, 기독교 사회에 대한 전투를 '십자군에 대한 보복'의 형태로 정당화하고 있는 것으로 보인다.

3 원래 테러의 어원이 된 프랑스어 'terror'를 정치에 적용한 것은 프랑스혁명 이후에 로베스피에르 독재정권을 공포정치로 표현하기 위해서였다. 그 이후 '테러리즘'은 일관되게 '공포'를 이용해 타인을 지배하는 행위를 뜻하는 비난의 언어가 되었다.

리스트보다 종교적 테러리스트가 행동 예측이나 협상 실마리를 찾기 어려운 이유가 이런 사정 때문이다.

다시 말해, 알카에다나 이슬람국가의 활동은 그 파괴 행동을 '성전^{지하드}'이라 부름으로써 종교적 지지를 시사하는 한편, 현실사회에서 실현하려는 목적을 전혀 드러내지 않고 있다. 때문에 일상생활에 대한 절망에서부터 순수한 종교적 헌신에 이르기까지 폭넓은 동기를 가진 사람들을 포섭하며 확산, 비대화하여 우리에게 전 세계 어디서나 테러가 발생할 수 있다는 공포를 주는 절대적 효과를 가지는 것이다.

공포가 낳은 대테러 전쟁

'9·11' 이후 전 세계에 '공포'가 만연했다. 주모자가 누구고, 얼마만큼의 인원과 병기를 지니고 있으며 거점은 어디인지, 목적이 무엇인지……. 무엇 하나 분명하지 않은 보이지 않는 적을 향해 자신들이 어떻게 대처해야 할지 짐작도 할 수 없었기 때문이다. 알지 못하는 것만큼 무서운 것은 없다. 따라서 비상사태 선포하에서 의혹과 감시의 눈은 어제까지는 어디서나 볼 수 있었던 시민인, 국내 이슬람교도에게로 그들과 외모가 비슷한 사람들에게로, 그들과 어울렸던 사람들에게로 한없이 퍼져나갔다.

그러한 가운데 직접적 공격 대상이었던 미국이 발 빠르게 대책을 강구하고 나섰다. 당시 대통령 조지 W. 부시는 사건 당일 테러리스트들을 악마라고 명명하고 폭력에 굴하지 않고 철저히 항전할 것을 선언했다. 그런 뒤에 자국의 군과 UN을 향해 미국은 '세계에서 자유와 기회가 가장 빛나는 모닥불'이며 테러에 대한 군사적 제재는 '정당한 전쟁just war'이니 미국에 대한 비난은 곧 '자유에 대한 도전'이라고 호소했다.

부시의 연설은 국내외 질서를 유지하기 위해 테러조직을 공격한다는 큰 틀을 유지하면서도 점차 공격 대상을 테러조직에서 테러 지원국가를 거쳐 잠재적 테러국가로 확장했다. 공격 방식도 자국방위에서 적에 대한 보복을 거쳐 선제공격으로 과격화했다.[4]

부시의 이 같은 발언 변화는 두 가지 정치적 계산이 맞물려 나온 것이다. 하나는 주권국가 간의 무력행사라는 전쟁의 기본원칙을 벗어나는 대테러전쟁을 정당화하기 위해 국내외 여론을 자기편으로 끌어들이려는 의도이다. 다른 하나는 이번 기회에 미국 중심의 국제질서에 대한 위협을 완전히 없애겠다는 것이다. 부시의 언행에 이 같은 모순점이 있음에도 미국과 미국을 지지하는 국가들은 아프가니스탄 탈레반 정권을 침공, 이라크 후세인 정권에 대한 예방적 공격으로 행보를 옮겼다.

이러한 국제 정세에 관해 데리다는 그의 독특하고도 복잡한 관점에서 다음과 같은 전망을 내보였다.[5]

'9·11'로 명명된 사건을 파악하는 데 어려움을 겪는 이유는 미국이 키운 정치 수단으로서 공포가 미국 자신에게 반전되었다는 점이 포함된다. 이런 사정을 감안하지 않고 안이하게 '선/악'을 고정하고 대테러전쟁으로 방향을 돌리는 것은 연쇄적 복수를 낳을 뿐이다. 더구나 테러와 전쟁의 구별을 소실시켜 그 설립과 유지에 공포를 이용해온 국가나 국제질서가 안고 있는 정당성의 결여를 드러내게 될 것이다.

---

4 피터 싱어, 《'정의'의 윤리 – 조지 W. 부시의 선과 악(The President of Good and Evil: The Ethics of George W. Bush)》(2004) 참조.

5 자크 데리다, 《자기면역 – 현실적 자살과 상징적 자살(Autoimmunity: Real and Symbolic Suicides)》 참조. 단, 데리다는 현실의 질서유지를 주장하는 것이 아니다.

이 같은 데리다의 지적은 '9·11' 약 15년 뒤에 더욱 심각한 형태로 현실이 되었다.

아프가니스탄에서의 소탕 작전과 이라크에서의 공습 및 주둔 결과 괴멸 상태에 몰린 알카에다와 후세인 정권의 잔당이 손을 잡고 세계 각국에서 차별 대상이 되었던 이슬람교도들을 포섭하여 이슬람 국가를 설립했기 때문이다. 이들은 시리아를 중심으로 세력을 확대하고 일반 시민을 은신처로 삼으면서 이교도에 대한 박해와 살육을 거듭하는 동시에 전 세계에 퍼져 있는 동지들을 동원해 기독교 사회에 대한 무차별 테러를 일상화했다. 그후 2017년에 이슬람 국가는 거의 해체되었지만 지금도 동일 세력이 세계 각지에 잠복해 있다.

이런 테러의 세기에서 우리는 무엇을 의지해야 할까? 지금 그 해답을 줄수 있는 사람은 어디에도 없다. 그러나 우선은 근현대의 철학자가 제시한 전쟁과 평화에 관한 몇 가지 견해를 참고해보자.

2. 영원한 평화의 이상에서 정의의 전쟁이란 타협 방안으로

영원한 평화로 가는 'UN'

무차별 테러와 대테러 전쟁의 응수가 이어지는 속에서 많은 사상가와 연구자가 현대의 전쟁을 어떻게 이해해야 할지, 어떤 해결책을 제안해야 할지 알 수 없어 애를 먹었다. 그런 가운데 200년도 더 전에 발표된 칸트 노년의 저서 《영원한 평화를 위하여》[6]가 거듭 거론되었다.

---

6 원제: Zum ewigen Frieden(1795).

칸트가 태어나고 평생을 살았던 쾨니히스베르크는 독일 연방과 러시아 국경 부근에 위치한 무역도시로, 강대국의 사정에 따라 귀속되는 국가나 도시 이름이 바뀌는 상태에 있었다. 시대는 근대국가가 설립되기 이전, 유럽 국가들이 절대군주제라는 통치 형태를 취하고 국가 간 조약이 각각의 사정에 따라 쉽게 체결되고 파기되는 불안정한 시국이었다. 각 지역에서 전쟁이 계속 발발하였고 평화라는 말은 종교적인 안식의 의미가 강하고, 정치적으로는 일시적인 '강화講和'를 나타내기에 불과했다.

이런 상황에서 칸트는 영원한 평화가 실현되기 위한 조건들에 관해 그 과정에서 필요한 예비조항과 평화를 확고히 하는 데 필요한 확정조항으로 나누어 정리했다. 주목해야 할 논점이 전체적으로 포함되어 있지만 여기서는 그 개요를 파악하는 데 노력하자. 우선, 예비조항은 다음과 같다.

Ⅰ 영원한 평화를 위한 예비조항

① 은밀하게 미래 전쟁의 씨앗을 지닌 채 체결된 평화조약은 결코 평화조약으로 보아서는 안 된다.

② 독립적으로 존립하는 어떤 국가(그 크고 작음은 여기서는 문제가 되지 않는다)도 상속, 교환, 매수 또는 증여에 의해 다른 국가가 이를 소유하는 일이 있어서는 안 된다.

③ 상비군은 시간과 함께 모두 폐지되어야 한다.

④ 국가의 대외적 분쟁에 관해 어떤 국채도 발행해서는 안 된다.

⑤ 어떤 국가도 다른 나라의 체제나 통치에 폭력으로 간섭해서는 안 된다.

⑥ 어떤 국가도 타국과 전쟁에서 미래의 평시에 상호 신뢰를 불가능하게 할 적대적 행위를 해서는 안 된다. 그것은 암살자나 독살자의 고용, 항복 협정의 파기, 적국 내에서 배신 선동 등이다.

여기서 언급된 내용은 '평화' 실현을 목표로 하는 국가 간에 충족되어야 할 최소한의 규칙이다. 그 취지는 설명의 형편상 순서와 상관없이 간략히 요약하면 다음과 같다.

국가는 서로를 독립된 주권자로 존중하고 그 내정에 간섭해서는 안 된다. 이 같은 국가 간의 평화조약은 서로의 국가적 이해를 숨기고 상황에 따라 파기할 의도가 동반되어서는 안 된다. 그리고 평화가 유지됨에 따라 개별 국가는 서서히 군사력을 감축하여 서로에 대한 신뢰를 쌓아나가야 한다. 또 어쩔 수 없는 사정으로 전쟁이 발발했을 때라도 승리를 예상한 전비 조달을 강구하거나 상대국에 대해 그 국가를 괴멸시킬 정도의 파괴나 살육을 자행해서는 안 되며 전쟁 이후 평화를 모색하는 가능성을 확보해야 한다. 이상과 같은 상태가 확립되어야 비로소 영원한 평화의 길이 열리게 된다.

칸트는 이어서 이들 예비조항을 준수하는 국가 간에 형성되는 신뢰 관계를 기반으로 하면서 평화를 좀더 견고히 하기 위한 확정조항을 제시했다.

Ⅱ 영원한 평화를 위한 확정조항

① 각 국가의 시민체제는 공화적이어야 한다.

② 국제법은 자유로운 국가들의 연합에 기초를 두어야 한다.

③ 세계시민법은 보편적 우호를 가져오는 제반 조건으로 제한되어야 한다.

- 《영원한 평화를 위하여》

여기에는 현재의 국제사회를 예고하는 내용이 보인다. 우선 향후 국가체제는 국가를 구성하는 여러 신분의 의견을 집약한 공화제를 취함으로써 군주의 개인적 생각에 좌우되지 않도록 해야만 한다. 또한 그러한 국가와 국가가 하나의 공동체와 같은 연합을 형성하여 그곳에 참여하는 모든 국가가 똑같이 복종하는 국제법을 공유함으로써 개별 국가 간에 맺어지는 조약을 국제법 범위에서 벗어나지 않도록 제한해야 한다. 그리고 국가연합에 속하는 국가의 시민은 연합에 속하는 다른 국가에 대한 방문권을 보장받는다. 단, 이는 자국 안에서와 동일하게 행동한다거나 귀빈으로 특별대우를 받는 권리여서는 안 된다. 후자가 인정되면 식민지 경영과 같은 형태의 간섭 여지가 생기기 때문이다.

도덕과 정치는 공존할 수 있다

이상과 같은 칸트의 제안은 과거 국제연맹의 모델이 되었을 뿐 아니라, '유럽연합EU'이 목표해온 이상에 가깝다고 할 수 있다. 그러나 그 이상이 실현될 가능성에 관해 당시는 아직 현실성이 없는 단계였기 때문에 칸트는 스스로 다음과 같은 의문을 가졌다. 도덕이 이성을 이용해 자신의 욕망을 억제하고 선을 의지하는 개인적인 노력을 요구하는 것에 반해 정치는 복잡한 상황 속에서 서로의 목적을 실현하기 위해 흥정하는 듯한 불순하고 교활한 기교가 요구되므로 전쟁과 평화를 결정하는 정치적 상황에서 줄곧 평화라는 선을 계속 지향하는 것은 불가능하지 않을까 하는 의문이다.

이 물음에 대해 칸트는 정치적 도덕가와 도덕적 정치가를 대비하는 형태로 답한다.

칸트에 따르면 정치적 도덕가는 도덕적 목적을 실현하기 위해 정치적 수단을 구사하는 사람이다. 그는 평화를 실현하기 위해 국민과 다른 국가를 속이거나 이용한다. 따라서 그 말이나 행동은 '목적을 위해서라면 수단을 가리지 않게 된다.' 그러나 이 같은 태도는 행사 수단이 '타인을 도구로 사용하는 행위'가 되어 도덕적으로 긍정할 수 없다. 목적은 수단을 정당화하지 못하며 그때마다 수단도 도덕적으로 긍정할 수 있는 것이어야 한다. 따라서 정치적 도덕가는 아무리 열심히 선을 목표로 해도 사람들의 신뢰를 얻지 못해 평화를 가져오지 못할 것이다.

이에 비해 도덕적 정치가는 자신의 정치적 수완을 발휘할 때마다 자신의 행동이 도덕적인지 아닌지를 생각한다. 그러한 태도를 철저히 유지하는 정치가는 당초에는 국력의 증강이나 영토의 확장을 목표로 했어도 자신이 할 수 있는 행위의 범위가 도덕에 의해 제한되므로 결과적으로 도덕적 목적의 실현을 스스로에게 부과하며 성장해나간다.

칸트는 이상의 고찰로 도덕에 적합한 정치는 실현 가능하다고 말한다. 그리고 도덕적 정치가의 신념과 활동은 공화정치체제 안에서 명확히 공표된다면, 마찬가지로 도덕적 반성이 가능한 시민들이 지켜보는 속에서 권모술수를 부리고 싶은 유혹이 생기더라도 도덕에서 벗어나지 않고 그것을 준수하려는 의지를 견고히 할 것으로 예상했다.

자연 상태에 머무는 평화

그러나 칸트의 제안은 당시 사람들에게는 좀처럼 받아들여지지 않았다. 프랑스혁명 이후 국가체제는 군주제와 공화제 사이에서 흔들렸으며, 전쟁과 군대의 형태는 나폴레옹에 의해 섬멸전을 목적으로 편성된 자국의 직업군인으로 구성된 상비군으로 근대화했기 때문이다. 이리하여 서양의 국가들은 프랑스의 군사적 패권에 대항하며 경제와 군비의 증강으로 방향을 잡았다. 이런 격변기를 경험한 헤겔은 칸트의 평화론을 다음과 같이 비판했다.

국가와 국가 사이에는 법무관이 존재하지 않는다. 고작 중재자나 조정자가 있을 뿐이며 그들도 그저 우연히, 즉 특수 의지 그대로 존재한다. 칸트는 국가연합에 의한 영원한 평화를 상정했다. (……) 그러나 이 사고가 전제된 여러 국가의 동의는 특수한 주권적 의지에 근거한 것이며 그 때문에 어디까지나 우연성에 휘말리게 될 것이다.

― 헤겔, 《법철학》

19세기 유럽에서는 각각의 국가가 '국민국가'로서 자기이해를 굳히고 군비증강을 통해 제국주의로 향해 가는 단계에 있었다. 그 때문에 영원한 평화를 지향하는 협조 노선이 성립될 것이라고는 상상도 할 수 없는 상태에 있었다. 그로써 헤겔은 현실의 국가 간 관계에 관해 마치 홉스가 그린 자연상태의 것, 비록 일시적으로 평온하다 하더라도 단순한 휴전상태, 즉 잠재적인 전쟁상태에 불과하다고 생각했다.[7]

이러한 헤겔의 시대인식은 그의 사후, 제1차 세계대전이라는 형태로 증명되었다. 전쟁은 칸트가 예비조항에서 제시한 최소한의 규칙을 간단히 밟고 넘어섰다. 각국 정부는 그 군사적 목적에 따라 적국의 포로 보호와 민간인 살상 금지라는 규정을 어기고 전투 조기 종식을 위해 독가스mustard gas 등의 화학무기와 대량살상무기를 주저 없이 투입했다. 그러나 이후 인류는 그 같은 만행과 반성을 반복하면서 칸트의 이상과는 거리가 멀지만 오늘날 'UN'을 중심으로 한 질서를 형성했다. 물론 눈앞에 있는 평화를 잠재적 전

---

7   헤겔은 군국주의 체제를 찬양하지는 않았지만 평화에 대한 노력을 단념하지도 않았다. 그는 공화제에 가까운 입법부를 갖춘 입헌군주제를 상정한 뒤에 전쟁과 평화를 놓고 선택하는 판단기준은 국민 전체의 윤리적 성숙도에 따라 달라진다고 보며, 이것으로 평화의 가능성을 검토한다.

쟁상태와 구별할 수 있다고 단언할 수 있는 상태까지는 도달하지 못했다. 국제질서가 제2차 세계대전 전승국의 이해 구축과 발전을 핵심으로 한 것이 명백하기 때문이다.

그러나 UN에 참여하는 크고 작은 국가 사이에서 일정한 규칙이 공유되는 이상 그것에 의지해 상황을 개선하려는 노력은 가능하다. 일반적으로 겉모습은 속마음에 의해 뒤집히는 것이라고 생각하기 쉽지만 앞에서 서술한 도덕적인 정치가와 같이 겉모습이 강조, 견지됨으로써 속마음이 억제될 때도 있다. 이런 논의를 제시하는 전쟁론이야말로 현대사회에 필요한 이론일지도 모른다.

다음에서는 그러한 관점에서 월저의 정당한 전쟁론을 검토하겠다. 여기에는 대테러 전쟁에 관한 고민스러운 대책이 포함된다.

3. 전쟁의 옳고 그름은 도덕이 판단해야 한다

'법률가 패러다임'의 모호성

월저는 헤겔처럼 국제정세를 자연상태와 같은 것으로 상정했다. 그리고 이미 성립된 국제법 질서를 전제로, 칸트가 상정한 도덕적 정치가만큼 엄격하지는 않더라도 도덕의 관점에서 전쟁의 옳고 그름을 판단하려는 태도를 취했다.

전쟁은 국가의 권위 아래 집단폭력을 행사하고 살인과 상해를 입히는 악이므로 절대로 허용되어서는 안 된다고 생각할 수 있다. 그러나 실상은 정치적 외교의 연장선상에서 전쟁이 계속 발발하고 있다. 이에 대해 '악행은 안 된다'라고 아무리 소리를 높여도 그 소리에 귀 기울일 위정자는 많지 않다. 하물며 타국에 억류된 자국민의 구출이나 타국의 침략에 대처하기 위한 군사적 수단 일체를 포기하는 것은 현실적으로 생각하기 어렵다. 그리고 이 같은 상황에 놓이면 전쟁을 반대하던 사람도 국가에 도움을 요청할 수밖에 없다. 그렇다면 오히려 전쟁에 관해 무엇이 정당하고 무엇이 정당하지 않은지를 명확히 하여 정당하지 못한 전쟁이 일어나지 않도록 여론을 확립하는 것이 필요하지 않을까? 이것이 월저의 문제의식이다.

그래서 월저는 검토해야 할 대상을 세 가지 국면으로 구분한다. 그 내용은 ① 전쟁의 목적에 관한 '전쟁에 대한 정의', ② 전쟁에서 사용되는 수단에 관한 '전쟁에서의 정의', ③ 전쟁의 사후처리에 관한 '전후의 정의'이다.[8] 그리고 기존의 법률학에 의거한 전쟁론이 이들 세 국면 각각에 대해 제시해온 견해, 즉 '법률가의 패러다임'을 확인하고 그것에서 발견되는 문제점을 해결하는 관점으로서 도덕이 요구된다.

그렇다면 '법률가의 패러다임'이란 어떤 것일까? 월저에 따르면, 그 사고방식은 근대국가의 법질서를 국제법의 모델로 상정하고 국내 시민에게 부여된 권리들을 각각의 국가에도 보장한다는 발상에 기초한 것이다. 따라서 개개인의 생존이나 자유의 권리를 침해하는 살인, 상해, 절도 등의 범죄가 형벌에 처해짐과 마찬가지로 각 국가의 주권에 대한 침해, 즉 침략, 내정 간섭, 국민납치 등도 무력을 행사해 배제할 수 있다.

여기에서 '자위전쟁self-defense war'의 정당성이 도출된다. 그리고 어떤 범죄에 대해 국가라는 압도적 권한을 가진 조직이 개인에게 처벌을 집행하는 것과 마찬가지로, 국가의 불법행위도 국제사회가 협력해 국제법에 입각

---

8   ①과 ②는 베트남전쟁에 반대한 《정당한 전쟁과 부당한 전쟁(Just and Unjust Wars)》(1977년 초판)에서 제시한 관점이며 ③은 이라크전쟁을 감수한 《전쟁을 논하다》(2004)에서 추가한 것이다.

한 제재 형태로 처벌할 수 있다. 다시 말해, '법 집행의 전쟁'도 정당화되는 것이다.

이렇게 도출된 두 '전쟁'을 월저는 기본적으로 용인한다. 그러나 그 적용 사례를 앞의 세 가지 전쟁 국면에 입각해 자세히 살펴보면, '법률가의 패러다임'에 구체적인 작전수행에 관해 가치판단을 내리는 기준이 결여되어 있다는 사실이 드러난다.

예컨대 이라크전쟁에서 미국 정부의 방침을 요약하면 다음과 같다.

① 전쟁의 목적: 미래에 발생할 수 있는 국제사회에 대한 위협, 즉 테러를 미연에 방지한다. 이를 위해 생화학무기와 대량살상무기를 보유하고 과거에 국내 소수민족을 살육한 후세인 정권을 타도한다.

② 전쟁의 수단: 후세인 정권의 핵심을 맡고 있는 사람의 은신처나 군비를 비축한 장소가 명확하지 않으므로 의심스럽다고 판단되는 시가지에 공습을 감행한다.

③ 전쟁의 처리: 후세인 정권 이후 국내 질서를 유지하기 위해 군대를 주둔시켜 치안을 유지하고, 이라크 국민의 자주적이고 민주적인 국가 재건을 지원한다.

이 방침에는 다음과 같은 의문이 든다. ① 직접 공격을 해오지 않은 국가에 대한 '예방적 공격'이 '자위'라는 개념에 해당되는가? 원래 '자위'의 범위를 어떻게 정의하는가? 한편, 한 국가에서 인권침해가 자행되고 있다고 추정될 경우 '법집행 전쟁'으로서 군사개입이 정당화되는 기준은 무엇인가? ② 시가지 공습은 아무리 정밀하게 실행해도 주변에 거주하는 민간인의 피해가 예상되는데, 이 경우 공격의 옳고 그름을 판단하는 기준은 무엇

286

인가? ③ 전쟁 후 전승국이 패전국 부흥과 민주화에 어느 정도까지 관여해야 하는가?

월저에 따르면 이 문제에 관해 법률가 패러다임은 명확한 기준을 제시하지 못한다. 그 이유는 전쟁에 관한 규정을 각각 사정이 다른 당사국에 맞추어 미리 법으로 정하는 것은 불가능하기 때문이다. 실제 전쟁에서 법률가가 '국제법상으로는 금지하고 있지 않다'라고 인정한 범위 내에서 정치가가 국익에 적합한 '비용 대비 효과가 큰 선택사항'을 추진하는 경향이 생기는 것은 이 때문이다. 다시 말해, 이라크전쟁의 사례에 관해 말하자면 ① 미래의 위험을 한 발 앞서 제거하고 ② 주모자를 말살하기 위해서라면 소수의 희생은 부득이하며 ③ 이권을 확보한 후에는 가능한 한 빨리 철수하는 것이 정치적으로 타당한 판단이라고 할 수 있다.

도덕적 정의에 적합한 전쟁

이상과 같은 법률의 틈을 빠져나가는 형태의 정치가 동향은 완전히 배제할 수 없다. 그러나 우리는 '법률로 금지하지 않았다면 무슨 짓을 해도 괜찮다'라는 발상에는 의문을 느낀다. 이는 자신이 습득한 윤리와 문화에 의해 '선/악' 혹은 '긍지/수치'의 형태로 '해야 할 것/해서는 안 되는 것'을 판단하기 때문이다. 월저에 따르면 법률로 확정할 수 없는 모호한 영역에 관해서는 도덕적 판단이 필요한데, 그 기준은 정치인의 의견이나 행동에 대해 비판적 시각을 갖는 민중이 '이성적 숙고rational deliberation'를 하여 키워나가지 않으면 안 된다. 그리고 자국 내에서 국민에게 보장하는 권리는 적국에서도 확보되어야 한다는 의미에서의 '정의justice'가 도덕적 기준으로 채택, 공유될 것이다.

이런 월저의 관점에서 보면 앞의 문제점에 관한 답변은 다음과 같이 생각할 수 있다.

① 전쟁의 목적: 예방적 전쟁은 상대국의 자위권을 침해하므로 '부당하다(unjust).' 다만, 상대국이 실제로 공격을 계획하고 실행 단계에 들어선 경우, 자국을 방위하기 위한 대처 또는 전쟁을 미연에 방지하는 무력행사에 해당되어 '정당하다(just)'고 볼 수 있다.

② 전쟁의 수단: 비록 적국의 중요 인물이라 해도 전쟁 범죄자는 체포, 구속한 뒤에 재판을 받을 권리를 가지므로 살상을 목적으로 한 공습은 부당하다. 하물며 후세인 정권에 억압, 박해받았을 민간인을 희생양으로 삼아선 안 된다.

③ 전쟁의 처리: 패전국의 전후 복구는 많은 인원과 비용이 들지만 전쟁을 시작하기 이전부터 정해진 사안이므로 국민생활이 정상화되기까지, 그들의 자발적 국가재건이 순조롭게 이루어질 수 있게 지원한다. 단, 결코 자국의 이해를 위해 관여해서는 안 된다.

물론 법률상 규정의 모호함을 메우는 도덕적 판단이, 민주적 의사결정 절차를 통해 정부의 판단을 제어한다는 것은 현실적으로는 실현이 어려운 일이다. 게다가 국민의 도덕적 견해를 집약하는 데는 막대한 시간과 노력이 필요하다. 그리고 '법률가'의 입장에서 보면 도덕적 판단은 그때마다 어떤 견해가 제시될지 알 수 없는 불안정한 것이므로, 법 규정을 세분화하는 쪽이 훨씬 실행력이 있다고 주장할 것이다.

그러나 월저가 시도하는 것은 아무리 상세한 법률을 만들어도 구체적 사례에서는 판단 불가능한 공백이 생긴다. 그러므로 그 공백에 관해 위정자에게 모든 것을 위임할 것이 아니라 그때마다 선택 사항 속 무엇이 도덕적으로 부당한지를 명확히 하면 전쟁의 목적과 수단, 결과를 도덕적으로 납득할 수 있다는 의미에서 정당한 범위로 수렴하는 것이다. 더 구체적으로 말하면 그러한 도덕적 판단이 개입되면 군사력으로 테러리스트를 제압한다는 목적에 관해서도 예방조치로는 부정되고, 테러리스트에 유린당한 타국에 대한 구호활동으로는 받아들여지는 것이다.

그것은 전쟁을 '절대악'으로 부정하는 입장에도, '필요악'으로 허용하는 입장에도, 당연히 '국익'에 적합하다고 긍정하는 입장에도 결여되어 있는 관점이다. 그리고 그것은 '영원한 평화'를 지향한 칸트가 전쟁 상태에서도 유지해야 한다고 주장한 국가 간의 신뢰 관계를 지키는 것이기도 하다.

용서라는 기적을 기다리며

이 같은 윌저의 정당한 전쟁론을 앞에 두고 결국 전쟁을 정당화하는 데만 관심을 쏟는 것은 아닌가 하는 불신감에서 다음과 같이 주장하고 싶은 사람도 있을 것이다.

"폭력은 폭력을 부를 뿐, 연쇄적 복수를 막을 수 없다. 서로에 대한 용서만이 그것을 막을 수 있다."

맞는 말이다. 그러나 그렇게 말하는 사람 대부분이 용서가 얼마나 실현하기 어려운 것인지 전혀 모른다.

"복수해도 잃어버린 것은 다시 찾을 수 없다."

"거듭 사과하면 저절로 마음이 통하고 서로를 용서할 수 있을 것이다."

"죄는 미워하되 사람은 미워하지 말라. 만약 가해자가 벌을 받아 죗값을 치렀다면 더 이상은 상대를 탓해서는 안 된다."

"일어난 일은 없던 일로 할 수 없으니 잊어버리는 편이 낫다."

저마다 옳은 의견이지만, 이것들은 피해자가 가해자에게 하는 용서라고 할 수 없다. 빼앗겼지만 단념한다는 것은 복수를 중단시키지만 가해자와 피해자의 화해는 아니다. 얼굴도 보고 싶지 않을 정도로 증오하고 두려운 상대의 사죄에 귀 기울일 사람은 많지 않다. 어떤 사죄와 단죄가 얼마나 이루어져야 용서받을 수 있을지 결정하는 기준은 존재하지 않는다. 과거의 사건이 의미를 잃을 정도의 망각은 용서와는 극과 극의 상태, 용서의 가능성 상실밖에는 없다.[9]

분명, 용서의 마음이 생기지 않는 것은 아니다. 그러나 그것은 용서한 본인조차 분명치 않은 마음의 움직임으로서 '이렇게 하면 그렇게 될 거야'라는 예측이 불가능한, 할 수 없는 사건, 일종의 기적이라고 할 수 있는 것이다.

용서는 어떻게 생겨날까? 헤겔은 이 물음에 대한 답을 《정신현상학》 속에서 대립하는 사람 사이의 동일한 죄악의 자각에서 찾는다. 아렌트는 《인간의 조건》[10] 속에서 가해자가 죄를 지은 이유, 즉 죄에 대한 무지나 어쩔 수 없었던 사정, 나아가 그 사람의 됨됨이를 알고 피해자가 받아들일 것을 요구했다.[11] 그러나 어쨌든 간에 '용서'의 길은 타인이 당사자에게 그쪽으로 나아가라고 쉽게 재촉할 수 있는 종류의 것이 아니다. 더구나 그 앞에 정말로 '화해'가 기다릴지 무엇도 약속된 것이 없다.

따라서 복수의 고리 단절은 일단 그 같은 기적이 일어날 것을 바라면서 그것을 위한 시간벌기를 하는 수밖에 없다. 그리고 그때는 월저가 모색한 정당한 전쟁의 조건도 그 한몫을 담당하게 될 것이다. 왜냐하면 아이러니하게도 예부터 서로를 신뢰하지 못하는 사람들의 대화는 상대의 배신으로

---

9 자크 데리다, 《세기와 용서》 참조.

10 원제: The Human Condition(1958).

11 아렌트는 《인간의 조건》에서 '나치'와 같은 '집단적 죄악' 내지 '근본악'은 '결코 용서될 수 없는 것'이라고 기술했다.

부터 자신의 몸을 무력을 써서 지키면서 시작되었기 때문이다.

"나는 당신과 정치나 군사가 아닌 기본적인 것, 인간의 심리나 윤리에 대해 말하고 싶다."

– 〈아워 뮤직〉

스페인이 이라크전쟁에 참가를 표명한 직후, 앞으로 여명이 얼마 남지 않았던 데리다는 오랫동안 논쟁을 주고받았던 논적인 독일의 철학자 위르겐 하버마스 Jurgen Habermas, 1929~ 로부터 연락을 받고 그가 쓴 문장에 데리다가 서명하는 식으로 해서 연명의 반대 성명을 발표했다.[12]

그들은 성명에서 과거 유럽의 강대국들이 제국주의에 의한 착취와 전체주의에 의한 대량학살 등의 과오를 범했으며 민족의 번영을 위해 수단을 가리지 않는 태도가 증오와 의심밖에 낳지 않았음을 확인했다. 그리고 유럽 국가들이 하나의 '공동체 EC: European Community'로서 상호 협력하기 위해서는 강대국이 과거를 반성하고 다음의 것을 배워야 한다고 밝혔다.

사람들에게 강제되어 사람들을 뿌리 뽑으려 했던 근대화의 폭력 – 그 폭력의 책임을 지는, 승자라는 저속한 역할 속에 놓인 자신을 패자의 관점에서 인식하는 것이다.

– 데리다·하버마스, 《테러 시대의 철학》〈우리의 혁신: 전쟁 이후 유럽의 재탄생〉[13]

---

12 미국의 이라크전쟁을 계기로 분열된 유럽의 상황을 반성하고, 유럽이 나아가야 할 길과 역할에 대한 조언을 담고 있다(2003. 5. 31).

13 원제: Philosophy in a time of terror: Dialogues with Jurgen Habermas and Jacques Derrida.

싸우지 않고 전쟁을
종결시킬 수 있을까?

미국의 정치학자 진 샤프(Gene Sharp, 1928~2018)는 전쟁과 분쟁을 제3국과 UN군의 군사력으로 제압하려는 시도는 현지 상황을 복잡하게 만들고 전투를 수렁 속으로 밀어넣을 뿐이라고 주장했다. 그에 따르면 정전(停戰)이나 강화와 같은 해결책에 다가가는 방법은 정치적 협상으로 해결할 수 있는 분쟁을 무력 투쟁으로 비화하지 않는 것이라고 했다. 예컨대 일반 시민은 적군에 대하여 무력을 사용하지 않는 무저항, 그렇다고 상대의 말대로 하는 것은 거부하는 불복종이라는 반전 태도를 관철해야 한다. 한편, 전쟁 당사국 이외의 국가들은 이런 상태를 토대로 협상 테이블을 준비하거나 식량과 의료를 지원해야 한다. 이러한 샤프의 사상을 수용할 경우 우리는 국가 및 시민 생활의 차원에서 어떤 준비를 해야 할까?

제 V 부

게릴라성 호우가 내릴 이유가 없다?

———— 제 **13** 장 ————

인간이 정령과
더불어 사는 조건

1. 오늘 밤에도 '이름을 돌려줘'라며 요괴들이 찾아온다

'우인장(친구 장부)'에 기록된 요괴의 이름

'어려서부터 가끔 이상한 것을 보았다. 다른 사람에게는 보이지 않는 모양이다. 아마도 요괴라고 불리는 부류.'

— 미도리가와 유키(緑川ゆき), 《나츠메 우인장》 제1권[1]

한적한 시골마을에 사는 고교생 나츠메 다카시에게 이따금 요괴나 정령이 찾아온다. 그가 '사람이 아닌 것'을 보거나 이야기할 수 있는 특별한 능력을 가지고 있어서만은 아니다. 오히려 나츠메의 할머니 레이코가 남긴 '우인장'을 물려받았기 때문이다.

'우인장'에는 요괴와 정령, 수호신 등 다양한 요괴의 이름이 적혀 있다.

———————

1   원제: 夏目友人帳(2008).

294

남다른 요력을 가진 탓에 주변 사람들의 미움을 산 레이코는 무료함을 달래기 위해 요괴들과 내기를 했고 그 끝에 빼앗은 것이다. 그리고 우인장에 이름이 적힌 요괴는 그 주인이 호출하면 언제든지 부름에 응하고 명령에 따라야 한다.

그래서 이름을 다시 되찾아 자유로워지려는 요괴와 우인장를 이용해 다른 요괴를 지배하려고 하는 요괴가 번갈아가며 나츠메를 노리고 그를 궁지에 몰아넣는다……. 이것이 기본 설정이고 에피소드마다 조금씩 양상이 다르다.

마음 착한 나츠메의 성격 탓인지, 그의 경호원 '고양이 선생'^{고급요괴 마다라가 변신한 모습}의 의뭉스러운 말투 때문인지 펼쳐지는 이야기는 기이하고 공포스럽기보다는 다정하고 따스한 인상을 남기는 사연이 대부분이다.

어째서 요괴는 이름을 돌려받으려 하는 것일까?

애초에 이름을 빼앗겨도 요괴들은 서로를 그 이름으로 부른다. 게다가 요력이 떨어지는 것도 아니다. 우인장의 주인이 소환만 하지 않으면 평소와 다름없이 살아갈 수 있다. 분명 이름이 적힌 종이가 불에 타기라도 하면 요괴에게도 똑같은 일이 일어난다고는 하지만 그것을 두려워하는 것 같지도 않다. 그러니 요괴들이 굳이 이름을 되찾으려 하는 이유를 짐작할 수가 없다.

요괴는 문득문득 나츠메를 찾아온다. 그리고 이상하다는 듯이 말한다. "아무래도 전과는 분위기가 달라……." 나츠메는 "네가 만난 사람은 나의 할머니 레이코이고, 얼마 전 돌아가셔서 내가 우인장를 물려받았어"라고 대답한다. 그러면 그들은 쓸쓸하게 중얼거린다. "그래? 레이코는 이제 없는 거야? 사람의 아이는 정말 허무하구나"라고.

그래서 그들은 분명 참을 수 없게 된 것이다.

원래 인간과는 어울린 적이 없는 자신에게 말을 걸어주고 시비를 거는 척하며 놀아준 괴짜 소녀를 요괴는 다시 한번 만나고 싶은 것이다. 하지만 아무리 기다려도 이름이 불리지 않자 기다림에 지쳐 '이름을 되찾겠다'는 구실을 대고 먼저 인간의 아이를 만나러 오는 것이다.

이렇게 생각하면 요괴의 이름을 적은 장부에 부여된 친구라는 말은 레이코가 자신에게 굴복한 요괴에게 부여한 제멋대로의 호칭이 아니라 사람이 아닌 존재와 친근하게 대화할 수 있는 권리를 얻은 기쁨의 표현이지 않았을까? 물론 장부에는 지나친 행동 때문에 응징당한 악령의 이름도 들어 있기 때문에 이따금 나츠메 신변에 곤란한 상황이 생기기는 하지만 말이다.

먼 옛날 인간은 태양과 대지, 바다와 숲, 살아 있는 모든 것, 자신을 둘러싼 만물에서 신들과 정령을 발견하고 그 품에 안겨 살아갈 수 있는 것에 감사하며 살았다고 한다. 그곳에는 장난을 좋아하는 요괴와 생각에 잠긴 정령도 함께 살고 있었을 것이다. 인간의 아이는 오래도록 요괴에게 보호를 받으며 그 짧은 일생을 살아왔다. 그것은 현재도 계속되는데 대부분의 사람들은 그것을 잊고 있다. 이와 같은 세계관이 이야기 배경에 감돌고 있다. 그러니까 요괴로부터 이름을 빼앗은 레이코의 말조차 따뜻하게 들린다.

'너 이름이 예쁘구나 / 이렇게 해서 너는 나의 부하야 / 이름을 부르면 달려와야 해.'

– 《나츠메 우인장》 제1권

이름 짓기의 정반대 의미

이름이란 신기한 것이다. 우리는 누구나 이름을 가지고 있다. 부모에게서 주어진 이름은 그것이 자신의 마음에 들든 그렇지 않든 거기에 담긴 부모의 바람과 센스가 어떠한 것이든, 그것은 일생 동안 나와 함께 길을 가게 된다.

어디서 태어나 자랐고, 어느 학교를 다녔고, 어떤 기업에 근무했는지. 그러한 단계에서 무엇을 해왔는지. 공부, 운동, 배움……. 알려고만 하면 개인은 물론이고 가족과 친척까지 그들의 인생기록은 얼마든지 추적할 수 있다. 만일 범죄를 저지른 사실이 있다면 그 죄를 속죄할 때까지는 이름 위에 용의자나 피고 또는 수형자와 같은 부정적 낙인이 찍혀 일반 시민이 아님을 분명히 한다. 그래서 그것은 우리 삶의 기록이며 외부에서 볼 때 우리가 어떤 사람으로 이해될지를 특정하기 위한 지표이다. 반대로 말하면 이름이 주어지면 우리는 한 사회의 일원으로 살아갈 권한을 획득하는 것이다.

그러나 자연계에는 원래 이름이 존재하지 않는다.

개와 고양이가 서로를 '스코티시 테리어Scottish terrier'나 '러시안 블루Russian Blue'와 같은 종류로 인식하는 일은 있을 수 없다. 또한 반려동물로 사육되는 동물도 가족이 지어준 이름으로 불리며 친자식처럼 사랑을 받고 그 부르는 소리에 반응을 보이며 주인에게 달려간다. 어리광을 부리고 토라지기도 하고 주인을 핥는 등 가족의 일원으로 살지만 이름이란 개념을 이해하지는 못한다. 그것은 어떤 생물이 특정 가정에서 사육됨으로써 인간 사회의 일원으로 인정받았다는 표시이다. 그리고 인간이 자신들을 이해하는 의미의 세계로 그들의 존재를 받아들인 결과이다.

확실히 상냥하고 배려가 넘치는 가정에서 자라는 생물은 행복할 것이다. 하지만 대부분 생물은 그러한 환경을 만나지 못한다. 그 가정에 이를 때까지 번식, 선별, 매매와 같은 상업적 활동 속에서 그들과 닮은 다른 수많은 개체가 생명을 빼앗기기 때문이다.

《구약성서》〈창세기〉 속에서 아담이 처음 한 일은 낙원에 사는 생물에게 각기 다른 이름을 지어준 것이었다. 그리고 그 행위는 단순히 그 생물을 구별할 뿐 아니라 인간이 자신의 생활을 위해 그들을 이용한다는 의도가 담긴 것이다. 그리고 그것은 '우리의 형상을 따라, 우리의 모양대로, 사람을 만들라. 그리고 바다의 물고기, 공중의 새, 가축, 땅의 짐승, 땅을 기어 다니는 모든 것을 다스리게 하자'라는 신의 뜻에 부합하는 것이었다.

인류는 생물을 자세히 분류하고 그 생태를 조사해왔다. 그러한 인식 활동에는 틀림없이 순수한 지적 호기심과 생명의 신비에 관한 경외심이 담겨있다. 그러나 다른 한편으로 어떤 동식물이 인간의 생활에 도움이 되고, 어떻게 이용할 수 있을지, 혹은 반대로 무엇을 절대 먹어서는 안 되는지 등의 실천적 지식을 얻으려는 동기가 작용한 것임이 틀림없다.

그래서 자연에 이름을 부여하는 행위는 인간 생활양식의 일부로서 자연을 동일화하는 작업의 요점이란 의미에서 '인간의 자연지배'의 상징이다. 그리고 반려동물에게 주어진 이름도 그러한 상태가 되기를 그 생물 자신이 원해서 선택했다는 사실은 개재하지 않으므로 자신이 그 동물을 마치 인간의 가족인 것처럼 대하는 형태의 지배의 증명이 된다.

행운의 닭이 찾은 우연

이런 관점에서 보면 가끔 언론에 나오는 흐뭇한 뉴스도 왠지 뒷맛이 쏩쏠할 때가 있다. 2016년 오사카 텐노지天王寺 동물원에서는 행운을 부르는 닭이 인기를 끌었다. 방문객은 직원과 함께 산책하는 닭 한 마리를 발견하면 '안아보고 싶어요'라고 부탁한다. 그런 뒤 닭과 함께 행복한 얼굴로 사진을 찍어 SNS에 올린다.

두 사육사 이름을 조합해 '마사히로'라고 이름 붙인 이 닭은 원래 병아리 시기에 소형 육식동물의 생먹이로 동물원에 팔려왔다. 그런데 당시 갓 인공 부화한 청둥오리의 새끼가 스스로 먹이를 먹지 못하자 '시연 지도 역할'로 뽑혀 또 한 번 죽음을 면했다. 그 뒤, 동물원 안을 휩쓸던 야생 족제비를 없애기 위해 3일 동안 미끼로 덫에 놓여 있었는데 웬일인지 족제비가 나타나지 않았다. 그리고 성장한 후에도 보통은 대형 육식동물이 건강에 문제가 생겼을 때 생먹이로 쓰여야 하는데 마침 모두가 건강하여 필요하지 않게 되었다. 결국 닭은 살아남았다. 그러자 원래부터 동물을 좋아하는 직원들의 귀여움을 받는 것은 당연한 일이었다.

그러나 이름을 둘러싼 여러 사정을 들어보면 솔직히 다행이라고 생각할 수만은 없다. 애초에 무엇을 위해 동물원이 있을까? 그곳에 수용, 전시된 동물과 먹이가 되는 동물은 어떤 기준에 따라 구분할까? 그들을 입수하기까지의 과정에 어떤 규칙과 절차가 존재할까? 우리는 이런 것을 거의 아무것도 모른다. 실내에서 휴식을 취하는 고양이나 개에게 쏟는 관심을 조금이라도 다른 생물에게 돌릴 수는 없을까…….

그러나 세상에는 인간의 자연 지배를 단호히 비난하는 사람도 있다.[2] 그들은 자연에 관해 어떤 생각을 할까? 그것을 알아봄으로써 우리 또한 자신의 삶을 재조명하는 기회를 얻을 수 있을지도 모른다. 이것이 이 장의 철학적 질문이다.

2. 자연 속에서 자연을 지배하려고 한 동물

자연환경과 생태계의 차이

병든 세계 - 새 생명의 탄생을 알리는 소리는 더 이상 들리지 않는다. 마

---

2 자연보호 사상의 계보에 관해서는 로드릭 내시(Roderick Nash), 《자연의 권리(The Rights of Nature)》 참조.

법에 걸린 것도 적에게 습격당한 것도 아니다. 모든 것은 인간이 자초한 재앙이었다.

– 레이첼 카슨, 《침묵의 봄》[3]

미국의 화학자 레이첼 카슨Rachel Carson, 1907~1964은 1962년에 발표한 《침묵의 봄》에서 농약과 화학약품의 섭취 그리고 그 독성의 축적, 농축에 따른 신경계와 내장의 급성, 만성중독의 위험성을 지적했다. 또한 20세기에 들어 급속도로 확대된 산업사회에 대한 의문을 제기했다. 그녀의 학설은 당시 피해망상이라며 냉소의 대상이 되었지만 그 뒤의 연구조사, 실제 공해와 환경파괴의 발생을 계기로 점차 받아들여지게 되었다. 그리고 인류의, 특히 경제 선진국의 생활양식을 재검토하는 데 막대한 영향을 미쳤다.

동물보호단체와 자연보호단체의 활동과 더불어 카슨을 비롯한 과학자와 사상가, 예술가 등의 호소가 있어 오늘날 환경보호라는 말이 좋든 싫든 우리 사회에 보급되었다. 여기에 포함되는 내용과 목표는 매우 다양해서 그것들을 하나로 묶기는 어렵지만 일반적으로는 두 방향성으로 크게 나눌 수 있다고 한다.

그 하나는 자연계를 인간의 번영을 위한 자원으로 이해하는 자세를 기본으로 하는 인간중심주의이다. 단 이 견해는 항상 자연지배에 빠지는 것이 아니라 그것이 인간생활의 '환경environment'으로 유지되는 수준에서 자연착취를 자제한다는 발상이 포함된다. 이 견해로 분류되는 존 패스모어John Passmore, 1914~2004에 따르면 자연보호는 인간의 손이 닿지 않은 자연 그대로를 지키는 '보존preservation'이 아니라 환경오염 대책이나 자연자원 절약

---

3   원제: Silent Spring(1962).

과 같은 형태로 어디까지나 인류에 공헌하는 '보전conservation'이어야 한다. 왜냐하면 전자는 자연에 대한 복종과 숭배이며 전체주의 국가와 같이 인간의 존엄이나 개인의 자유를 부정하기 때문이다.

그것은 '과학과 기술, 민주주의와 자유'라는 서양문명에 반하는 무지와 야만으로 회귀하는 것이다. 《성경》에도 있듯이 인간은 신을 대리하여 자연을 돌볼 책임이 있는 '집사^{농원 관리자}'여야 한다. 이것이 '인간중심주의' 환경보호의 전형이다.

다른 하나는 자연중심주의로 불리는 주장이다. 이것은 카슨이 제시한 바와 같이 자연 파괴를 인식해 인간이라는 종의 보존과 번영만을 추구해온 근대 이후의 문명사회를 반성하고 자연이 인간으로 인해 희생되지 않도록 자제하자는 주장이다. 다시 말해 '어떤 무언가가 생물 공동체의 통합, 안정, 미를 유지하는 경향에 있다면 옳다. 반대의 경향을 띤다면 옳지 않다'라고 생각하는 것이다.[4]

이 자연중심주의에도 다양한 발상이 포함될 수 있다. 그러나 그중에서 특히 극단적인 것이 '생태계중심주의ecocentrism'이다. 이는 20세기 초에 등장한 '생태계ecosystem'라는 개념을 통해 한 생물의 삶이 다른 생물의 죽음에 의존하는 형태의 상호의존관계로서 자연 전체를 이해하는 관점을 얻고, 그러한 전체를 하나의 생명체로 생각해 그 유지와 번영이라는 관점에서 인간의 생활양식을 평가하는 것이다.[5]

---

4 레오폴드, 《모래군의 열두 달》 참조.

5 원래 '생태계'라는 개념은 다종다양한 생물의 생사 및 영양 섭취 등의 행위가 낭비 없는 에너지 순환을 이루고, 하나의 조화로운 전체로서 생성, 발전, 존속하는 시스템이라는 관점에서 자연 현상을 설명하기 위한 가설이었다. 따라서 이론적인 차이나 실험에 의한 검증이 필요하지만 현재는 일반적으로 인간의 부자연스러운 간섭이 없으면 성립되는 '생명활동 전체의 조화'로 사용되며, 환경사상에서도 그것이 사실인 것처럼 전제되고 있다.

이러한 관점에서는 그 연장선상에서 더욱 과격한 사상이 생겨난다. 이는 개체나 종의 가치가 생태계 전체에 대한 기여 정도에 따라 평가되므로 전체의 이익에 반하는 것은 전체의 희생이 되어도 좋다고 간주될지 모르기 때문이다. 베어드 캘리콧J.Baird Callicott, 1941~에 따르면 만일 인간과 희귀생물 중 어느 한쪽의 생존을 선택해야 할 경우가 있다면 자연 전체에 대한 악영향이라는 관점에서 인간이 희생되어야 함에는 의심할 여지가 없다는 것이다.

원생 자연이란 신의 선물

이상과 같은 자연보호사상의 분류나 상세는 이미 국내외 연구자에 의해서 좀더 면밀하게 정리, 소개되었다. 그리고 2011년 동일본 대지진 이후 환경보호는 자명한 규범으로 다루어졌고 재생가능 에너지와 같은 구체적 시책에 관한 저서가 사상적 저서보다 많이 출판되었다. 그러나 그러한 추세에 확고한 도덕적 신념이 동반된 것으로는 보이지 않는다. 여기에는 우리의 사회생활을 인간 이외의 생물이나 생태계의 유지, 번영을 위해 개선하고자 하는 문제의식이 거의 보이지 않기 때문이다.

확실히 정부 주도의 이익유도에 따라 신속하게 사회구조를 개편한 다음 그곳에 자연보호라는 목적을 추가하여 도덕의식에 편입시킬 수는 있을 것이다. 그러나 이 같은 경제 합리성은 상황이 바뀌면 곧 다른 방향으로 전환되고 다시 산업 발전 위주로 방향을 돌릴 가능성이 없다고 장담할 수 없다. 자연 혹은 인간 이외의 것에 고유의 가치를 인정할 것인가, 인정한다면 그것은 어떤 의미일까, 그리고 어떻게 현실 사회에서 그것을 확보할 것인가 하는 여러 문제를 더 연구할 필요가 있다.

이와 같이 생각했을 때 이상한 점이 있다. 정도가 다르기는 하지만 미국에서 자연보호사상이 발달한 이유는 무엇일까 하는 점이다. 미국은 대표적인 대량생산, 대량소비 사회로, 자유지상주의가 사회 전반을 뿌리 깊게 떠받치고 있으며 현재도 국제적인 환경보호 실시에 소극적인 국가이다. 그런데 미국 국민 중에는 자연중심주의로 분류되는 생각을 하는 사람이 적잖이 존재한다.

아마도 그 이유의 하나는 미국 대륙으로 이주하던 시기에서 개척기에 걸쳐 그들이 키워온 독자적 사상 혹은 세계관에 있을 것이다.

17세기부터 18세기에 걸쳐 서양 열강의 신분제 사회 속에서 생활의 안정도 미래에 대한 전망도 얻지 못했던 저소득층이 부족한 사재를 모아 만든 자금을 이용해 심기일전, '신대륙'으로 차례차례 이주했다. 그곳은 도시지역을 조금만 벗어나면 주민도 적고 미개척의 드넓은 대지가 펼쳐진다. 근대문명에서 동떨어진 태고의 신화세계를 연상케 하는 '원생자연 wilderness'이 남아 있었던 것이다.

이주민에게 이 미국 대륙은 비록 생활환경은 불편하고 녹록하지 않았지만 길고 무거운 서양의 전통으로부터 해방되어 노력에 대한 보상을 받을 수 있는 곳이자 스스로 그 역사를 만들어갈 수 있는 '희망의 땅'이었다. 그리고 그곳에서는 이민자 대부분이 기독교도임에도 각자 출신에 따라 종파가 달랐기 때문에 오랜 교회의 교의나 신앙 형태에 얽매이지 않는 종교관이 육성되었다. 그것은 서양문명에 때 묻지 않은 대자연에 안겨 그것을 선물해준 신을 사모하면서 새로운 인간사회를 창설하려는 사상이다.

자연의 과정은 모두 도덕적인 문장을 번역한 것이다……. 우리와 관련된 모든 것이 우리를 향해 길을 가르친다.

— 랄프 왈도 에머슨, 《자연》[6]

철학자 랄프 왈도 에머슨Ralph Waldo Emerson, 1803~1882은 자연계를 이루는 만물에 신이 깃들어 있으며 인간은 그것을 직관할 수 있는 영혼을 동등하게 지니고 있다고 보았다. 그러므로 대자연 속에서 그것과 조화를 이루는 삶을 영위하는 것이 신의 축복을 받을 수 있는 인간 본래의 모습이라고 주장했다.

'초월주의Transcendentalism'로 불리는 에머슨의 범신론적인 사상은 예수를 구세주 그리스도로 인정하지 않는 '무신론'으로 교회의 비난을 받았다. 그러나 19세기 미국에서 광범위한 지지를 받았으며, 2년 2개월에 달하는 자급자족 생활의 르포르타주《월든》7으로 알려진 헨리 데이비드 소로 Henry David Thoreau, 1817~1862 등 수많은 후계자를 낳았다.8 그리고 인간의 생활환경으로서가 아닌 하나의 독립된 생명체로서 자연을 이해하는 발상은 20세기 들어 알도 레오폴드Aldo Leopold, 1887~1948의 《대지의 윤리》9로 계승되었다.

> 대지의 윤리는 인간을 대지라는 공동체의 정복자에서 그 대지의 단순한 일원, 한 구성원의 지위로 변경시켰다. 그것은 동료 구성원을 존중해야 함과 동시에 공동체 자체를 존중해야 하는 것을 포함한다.
> – 알도 레오폴드, 《모래군의 열두 달》10

---

6 원제: Nature(1836).

7 원세: Walden(1854).

8 에머슨 지지자로, 유명한 시집인 《풀잎(Leaves of Grass)》의 저자 월트 휘트먼(Walt Whitman)과 프래그머티즘의 창시자 중 한 명인 철학자 윌리엄 제임스(William James, 1842~1910)이다. 또한 당시 미술계에서는 특히 앨버트 비어슈타트(Albert Bierstadt)와 윈슬로 호머(Winslow Homer)의 작품에 자연의 신비가 표현되어 있다.

9 원제: Land Ethics(1998).

여기서 말하는 대지란 인간을 포함해 한 지역에 서식하는 생물의 생활권을 뜻한다. 레오폴드는 백인 남성을 중심으로 한 인류의 도덕규범이 점차 성별과 인종의 벽을 허무는 것으로, 마침내는 다른 생물과 지역 경관 등의 자립적 번영을 존중하는 것으로 확장될 것이란 전망을 제시하였다. 그와 함께 도덕 공동체의 개혁을 호소하였는데 이런 생각이 오늘날 생태계 중심주의의 원형이 되었다.

인간만이 자연에 간섭할 수 있다

이 같은 미국의 자연보호사상의 내력을 확인하고 일본의 경우를 되돌아보았을 때, 일본 국민이 자연과의 상생에 대한 동기를 부여하는 문화를 익히고 있는지 다소 의문이 든다.

확실히 일본의 풍토는 선명한 사계절을 가지며 수자원도 풍부하여 예부터 자연에 대한 감사의 마음을 키워왔다. 그러나 오늘날 일본인의 생활과 대화 속에서 그러한 지식과 감성이 윤리적 의사결정을 뒷받침하는 토대로 활용되고 있을까? 오히려 풍요로운 자연에 안심하고 아무리 이용하고 소비해도 소진되지 않을 것이란 믿음하에 자연을 산업사회의 자원과 동일하게 여기는 발상이 상식에 침투해 있지는 않을까? 동물원 닭의 사례에서 알수 있듯 눈앞의 즐거움이나 친근감의 배후에 있는 잔혹한 사연에 무관심한 태도는 결코 남의 일이 아니다. 일본의 전통에서 볼 수 있는 자연과의 일체감보다 그때그때 상황에 맞게 환경보호와 자연지배를 능숙하게 구사하는 일관성 없는 태도를 일반적인 것으로 받아들이고 있지는 않을까?

인간이 살아가는 데 자연의 희생을 피할 수 없음은 분명 현실이다. 그러

---

10 원제: Sand county almanac, and sketches here and there(1949).

나 그것이 꼭 필요하지 않은 수준이나 영역으로까지 확대되는 것은 역시 불합리하다고 생각한다. 왜냐하면 비록 말이 통하지 않아도 우리 인간은 다른 생물과 자연에 마음을 빼앗기고 마치 자신의 일부인 것처럼 슬픔을 느낄 때가 있기 때문이다. 따라서 그러한 대상이 아무렇게나 취급받는 것을 어쩔 수 없다고 체념하기보다 그것에 당혹감이나 의구심을 느끼는 편이 이치에 맞다고 생각한다.

인간은 자연계의 일부에 지나지 않는다. 그와 동시에 내부에서 그것을 관찰하고 자신들의 존재나 행위가 인간 이외의 생명에 어떠한 영향을 미치는지 고려할 수 있으며, 의식적으로 그러한 관계를 변화시킬 수도 있다. 그렇다면 우리가 의도한 것 또는 발생시킨 결과에 책임져야 할 범위가 어느 정도이고, 깊이가 얼마나 될지 명확하지는 않지만 인간뿐 아니라 자연에 대해서도 확장될 가능성이 있다. 그래서 다음으로 이러한 책임의 확장이라는 문제를 직시한 철학적 시도를 다루겠다.

3. 인류를 위해서라면 동물의 희생은 괜찮다?

감각을 지닌 생물은 평등하다

인간만이 자신과 자연을 구별하고 그것에 간섭할 수 있기 때문에 그 결과에 관해서 그리고 다른 인간에 대해서 또는 자연 자체에 대해서 책임을 져야 한다는 특이한 존재 양식을 지니고 있다. 그러한 관계성을 이해한다고는 말할 수 없지만 자연의 자립적인 존속과 번영에 고유의 가치를 발견하고 그 권리 행사에 공헌하려는 추세는 적잖이 존재한다.

지금부터 그중에서 동물을 인간과 함께 도덕적 공동체를 형성하는 존재자로 이해하고 '동물의 권리 animal-right' 보호를 주장한 싱어의 이론을 소개한다.

싱어는 공리성 원리에 입각하여 쾌락과 고통을 느끼는 생물은 동등하게 도덕적 배려의 대상이 되어야 한다고 생각한다. 그리고 이 원리는 문제가 되는 존재자가 인간이든 아니든 그와 상관없이 일관되게 적용되어야 한다.

이러한 싱어의 발상은 언뜻 엉뚱해 보이지만 고전적 공리주의의 대표자 중 한 명인 벤담이 유명한 애묘가로서, 유럽에서 동물보호운동의 선구자였다는 것을 생각하면 놀랄 일도 아니다.

그렇다면 싱어는 공리주의 발상을 무엇에 적용했을까? 그는 의약품 개발의 실험동물로 이용되던 '대형 유인원 침팬지, 보노보, 고릴라, 오랑우탄'에 먼저 착수했다.

아는 바와 같이 대형 유인원은 멸종위기종과 멸종위급종으로 지정되어 워싱턴조약[11]에서도 상거래가 금지된 동물이다. 그러나 서식지 경제 악화로 밀렵이 빈발하면서 외국으로 밀수되거나 육류로 취급된다.

그중에서도 침팬지는 인간과 유사성이 높아 역사적으로 다양한 실험에 사용되어왔다. 특히 미국에서는 B형간염이나 C형간염 바이러스, HIV[12]의 감염연구에 쓰여 군서 동물임에도 개체 간 바이러스 감염을 피하기 위해 좁은 우리에 격리되어 약물실험에 사용되고 있다.

그래서 싱어는 다음과 같은 논의를 제기했다. 앞에서 말한 것처럼 인간과 동물을 불문하고 쾌락과 고통을 느끼는 존재에게는 똑같이 공리성 원리

---

11 멸종위기에 처한 야생동식물종의 국제거래에 관한 협약으로 1973년 3월 워싱턴D.C.에서 80개 나라의 대표가 회의한 결과 체결되었다.

12 인간 면역결핍 바이러스(human immunodeficiency virus)란 후천성 면역결핍 증후군(AIDS)을 일으키는 원인 바이러스를 말한다.

가 적용되어야 한다. 그러나 동물실험은 많은 사람에게 필요악으로 허용되어 방임되고 있다. 그 배후에는 인간이라는 종의 이익을 다른 종의 이익보다 우선하는 '종차별speciesism'이 숨어 있다. 우리는 이 종차별에서 모든 동물을 해방시켜야 하며, 특히 대형 유인원에 관해서는 우리와 공통의 도덕공동체의 일원으로 인정하고 살 권리, 개체의 자유 보호, 고문 금지를 실현해야 한다.[13]

이 같은 싱어의 논의는 단순하고 쉽게 반박할 수 있을 것처럼 보인다. 그러나 그는 특유의 교묘한 논쟁술을 구사해 자신의 견해에 쏟아질 것으로 예상되는 비판에 한 발 앞서 반론을 제시함으로써 '대형 유인원을 인간사회의 희생양으로 삼아서는 안 된다'는 주장을 보강했다. 싱어의 논의는 지극히 정밀하기 때문에 이 책에서 충실히 재현하기가 쉽지 않다. 그래서 그것을 발췌, 간략화한 내용을 확인해보겠다.

'종차별'을 옹호하는 논거를 무너뜨리다

우선 싱어의 주장에 대해서는 다음과 같은 비판을 쉽게 생각해낼 수 있다.

인체실험을 부정하는 반면, 유인원에 대한 동물실험이 허용되는 것은 동일한 고통을 받더라도 지적으로 우수한 인간이 느끼는 통증의 강도가 지적으로 열등한 동물보다 크기 때문이다.

그러나 싱어의 관점에서 보면 그러한 비판에는 함정이 있다. 그 이유는 이렇다. 여러분이 지적 능력의 차이를 도덕적 판단의 근거로 삼는다면 여러분은 유아나 중증 지적장애자의 인체실험을 인정하지 않을 수 없게 된

---

13 '종차별'은 미국의 심리학자 리처드 라이더(Richard Ryder, 1940~)가 고안한 조어로, 싱어의 저서 《동물 해방(Animal Liberation)》에서 이론적 근거를 부여하여 널리 보급했다.

다. 인간에게 투여하는 약품의 임상실험을 한다면 대형 유인원보다 인간 쪽이 정밀도가 뛰어난 실험결과를 얻을 수 있으므로 지적능력이 동등하다면 주저 없이 인간을 피실험자로 삼아야 한다. 만약 당신이 이것을 긍정할 수 없다면 앞의 비판은 설득력을 잃게 된다. 근거로 삼은 것이 종차별에 불과하기 때문이다.

이런 싱어의 반론에 우리는 어떻게 맞받아칠 수 있을까? 아마도 앞에서 언급한 비판을 다음과 같은 형태로 다시 정리하여 반론할 수 있을 것이다.

유아나 중증 지적장애인도 사람이라는 종에 속한다. 사람인지 아닌지의 구별은 개인의 성질이 아니라 인간 일반이 공유하는 성질에 따라 결정된다. 따라서 일반적인 지적 능력의 차이에 따라 사람과 동물을 구별하는 것은 정당하다. 그리고 그때 인간 속에서 **구별** 즉 지능이라는 점에서 '우수한 자'와 '동물과 동등한 자'의 구별은 동반되지 않는다.

싱어는 이상과 같은 논거의 퇴고에 재차, 반론한다. 종에 근거한 인간과 동물의 구별에는 근거가 없다. 대형 유인원은 단순히 쾌락과 고통만을 갖는 존재자가 아니라 자기의식을 가지고 과거와 미래 속에서 전기적인 생활을 영위하는 인격이 있는 존재자이다.[14] 그런 의미에서 대형 유인원과 인간은 동등한 존재자로 간주하고 도덕적으로 배려받을 권리를 가진다. 따라서 인간만이 특별한 도덕적 지위를 가지는 것이 아니다.

이러한 반론에 대해 지적 능력의 차이를 근거로 내세울 수 없게 되었을 때 생각해낼 수 있는 방법은 상대의 내부로 들어가 그 이론을 역으로 이용하여 자신의 주장을 정당화하는 다음과 같은 반론이다. 게다가 동물실험의

---

14 유인원은 훈련에 따라 전날 먹이를 기억하거나 현재 감정을 기호를 사용해 전달하는 등 유아와 같은 정도의 지적 수준에 달하는 것이 확인되었다. 따라서 여기서 말하는 인격은 8장에서 다룬 'person'과 겹치지만 이 책에서는 관례에 따라 구분하여 번역했다.

정당화에서 싱어 이외의 공리주의자가 사용해온 것이므로 비판으로서 유효성은 크다.

공리주의자가 쾌락과 고통의 정도 차이를 도덕적 판단의 기준으로 삼는다면 전체로서 쾌락이 부분적 쾌락을 웃도는 결과가 나올 경우 다시 말해, 개발되는 약품에 의해 생명을 구할 수 있는 인간의 수가 실험 중지로 생명을 잃지 않아도 되는 동물의 수보다 많을 것으로 예상된다면 동물 이용이나 최소한의 고통으로 살상하는 것은 정당성을 얻게 될 것이다.

그런데 싱어 처지에서 볼 때 이 주장은 공리주의를 잘못 사용하고 있다. 확실히 인간의 생존을 위해 다른 생물에 대한 위해나 살상이 허용되는 사례는 있을 수 있다. 예컨대 인간이 동물에게 습격당하는 등의 비상사태이다. 그런데 그중에는 대형 유인원을 이용한 약품 개발은 들어가지 않는다. 원래 약물실험은 인간의 사정을 동물에게 강요하는 것일 뿐, 문제 상황이 공유되는 것은 아니다.

게다가 거기에는 다음과 같은 문제점도 포함된다. 인간에 대해서 피실험자의 동의 없는 인체실험은 부당한 것으로 되어 있다. 따라서 사람과 같은 인격인 존재자인 대형 유인원으로부터도 피실험자가 되겠다는 동의를 얻어야 한다. 그러나 그들은 설명을 이해하지도 동의에 대한 판단이나 의견 제시도 할 수 없다. 그러한 능력의 결여를 배려하지 않고 그들을 피실험자로 만들어 생명을 빼앗는 것은 어린아이를 마음대로 피실험자로 만드는 것과 마찬가지이며 결코 허용될 수 없다. 다시 말해, 앞에서 언급한 세 번째 반론은 최대행복원리를 적용하기 이전 단계에서 확보해야 할 도덕적 배려가 결여되어 있다.

'꿈의 나라'를 활보하는 '철의 마음'

이상과 같은 싱어의 동물해방론은 동물실험의 시시비비를 가리는 여론에 큰 영향을 주었고 이후 식용으로 번식되는 돼지로 파급되었다. 싱어 자신이 채식주의를 고수하며 자신의 생활이 이론적 주장과 모순되지 않도록 노력하고 있다.

이러한 싱어의 견해는 도덕적 공동체의 참가자를 인간에만 한정하는 발상을 부정하고 그곳에 동물을 편입시키고자 하는 시도이다. 그런데 이것을 관철하려면 당연히 개인의 생활뿐 아니라 사회구조 전체에 대한 재검토에 도달하게 된다. 이를 앞서서 시도한 사람이 노르웨이의 철학자 아르네 네스Arne Næss, 1912~2009이다.

네스에 따르면 모든 생명은 삶을 영위할 권리를 가지며, 인간은 생존에 필요한 이외의 이유로 자연에 개입할 권리를 갖지 않는다. 그러므로 인간을 위해 생물을 보호하는 것이 아니라, 생태계 내에서 그 생물의 자기실현을 보장해야 하며 인간은 이를 위해 인구감소, 물질적 생활의 포기, 제도개혁 등을 추진해야 한다. 그는 이러한 사회개혁을 '심층생태주의deep ecology'라 부르고 선진국 사람들의 건강과 물질적 풍요 유지·향상을 목적으로 한 환경보호를 '표층생태주의shallow ecology'에 지나지 않는다고 비판했다.

이 같은 심층생태주의를 향한 출발점은 자신의 생활을 '깊이 고찰하고 deep questioning' 자신이 만난 생물과 동일화하여 그의 자아실현을 자신의 기쁨으로 삼는 '생태주의적 자아ecological self'를 획득하는 것이다. 다시 말해 자신의 생활이 어떤 생물을 희생시키지 않는지를 항상 고려함과 동시에 다른 생물의 생활을 자신의 것처럼 이해하는 노력을 반복하여 그들의 생존과 번영을 위해 개인적 생활양식이나 사회적 구조를 개선할 수 있도록 자신이 놓인 환경하에서 할 수 있는 일을 실천해나가는 것이다.

예컨대 방한 대책 하나만 해도 아프리카와 일본은 추위의 정도가 다르며 대책도 다르다. 극한의 노르웨이에서는 이들 두 국가보다 난방에 열량이 더 많이 필요하지만 자연보호를 고려하면 전기 히터를 사용하는 것보다 벽난로에 나무를 떼는 것이 좋다. 그리고 그 나무도 새것일 필요 없이 더는 재사용할 수 없는 폐목으로 충분하다. 만약, 그러한 폐자재가 유통되지 않는다면 목적이 같은 사람들과 협력하여 정보 수집이나 회송 트럭으로 운반하는 등 방법을 찾으면 된다. 이러한 노력을 계속해나가면 인간은 조금씩 자연 공동체의 일원이 될 것이다.

네스는 이러한 신념을 가지고 숲속에서 자급자족에 가까운 생활을 해나갔다. 과연 그는 숲속 정령의 소리를 들었을까?

확실히 우리가 싱어나 네스와 같은 생활을 실천하는 데는 어려움이 많다. 그런데 그렇게까지 하지 않으면 자연에 대해서 책임을 지는 자세라 할 수 없는 것일까? 당장은 자연을 자연 그대로 받아들이는 태도를 익히는 것 정도라면 우리도 할 수 있지 않을까? 그것도 분명 자연 지배에 가담하지 않는 억제 수단은 될 것이다.

돌고래 요리는
일본의 음식문화라고
할 수 있을까?

2010년 다큐멘터리 영화 〈더 코브(The Cove): 슬픈 돌고래의 진실〉이 일본 각지에서 개봉되었다. 그것은 돌고래 조련사였던 릭 오배리가 과거에 자신이 한 일이 돌고래 학대를 조장한 것에 대한 속죄로써, 와카야마현 다이지쵸(和歌山県 太地町)의 돌고래몰이 어업을 취재하고 규탄하는 내용의 영화이다. 그러나 이 영화는 몰래카메라와 조작, 자료영상(과거의 '잔혹한 어업법'의 기록)을 유용한 픽션에 가까운 작품이었으며, 그가 속한 자연보호단체 그린피스가 돌고래 보호라는 명목으로 활동 자금을 모으려는 수단이기도 했다. 그런 사정 때문인지 그의 문제 제기에 대해 일본 여론은 돌고래 요리는 일본 음식문화의 일부이며, 다른 나라 사람들이 간섭해서는 안 된다는 논조를 보였다. 이 견해는 오배리에 대한 반론으로 타당할까?

'디스토피아 구세주'의
자격

1. 과거를 고쳐 쓰고 미래를 구하는 고독한 관측자

미래에서 위탁받은 사명

"나는 2036년에서 왔어. 내가 시간 여행자 존 타이터야."

– 사토 다쿠야, 하마사키 히로시, 와카바야시 칸지 감독, 〈슈타인즈 게이트(STEINS: GATE)〉

제14화. 2011년 2분기에 방영된 애니메이션

아키하바라의 뒷골목, 브라운관 **TV** 전문점이 들어선 상가 건물 2층에 '미래 가제트 연구소'가 있다. 이곳은 '광기의 미친 사이언티스트, 호오인 쿄우마'를 자칭하는 공업대학의 학생 오카베 린타로가 운영하는 발명 서클 이다. 연구원은 오카베의 친구이자 '천재 해커로 닉네임이 다루'인 하시다 이타루, 오카베의 소꿉친구인 고등학생 시이나 마유리가 가담해 총원 3명 이다. 이들은 수업시간 틈틈이 아니 오히려 아침부터 저녁까지 하루 내내 미래에 더 앞선 기묘한 발명을 시도하면서 인터넷과 게임에 매달리고 다이어트 코크나 닭튀김을 맛보는 일상을 보내고 있다.

그러던 어느 날 오카베는 17세의 천재 물리학자 마키세 크리스가 살해되는 사건을 목격한다. 그는 그것을 다루에게 메일로 알리지만 메일 발신일은 사건 10일 전으로 되어 있고 그날 이후 오카베의 기억과 주위의 기억이 일치하지 않음이 발각된다. 게다가 크리스의 생존도 확인된다. 도대체 무슨 일이 벌어지고 있는 것일까. 세상에는 오카베가 사건을 당한 직후에 갑자기 통칭 '라디오회관'¹의 옥상에 나타난 '인공위성'으로 소동이 일었다.

사실, 그 인공위성은 타임머신이다. 탑승하고 있던 '존 타이터' 아마네 스즈하는 전 세계가 한 거대 기업에 지배를 받아 일반 시민으로부터 자유를 빼앗는 미래에서 그 시대에 '레지스탕스 운동의 지도자'로 추앙받는 오카베를 만나러 온 것이다. 그리고 그 목적은 미래에서 보았을 때 과거인 현재 시점에서 앞으로 일어날 사태가 일어나지 않도록 과거 수정을 시도하는 것이다.

스즈하에 따르면 세계는 하나가 아니라 여러 세계가 동시에 존재한다. 그것은 무수한 선이 나란히 달리는 상태로 동일 인물들이 살고 있어도 불행한 상태에 도달하는 'α세계선'이 있는가 하면 행복한 상태에 도달하는 'β세계선'도 있다. 그래서 'α세계선'으로부터 'β세계선'으로 이동하는 것이 스즈하의 의뢰 내용이다. 그러나 그것은 쉬운 일이 아니다. 약간의 과거 수정으로는 '세계선의 수속收束'²에 의해 'α세계선'으로 되돌아가기 때문이다. 게다가 세계선의 이동은 그것을 측정할 수 있는 특이 능력을 가진 오카베 외에는 아무도 깨닫지 못한다. 이전 세계선의 기억이 사라지는 것이다. 그래서 만약 오카베가 미래 구제에 성공한다 해도 그가 구세주라는 사

---

1 일본 도쿄도 아키하바라에 있는 빌딩. 1962년 문을 열었다. 가전제품, 오디오, 무선기기, 컴퓨터, 음향기기, 비디오 게임, 장난감, DVD, 서적 등을 취급하는 가게들이 들어서 있다.

2 전기, 전자, 광선, 유체, 전류 따위가 한 점에 모이는 현상.

실은 아무도 모른다.

이런 엄청난 계획에 관여하는 것은 대학 1학년 학생에게는 부담이 너무 크다. 그러나 오카베는 그 일에 관여하지 않을 수 없었다. 왜냐하면 스즈하로부터 인공위성의 정체를 알았을 때 그는 다음과 같은 상황에 놓여 있었기 때문이다.

즉 사건 후 오카베는 다루가 만든 전화 레인지 임시가 과거로 메일을 송신하는 기능이 있는 것을 알고 연구원으로 참가한 크리스의 협력으로 그것을 현재 기억을 과거의 자신에게 카피하는 '타임립 머신'으로 발전시켰다. 그러나 그 무렵 오카베는 지금 있는 세계선에서는 여동생과도 같은 시이나 마유리에게 갑작스러운 죽음이 찾아올 것을 실제 경험으로 알게 된다. 이 때문에 그는 시이나를 구하려고 그녀의 죽음 이전의 과거로 돌아가기를 반복하고 있었던 것이다. 오카베는 개인사정과 인류의 운명을 짊어지고 지옥순례에 돌입한다.

신의 계산에 착오란 없다

타임머신을 이용해 과거로 돌아가 현재 혹은 미래를 개선하려는 것은 SF 작품에서는 흔한 발상이다. 그러나 현재의 문제를 해결할 수단을 얻기 위해 미래로 가는 작품은 그다지 보이지 않는다. 그 이유를 생각했을 때 쉽게 떠오르는 것은 미래가 우리에게 '알 수 없는 것' 혹은 '상상할 수 없는 것'이기 때문일 것이다. 또 만약 상상했다고 해도 '미래'의 요소를 '현재'에 뿌리 내릴 수 있게 하는 것은 수고와 시간이 걸려 그 구체적 경과를 그리는 것이 곤란한 사정도 있다. 반대로 과거 개선이라면 작은 사건이 전 세계에 영향을 미치는 나비효과라도 상정하면 현재가 완전히 바뀔 수도 있다.

그런데 과연 이유는 그것뿐일까? 소설이나 애니메이션에는 미래가 빈번히 그려진다. 단, 그 대부분은 빛나는 유토피아가 아닌 어둡고 살벌한 '디스토피아dystopia'이며, 게다가 그 구체상은 현재의 생활 속에서 발견되는 불안 요소를 확대한 것이다.

전쟁과 테러의 일상화, 군사 중심의 정치경제, 절대적인 경찰 권력과 밀고 문화, 철저한 정보 관리, 유전자 조작에 의한 인간의 자원화, 예측 불가능한 거대 재해, 제어가 곤란한 방사능 오염……. 외계인 침공이라는 고전적 패턴을 제외하면 이야기에 나오는 미래는 현재의 연장선상, 즉 인류가 지금과 같은 생활을 계속하면 실현 가능성이 큰 '가까운 미래'이다.

왜, 우리는 그런 현재에 태어난 것일까?

인간이든 다른 어떤 생물이든 자신이 이 시대의 이 장소에 나로 살려고 작정하고 태어난 것이 아니다. '21세기 초의 일본인'인 것, 그것을 행운으로 생각할지 불행으로 생각할지는 사람마다 다르지만 놓여 있는 상황에 다양한 불안 요소가 산재하는 것은 분명하다. 그래서 생긴 불안이 우리 마음을 과거 개선으로 향하게 하는 것이다.

이런 의문을 품은 것은 현대인만이 아니다. 세계는 신의 섭리를 따른다고 믿어 의심치 않았던 시대의 기독교인들조차도 왜 현재는 이럴 수밖에 없는 것일까, 신이 전지전능하고 선한 존재이며 그 가르침에 충실할 것을 인간에게 요구한다면 왜 이 세계에서 재해와 전쟁이 사라지지 않는 것일까 하는 의문을 계속 품어왔기 때문이다.

철학에서 이러한 의문은 인간의 역사 속에서 신의 뜻을 발견하고 그것을 옹호하는 '신정론theodicy'으로 불리는 시도로 다루어왔다. 대표적인 예가 17세기 유럽에서 화려하게 활동한 철학자 고트프리트 라이프니츠Gottfried Wilhelm von Leibniz, 1646~1716이다.

라이프니츠는 '신의 도덕적 세계'와 '정신과 물체로 이루어진 현실세계'

의 관계에 대해 '낙관주의optimisme' 관점에서 고찰했다. 그에 따르면 자연의 창조주인 신은 세계를 구성하는 요소를 조합해 얼마든지 다른 가능세계를 구상할 수 있다. 인간이 살고 있는 현실세계는 그런 다양한 가능세계로부터 신이 최선으로 간주하여 선택, 실현한 것이다.

> 신이 계산하고 신이 인식을 행사할 때 세계가 만들어진다.
>
> — 라이프니츠, 《신정론》[3]

그렇다면 신이 최선이라고 여긴 세상에 왜 악이 생기는 것일까? 이 물음에 관해 라이프니츠는 다음과 같이 답한다.

악에는 여러 종류가 있다. 우선 '형이상학적 악'은 신이 세계를 창조한 이상 무한한 신의 피조물은 신이 될 수 없는 유한한 존재이며 그 불완전성이 악으로 존재할 수밖에 없다는 것이다. 이는 신이 창조한 세계가 불완전하기는 하지만 최소한의 불완전성에 그치는 세계임을 보여준다.

또 세계에는 질병과 재해와 같은 자연적 악이나 살인, 전쟁과 같은 도덕적 악도 존재한다. 그것들은 형이상학적 악이란 완전성의 결여에 기인한다. 그러나 이러한 악은 인간에게 자신들과 자연계가 불완전하다는 사실을 알려주고 스스로 그것을 고쳐야 한다고 일깨움으로써 현실세계를 완전성에 접근시키는 데 기여한다.

다시 말해, 라이프니츠에게 이 세상에 발생하는 악은 신의 불완전성을 나타내는 것이 아니라 오히려 인간을 더 완전한 존재로 만들기 위한 필요악인 셈이다.

---

3 원제: Essais de théodicée(1710).

이러한 발상은 이후의 철학에서도 칸트의 자연의 섭리나 헤겔의 이성의 교지狡知부터 오귀스트 콩트Auguste Comte, 1798~1857의 '3단계 법칙'이나 카를 마르크스Karl Heinrich Marx, 1818~1883의 '프롤레타리아 혁명'까지 서서히 인간의 가치관을 편입시키는 형태로 변화한다. 그리고 아무리 나쁜 일이 생겨도 그것을 자신을 바로잡는 교훈 또는 인습을 파괴하는 통증으로 받아들이고 극복하면서 '인류는 이상 실현을 향해 가고 있다'라고 주장하는 역사철학으로 계승되었다.

죽음을 앞선 결의의 의미

제1차 세계대전 이후, 패전국 독일 당시는 바이마르공화국에서 이상과 같은 긍정적 진보 사관에 단절을 가져오는 발상이 생겨난다. 니체의 영향을 받아 현재에 대해 비판적이고 미래에 대해 비관적인 사상이 과거로부터 직선적으로 이어져 미래로부터 벗어나기 위한 격투를 시작했다.

그리고 그 결실이라고도 할 수 있는 사상이 하이데거의《존재와 시간》[4]의 '죽음의 선구적 결의성Vorlaufende Entschlossenheit zum Todes'이다. 조금 잡다하지만 지금부터 그 내용을 소개한다.[5]

하이데거에 따르면 인간은 '세계-내內-존재'라는 의미에서의 '현존재Dasein'이며 상식에 의존해 사물을 이해하고 일상생활을 영위한다. 사람들은 눈앞에서 일어나는 일에 일희일비할 수밖에 없고, 따분함과 동시에 불안하며 그곳에서 벗어날 수도 없다는 절망적인 '기분Stimmung'에 지배당한다. 왜냐하면 현대사회에서는 어떤 사람이 다른 사람으로 교체되어도 아

---

[4] 원제: Sein und Zeit(1927).

[5] 예컨대 슈펭글러(Spengler, 1880~1936)의 《서구의 몰락(Der Untergang Des abendlandes)》(1919)이 그 대표적인 예이다.

무 지장이 없기 때문에 누구나 고유한 존재 의의를 갖지 못하는 '세인世人, das Mann' 다시 말해, 같은 표정으로 비슷한 매일을 살아가는 평균적인 인간에 불과하기 때문이다.

그러나 그러한 일상성으로의 매몰은 인간의 비본래적 생활방식에 지나지 않는다. 철학 과제는 인간을 그러한 일상성에서 해방하는 데 있다. 그러나 기존의 철학은 존재자와 그 본질만을 탐구해왔기 때문에 미리 지금 그곳에 존재하는 것과 그것이 향해야 할 목적을 고정해버렸다.

전통적인 철학은 이 틀 안에서의 목적에 대한 접근을 추인할 뿐, 세계와 자신을 파괴하여 현재로서는 예상할 수도 없는 미래를 만들어내는 혁신을 말할 수 없다. 따라서 만약 사람들이 기존의 철학에 의거해 이성을 내세우거나 정의를 말한다고 해도 그것은 자신의 삶을 포장하는 기만일 뿐이다. 그런 인간의 '비본래성'은 지금까지의 철학으로는 극복할 수 없다. 철학이 진정으로 물어야 할 것은 '존재란 무엇인가', 즉 인간이 세계에 존재하는 의미이다.

인간의 존재는 죽음으로써 완결된다. 그래서 우리의 존재는 전체를 이루지 못한다. 그러나 인간은 결국 죽음을 맞이하고 스스로 죽음을 택할 수도 있다. 그렇다면 우리는 막연하지만 자신이 존재하지 않게 되는 의미를 역으로 말하면 자신이 존재하는 의미를 알 것이다. 인간이라는 현존재는 '존재Sein'의 의미가 개시되는 '현Da'과 다름없다.

따라서 죽음을 직시하고 두려워하지 않으며 어떤 죽음이 바람직한지를 스스로에게 물을 때 죽을 가치가 있는 미래가 열린다. 다만 여기서 보이는 미래는 서양철학의 기원인 소크라테스가 등장한 시대보다 옛날 고대 그리스라는 아득히 먼 과거에 잠재했던 가능성이며 우리의 상상력이 현재의 연장선상에서 그리게 될 '가까운 미래'가 아니다.

그러한 미지의 세계에 대한 예감에 이끌려 그리스 비극의 영웅과 같이 좌절과 비난을 두려워하지 않고 현실세계 속에 우리 몸을 내던지는 고독한 태도야말로 인간의 본래적인 삶이다. 인간은 전통적인 역사적 세계 속에 내던져진 유한한 존재이다. 하지만 그러한 역사의 틀 이전의 과거로부터의 부름에 답하고 한 번뿐인 생을 살며 한 번뿐인 죽음을 죽는 죽음을 앞선 결의에 기초한 '기투Entwurf'에 의해 서양 문명이 망각해온 과거를 구제하는 형태로 미래를 목표하지 않으면 안 된다.[6]

이 같은 하이데거 사상은 발표 당시의 세태에 휘말려 나치즘과 결부되고 말았다. 그러나 폐쇄감에 가득 찬 일상에 매몰되어 갈 곳 없는 불안에 시달리며 사는 인간이 그곳에서 탈출하기 위해서는 지금 지닌 것에 대한 집착을 버려야 한다고 시사한다는 점에서 지극히 현대적인 것이라 할 수 있다.

그래서 오늘, 그러한 태도 변경을 우리에게 요구하는 상황이 어떠한 것인지 지금부터 살펴보고자 한다.

2. 동결보존이라는 시한장치를 가동시키지 않는 예방책

미래로 확장되는 책임

우리는 과거로 돌아갈 수 없다. 그러나 현재를 개선하면 미래를 바꿀 수 있다. 그렇다면 무엇을 실현하기 위해 어떤 방법을 써야 할까? 적어도 일정한 구체적 상을 가진 미래를 목표하는 것은 어려울 것 같다. 예컨대 전 세계 누구나가 평등하고 자유와 풍요를 누리는 유토피아는 지금까지도 목표로

---

6   하이데거는 《존재와 시간》 후 실존 사상을 삼가고 '존재에 대한 배려'를 다루며 존재와의 교류를 시적인 표현으로 말하기보다는 섬세한 태도를 취하게 된다.

해왔지만 얼마나 실현하기 어려운지 인정하고 싶지 않지만 우리는 너무나도 잘 알고 있다. 그렇다면 발상을 역전해보자. 그것은 '가까운 미래'에 일어날 것으로 예상되는 세계적 규모의 '디스토피아'를 회피하는 것이다. 그리고 그러한 사태에 해당하는 것이 생활환경의 파괴라는 인류 공통의 위기이다.

우선, 환경문제가 어떠한 것인지 확인해두겠다. 예컨대 근대 이후의 산업 발전을 지탱하는 에너지 공급원인 화석연료의 이용이 초래한 인간의 생활환경과 자연의 파괴를 어떻게 막을 것인가 하는 문제이다. 그러나 그 심각성을 깨닫기까지는 긴 여정이 필요했다.

환경문제는 먼저, 1960년대 말부터 산업폐기물과 오염물질의 방류로 인한 건강 피해와 산성비로 인한 삼림훼손 등의 공해로 나타났다. 당시 상식에서는 '오염 물질은 바다나 공중으로 방출하면 희석되어 무해하게 된다. 그것이 불가능하면 땅에 묻어 메우면 된다'고 생각했다. 더구나 피해와 원인의 인과관계를 과학적으로 특정하기가 곤란한 점도 있어 오랫동안 분명한 책임 소재나 사태 개선이 이루어지지 않고 방치되어왔다.

그 후 1980년대 중반 이후 과학적 지식의 확대에 따라 '오존홀'과 '환경호르몬' 등의 이상 현상이 발견되었고 그 요인이 현재의 산업구조에서 유래하는 것으로 밝혀졌다.[7] 그중에서도 '지구 온난화global warming'는 우리의 생활과 그것을 뒷받침하는 경제활동 속에서 방출되는 열에너지가 바닷

---

7 '오존홀'은 프레온 가스에 의한 오존층 파괴로 발생한 구멍으로, 여기를 통해 대기권 안으로 들어오는 자외선은 피부암, 백내장, 면역력 저하, 농산물 수확 감소, 플랑크톤 감소를 발생시킨다. 또 현재 사용되는 대체 프레온 중에는 높은 온실효과를 초래한다고 확인되어 새롭게 규제 대상이 된 것이다. 환경호르몬은 '외인성 내분비 교란 화학물질'의 통칭으로, 그 대표적인 예가 쓰레기 소각 과정에서 생기는 다이옥신이다. 다이옥신은 체내로 들어가면 초미량이라도 여성호르몬의 유사작용을 하여 태생 임계기의 세포에 영향을 미치고 뇌, 생식기, 장기의 이상을 가져온다. 신진대사를 통해 체외로 배출되지만 체내반 감기가 7년이다.

〈도표 14-1〉 지구온난화의 여러 현상

① **기온상승:** 연중 평균기온이 상승하고, 극단적으로 더운 날이 증가한다.
② **해수온도 상승:** 태풍의 빈발 · 거대화, 호우, 홍수, 토지수몰을 초래한다.
③ **이상 건조:** 빈번한 가뭄 발생과 사막화에 의한 식량난, 생물의 멸종을 초래한다.
④ **감염병 확대:** 생물의 서식지 변화로 감염병 발생지역도 변화한다.

물이나 대기 중에 축적된 후 이산화탄소 등의 온실효과 가스에 의해 갇히게 되어 도표 14-1에 제시한 이상 현상을 발생시키는 형태로 생긴 인류의 존속을 위협하는 지구 규모의 문제임이 밝혀졌다.

물론 우리는 이러한 현상에 관해서 어느 발전소가 낸 열량이 어디에서 게릴라성 호우를 발생시켰는가 하는 형태로 인과관계를 특정할 수는 없다. 각각의 현상은 전 세계의 크고 작은 요소가 서로 복잡하게 영향을 주어 생기는 것이기 때문이다. 그렇다고는 해도 손을 놓고 있으면 시기를 놓쳐 인간을 포함한 동식물이 살 수 없게 되면 모든 것을 잃게 된다. 따라서 지구온난화는 근대 산업사회에 잠재했던 문제의 표면화라는 큰 틀에서 이해하고 각국의 협력하에 대처하지 않으면 안 되는 사안이다.

다만 이 같은 문제의식이 곧바로 국제사회에서 공유되지는 못했다. 선진국이 후진국에 대해 화석연료 사용을 제한하려고 하거나 폐기물 처리의 부담을 떠넘기는 식으로 환경문제가 남북문제[8]로 편입되었기 때문이다. 그러나 환경파괴에는 국경이 없다. 이런 사정에서 온난화 대책은 국제사회의 이해를 조정하는 무대, 특히 UN으로 옮겨갔다.

<u>8</u> 국가집단 간에 가로놓인 거대한 경제격차와 그것에 기인하는 다양한 사회적·정치적인 여러 모순 · 긴장관계를 남북문제(南北問題)로 총칭하고 있다.

지속가능한 개발의 편의주의

이상과 같은 틀을 확인한 후에 이어서 현재 국제사회에서 공통된 이념으로 삼고 있는 정치적 방침, 즉 '지속가능한 개발sustainable development'에 대해 검토해보자.

아는 바와 같이 이 이념은 1987년에 개최된 '환경과 개발에 관한 세계위원회'에서 공표한 '우리의 공통의 미래' 보고서에서 제안되어 1992년 '리우선언'으로 전 세계에 보급된 사고방식이다. 그 내용은 '개발 권리는 현재 및 미래세대의 개발 미래세대의 욕구 충족을 저해하지 않고 오늘날 세대의 욕구를 충족하는 것과 환경상의 필요성을 공정하게 충족할 수 있도록 행사되어야 한다'라는 것이다.

이러한 정의는 환경문제를 주축으로 구상되었지만 동시에 그 해결에 따른 각국의 경제적, 정치적 이해 대립을 견제하기 위한 모호함을 내포하고 있다. 회의의 취지를 보면 목적은 분명히 '재생에너지에 기반한 순환형 사회를 세계적 규모로 실현하는 것'에 있지만 내용은 다의적으로 해석할 수 있다. 지속되어야 할 발전development이란 자원의 개발인가, 경제의 발전인가? 여기에는 산업을 뛰어넘은 문화의 성숙과 교육의 충실도 포함되는가? 이를 통해서 지켜지는 것이 자연 전체인가, 인간의 생활환경인가? 온난화 방지의 구체적 시책이 기존의 인간생활 전반의 재검토와 관련되어 있고 그 성패가 후진국의 향후 발전 방법에 따라 크게 좌우된다. 따라서 지속가능한 개발이라는 개념은 다양한 내용을 포함하여 그때그때의 상황에 따라 강조점을 이동할 수 있다. 좋게 말하면 유연하고 나쁘게 말하면 편의주의적인 슬로건인 것이다.

실제로 그 운용에서 최근 20여 년, 각국은 자국 부담의 경감이라는 이해를 견디면서 지속가능한 사회를 실현하기 위해 협의를 거듭해왔다. 도표

연도	회의
1992	국제환경개발회의(통칭: 지구서밋(Earth Summit)) '어젠다21'('리우선언의 실시강령')이 합의되어 그 속에서 '지속가능한 개발'이 정책 방침으로 명시되었다.
1997	국제환경개발 특별회의 어젠다21(Agenda21)의 한층 발전적 실시를 위한 계획에 합의
2000	UN 밀레니엄 서밋 빈곤대책을 중시하며 15년 후의 목표를 설정한 밀레니엄 개발목표(MDGs)에 합의
2012	UN 지속가능한 개발회의 '우리가 추구하는 미래'에서 '의제 21'의 지지, 계속을 확인
2015	UN 지속가능한 개발 서밋 '우리의 세계를 변혁한다: 지속가능한 개발을 위한 2030 어젠다'에서 MDGs를 계승하고 순환형 사회의 실현을 목표로 한 환경대책을 강조하는 지속가능한 개발 목표(SDGs)를 합의

14-2에 나타난 국제회의의 행보는 미국과 중국 등 강대국의 참가·불참에 휘둘리면서도 착실하게 목표를 달성하려는 노력을 보여주었다.

그리고 2015년 11월에 합의된 '파리협정'에서는 '세계의 평균기온 상승을 산업혁명 전으로부터 2℃ 미만으로 억제할 가능하다면 위험 감소에 효과적이라는 1.5℃ 미만으로 억제 것'이 제시되었다. 따라서 세계 전체적으로 이번 세기 후반에는 인간의 활동에 의한 온실 효과 가스 배출량을 실질적인 제로로 만든다는 방침 아래 모든 참가국에 배출량 삭감 목표의 작성·제출과 국내에서의 대책 실행이 의무화되었다.

이제 여기까지 오면, 너무 수준 높은 목표 설정 때문에 그 실현을 위해서는 고도의 과학기술과 광범위한 정치력 연대가 필요하게 되어 초심자로서는 쉽사리 파악, 평가할 수 없게 된다. 중요한 한 걸음인 것은 알지만 어떤 행보인지, 명확하게 이해되지 않는 것이 솔직한 느낌이다. 그러나 '환경파괴대책'에 포함되는 '철학적 문제'를 분석하기 위해 좀더 현실을 이해하는 데 노력하기로 하자.

예방 원칙이라는 약자의 방패

이상과 같은 국제사회의 추세는 아직 평균기온의 상승을 억제하는 등 본론에는 도달하지 못했다. 하지만 선진국에서 화력발전을 재생가능 에너지로 전환을 추진하고 개발도상국의 인프라 정비를 친환경적으로 하는 등의 성과를 올리고 있다. 그러나 지속가능한 개발이란 방침을 따르는 시책은 그것을 시행하는 나라들의 기후와 지형 등에 따라 제한을 받아 모든 것을 마음대로 할 수 있는 것은 아니다.

예컨대 선진국 대부분이 재생가능 에너지로 전환하는 데 이산화탄소 배출량이 적은 클린 에너지, 즉 원자력발전에 에너지 공급을 의존하는 데 반해, 일본의 경우는 동일본대지진 이후 그 위험성을 최소한으로 억제하는 것이 국가적 과제가 되었기 때문이다.

원래 원자력 발전에 따른 위험 관리의 문제는 다음의 형태로 대처해왔다. 우선 사용이 끝난 핵연료에서 우라늄과 플루토늄을 회수한 잔존물 속 '고준위 방사성 폐기물'은 유리로 녹여 스테인리스 용기에 넣어 냉각시킨 후 지하 수백 미터에 묻는다.단 천연우라늄광의 방사능 준위로 떨어질 때까지 1만 년이 필요하다. 또한 '저준위 방사성 폐기물'은 콘크리트나 아스팔트와 섞어 드럼통에 채워 창고에서 관리한다. 게다가 이들 처리는 모두 아오모리현 6개 마을에 위탁되었다. 이 때문에 정부는 폐기물을 조금이라도 줄이기 위해 사용이 끝난 핵연료 재사용을 반복함으로써 방사선량을 낮추겠다는 방침을 밝혔으나 성공하지는 못했다. 그리고 지진 재해 이후 현재, 원전 설치 기준의 재검토, 정비 점검의 엄격화를 추진하는 한편, 후쿠시마 제1원전과 같이 장기간에 걸친 폐로작업이라는 난제에 직면해 있다.

이러한 국제적 요청과 일본 국내 상황의 간극은 원전 재가동을 둘러싼 정부, 경제계와 지역 주민 사이에 알력을 발생시키고 있다.

이러한 가운데 재확인해두어야 할 것이 있다. 환경문제에 착수하는 데 이전의 공해문제처럼 해결 과정이 길어져 피해가 확대되는 일이 없도록 제안된 예방원칙이란 규칙이다. 이번 세기에 들어서 예방원칙은 리스크 관리의 관점에서 다양한 사례를 통해 그 유효성과 문제점을 검토해왔다. 그중에는 그것을 '의심스러우면 벌하라'라는 식의 폭력적 규칙이라고 비판하는 견해도 있다. 그러나 그 기본 취지는 '이미 발생한 건강 피해나 환경파괴를 확대하지 않기 위해 그 원인이 될 가능성이 있다고 추측되는 행위를 신속하게 정지시킨다'는 점에 있다. 그리고 그 원활하고 효과적인 실행에서 중요한 것은 도표 14-3에 제시한 3가지 조건이다.[9]

이처럼 이미 일어난 일을 기준으로 피해의 확대를 방지한다는 목적에 입각하여 적용조건을 한정하는 것이다. 그러면 예방원칙은 끝없는 피해예상과 원인으로서 의심의 불확실성을 근거로 한 법정투쟁의 도구가 되는 일 없이, 행정과 기업의 의사결정에 관여가 제한된 약자를 지키는 방패로 이용할 수 있다.

---

9   여기서 3요소는 다음을 참조, 정리한 것이다. 〈Cf. O'Riordan, T., et al. ed., Reinter-preting the Precautionary Principle〉. 단, 실제 법률과 정책은 대부분 이들 조건을 좀더 온건한 형태로 해서 만들어진다.

① 과학적인 인과관계의 불확실성을 이유로, 환경파괴 가능성이 있는 행위에 대한 규제를 방해해서는 안 된다.
② 피해자 측이 인과관계의 입증책임을 지는 것이 아니라 반대로 가해자 측이 반대증명의 책임을 져야 한다.
③ 정책대안자와 담당자, 과학자뿐 아니라 일반 시민을 포함한 민주적 절차에 따라 의사결정을 해야만 한다.

예컨대 일본 도호쿠東北 지역이 아니더라도 지반을 공유하는 일본 국내라면 동종 동규모의 재해를 일어날 수 있는 사태로 상정하여 원전의 정지나 재가동 중지를 호소할 수 있다. 일본인에게 '1000년에 1번의 확률'로 여겨지는 대지진은 원전과 방사성 폐기물이라는 폭탄과 연결된 시각 설정 불명의 기폭장치로, 오늘 밤 바로 작동할지도 모르기 때문이다. 물론 그렇다고 지역 특성이 다른 나라들에 대해서도 똑같은 주장을 할 수는 없다. 어디까지나 원전 사고나 방사성 오염의 위험성을 알리는 형태에 머물 수밖에 없다.

3. 2030년, 아이들이 웃기 위해 꼭 필요한 것은?

부모로부터 받은 은혜는 자식에게 갚는다

지속가능한 개발이라는 국제적 방침은 그것이 개별 국가에서 법률이나 조례로 구체화되면, 우리에게 의무로 구속력을 갖게 된다. 그것은 공리주의 견지에서나 의무론 견지에서나 자타의 생존을 보호하는 선한 행위를 이끈다고 평가될 것이다. 그러나 그것은 반드시 일반 시민이 납득할 수 있는 것, 자신부터 적극적으로 받아들이고자 하는 동기부여가 수반되지 못하는 것이 현실이다.

확실히 자신과 가족의 안전을 확보한다는 목적에 동의하는 데는 아무런 문제가 없다. 그리고 자연이 국경을 넘어 연속적으로 하나의 전체를 이루고 있음을 고려하면 자신의 생활환경 보전이 낯선 지역 사람들의 협력에 의존하는 것도 이해할 수 있다. 그러나 자신이 그것을 실천하게 되면 갑자기 그 감각이 사라진다. 왜냐하면 자신의 행위가 자연에 가져오는 효과는 그곳에 복잡하고 다양한 영향 관계가 끼어듦으로써 확인이 불가능해지기 때문이다. 하물며 그 효과를 지역적 확산뿐 아니라 세대를 초월한 먼 미래에 기대할 수밖에 없다면 현재의 노력을 헛되게 느껴 의무감을 상실하는 것도 막을 수 없다.

더구나 현재의 환경파괴는 과거의 세대가 불러온 것이며, 우리는 그들의 마이너스 유산을 계승해 그 뒤치다꺼리를 하는 것이라고 생각할 수 있다. 그렇다면 현재의 우리는 '과거 세대의 피해자'이면서 '미래세대'에 대해 가해자가 될 것인가 구세주가 될 것인가 하는 분기점에 서 있는 셈이 된다. 그런 가운데 피해자나 가해자에 안주하지 않고 구세주를 선택하기 위해서는 어떤 자기이해와 동기부여가 필요할까?

이 물음에 대한 충분한 답은 아직 발견하지 못했다. 그러나 20세기 철학에서 세대 간 윤리라는 주제로 계속적으로 고찰되어왔다. 여기서 그 개요와 문제점을 살펴보겠다.

미국의 철학자 크리스틴 슈레이더 프레쳇Kristin Shrader-frechette은《환경 정의》[10]에서 세대 간 윤리가 성립될 가능성을 롤스의 정의론을 수정하여 도출하려 시도했다.

---

10 원제: Environmental Justice(2002).

만일 인류의 모든.구성원이 가설적인 원초상태에 있다면 누구나가 자신이 어떤 세대의 구성원인지 알 수 없을 것이다. 이 무지의 상태에서 누구나 따를 수 있고, 이해 가능한 오직 하나의 도덕 원리는 모든 세대가 동등한 권리를 가져야 한다는 것이다.

— 슈레이더 프레쳇, 《환경 정의》

이러한 발상에 입각한 경우, 세대 간 윤리는 다음과 같은 형태로 성립된다. 우선 우리가 자신의 선택이 미래세대에 영향을 미친다는 것을 인정하고 '미래세대가 맛보게 될 비참함'의 요인이 될 수 있음을 상상하면 우리의 내면에는 '미래세대를 비참하게 만들지 않을 의무'와 '미래세대 사람들의 건강한 삶의 기반을 유지할 책임'을 의식하게 된다. 그래서 '미래 사람이라는 타인은 가해자인 우리에게 보복할 권리를 빼앗긴 것이므로 그들을 보호하는 것이 우리의 의무인 것이다'-《환경 정의》. 그리고 우리는 미래세대를 위해 무엇을 해야 할까, 그들이 무엇을 원할까에 관해서는 구체적으로 알수 없어도, 무엇을 하면 안 되는지에 대해서는 현재의 경험과 과학적 데이터 등 많은 정보를 활용해 유추할 수 있으므로 그것에 대처를 해야 한다.

그러나 이런 프레쳇의 이론은 그곳에 상정된 대화 참여자를 롤스 이론과 대비함으로써 그 문제점을 드러낸다. 다시 말해 롤스의 경우, 비록 '무지의 베일'이란 조건이 붙어 구체성이 결여되어 있지만 대화에 참가한 사람들은 그곳에서 합의된 여러 원리에 따라 그 후의 사회를 형성해나가는 약속을 미리 교환한다고 상정되어 있다. 그리고 그 약속을 토대로 그들의 내면에 상호 협력으로 향할 의무감이 조달될 것이라 생각할 수 있다[제10장 제3절 참조].

이에 반해 프레쳇의 경우는 미래세대는 대화에 참여할 수 없으므로 그들은 현재세대에 대해 합의 내용을 배신하지 않도록 요구할 수도 없고, 반대로 그들이 수익자가 되었다 해도 후세대에게 동일한 배려를 할 것이란 보증도 없다. 다시 말해 세대 간 비대칭성의 문제가 해결되지 않고 남아 있게 된다.

그래서 그녀는 비대칭적인 세대 간 윤리의 수행을 돕는 문화적 전통으로서 일본의 '은혜(intergenerational reciprocity)'라는 개념에 주목한다. 동양인이 중시하는 보은은 과거 세대로부터 받은 은혜를 미래의 세대에게 돌려준다는 '세대 간의 상호성'을 지닌다. 그리고 여기서 미래의 인격은 '빚이 있는 과거의 인격 대리인'으로서 상정되어 있다. 즉, '현재세대'는 '앞 세대가 해준 일을 (본인이 아닌 그) 자손에게 해줌으로써 빚을 갚는 것이다.'

— 《환경 정의》

그러나 이런 지적이 그녀의 이론적 결핍을 보완하지는 못한다. 그것은 보은 대신 세대 간 윤리의 동기부여가 결여된 탓에 임시적인 설득 재료밖에 안 된다고 할 수 있다.

자녀를 둔 부모로서의 의무

다음은 시대에 앞서 환경문제와 생명윤리에 앞장섰던 유대계 독일 철학자 한스 요나스Hans Jonas, 1903~1993의 《책임의 원리》[11] 속 세대 간 윤리의 제안을 검토하기로 한다.

요나스는 세대 간 윤리의 모델을 부모와 자식의 관계에서 찾는다. 그에

---

11 원제: Das Prinzip Verantwortung(1983).

따르면 아이에 대한 부모의 배려 의무는 '아이의 존재를 창조한 사람에게 따르는 사실적 책임에 의해, 그리고 아이의 존재에 귀속하게 된 권리에 의해 기초한다'라고 보았다. 다시 말해 부모의 의무는 자녀를 낳은 행위에서 유래한 책임으로 이해하며, 이 의무의 구속력은 감정에 의한 지지도 필요 없을 만큼 강한 것이다.

미래세대에 대해 현재세대가 담당해야 할 의무는 부모의 의무와 동질의 것이다. 왜냐하면 현재세대가 만들어내지 않으면 미래세대는 존재할 수 없기 때문이다. 따라서 인류를 세대를 초월해 존속시키는 것이야말로 모든 세대에 공통된 의무이다. 다시 말해, '인류를 존재케 하라'는 규범이 인간만을 염두에 두는 한 최우선 의무인 것이다.

당신의 행위 결과가 지상에서 인간다운 생활을 지속하는 데 조화를 이룰 수 있게 행동하라. 소극적으로 표현하면, 당신의 행위 결과가 미래에 걸쳐 지상에서 인간답게 생활할 수 있는 가능성을 파괴하지 않도록 행동하라. 이런 생활이 미래에도 가능하다는 사실이 당신의 행위 결과로 파괴되지 않게 행동하라.

— 요나스, 《책임의 원리》

여기서 제시하는 것은 '미래세대'에게 무언가 특정 생활양식을 강요하는 것이 아니라 가능한 한 폭넓은 생활의 가능성이 존재할 수 있도록 배려하는 것이 현재세대의 책임 내지 의무라는 점이다. 그렇다면 이 과제를 완수할 때 우리는 무엇을 기준으로 자신의 행위를 결정해야 좋을까?

요나스에 따르면 우리는 '위험이 알려지지 않는 한 무엇이 보호되어야 하는지, 왜 보호되어야 하는지 알 수 없다. 이것에 관한 지식은 어떠한 논리나 방법으로도 얻을 수 없다'-《책임의 원리》. 그래서 미래세대의 생활환경을 확보하기 위해 우리는 ① 상서로운 예지보다 불길한 예지에 귀를 기울여 미래의 해악을 상상하고 그것에 적합한 공포와 불안과 같은 감정을 부추기는 공포에 근거한 발견술을 구사해야만 한다. 그리고 ② 자신이 실제로 그것을 느낀 대상을 회피시키려 노력하는 것과 마찬가지로 미래세대의 처지에 서서 그들이 공포를 느끼지 않아도 되는 상태, 즉 가능한 한 위험이 제거된 상태를 가져올 것으로 예상되는 행위를 아무것도 하지 않는 것도 포함해 선택한다는 '제로 리스크 전략'을 채택하지 않으면 안 된다.

이상과 같은 요나스의 세대 간 윤리는 지극히 엄격한 의무론의 성격을 지니고 있다. 부모는 부모인 까닭에 아이에 대한 의무를 지고 현재세대는 현재세대인 까닭에 미래세대에 대한 의무를 진다. 그것은 상대에 대한 애정의 유무와 관계없는 단적인 사실이다. 하지만 우리는 이 견해를 납득할 수 있을까? 미래세대에 자신과 관계있는 사람이 전혀 존재하지 않는다면 그들을 위해 무언가를 참는 것이 현실적이지 않다고 생각할 수 있다. 또한 후손의 유무와 상관없이 '인류 전체를 위해 의무를 다하라'는 요구는 적어도 아직은 사회적 지지를 얻지 못하고 있다. 그러므로 요나스의 주장은 토대가 없는 공리공론이란 인상을 완전히 지울 수 없다.

양심의 가책을 깨닫게 되는 동기

그렇다면 미래세대를 위해 생활환경을 유지하려는 행위에 정당한 이유는 존재하지 않는 것일까?

우리는 이미 자신의 생활양식과 그로 인한 행복의 대부분이 환경파괴에 가담하게 된다는 사실을 알고 있다. 따라서 그 점을 떠올리면 그것이 의도적인 것이 아님에도 꺼림칙한 기분을 느끼게 된다.

양심의 가책은 일부러 무언가를 하지 않았을 때도, 그저 잠자코 모습을 지켜보기만 할 때도 생긴다.

양심conscience은 함께con 아는 것science이라는 의미를 지닌다. 여기서 무엇과 '함께'인가 하면 그것은 ① 신, ② 다른 사람들, ③ 자기 자신과 함께 인 것이다. 다시 말해, 자신 안에 있는 신의 소리에 귀 기울이고 자타에 대해서 자신이 신의 뜻을 배신하고 있지 않음을 실제의 말이나 행동으로 증명해야만 하는 심정이 양심인 것이다.[12] 양심은 평소 생활에서는 침묵하지만 자신이 무언가 나쁜 일을 하거나 혹은 할 것 같을 상황에 고통을 느끼기 시작한다. 게다가 그건 단순한 사고가 아니라 감정을 동반해 우리들을 괴롭힌다.

그리고 여기서 중요한 것은 양심이 개인의 신념으로 성립되는 것이 아니라 일상생활에서 타인과 교류하는 속에서 몸에 익힌 습관에서 유래한다는 점이다. 쓰레기를 분리하여 버리지 않을 때, 필요 없이 불을 켜놓았을 때 우리가 느끼는 양심의 가책은 그것이 타인의 눈에 띄든 그렇지 않든 '나쁜 짓을 하고 있다'라는 감정을 동반한다. 그래서 우리는 어느 샌가 막연하긴 하지만 환경파괴를 악으로 간주하는 양심을 익히는 것이다. 따라서 환경파괴의 피해를 입은 사람과의 만남이나 환경보호에 공헌할 수 있는 구체적 방법을 깨달음으로써 양심은 이 장대한 인류의 과제에 관여하도록 우리를 재촉한다.

---

12 일본어의 '양심(良心)'은 개인의 내면에 깃든 '선한 마음'으로, 불교적인 성선설을 강하게 반영하고 있다. 그러나 본래 의미를 살펴보면, 부처는 아무도 보지 않는 곳에서도 모든 것을 보므로 항상 '자신을 다스'리는 마음가짐을 가져야 한다는 가르침이 포함되어 있어 서양의 의미와 통하는 부분이 있다.

예컨대 일본 국내에도 윤리적 주얼리 ethical jewelry[13]나 아프리카 로즈[14]를 수입, 판매하는 청년들이 있다. 이들은 빈곤에 시달리는 개발도상국에서 알게 된 사람들과 협력해 사업을 시작하여 그들에게 일을 주고 현지 어린이가 학교에 갈 수 있도록 마을 조성에 공헌하고 있다.

그들을 이끈 것은 자신의 친구가 행복하길 바란다, 지금 이대로라면 자신은 아무것도 하지 않는 방관자가 될 뿐 아니라 알면서도 방치한 가해자가 되고 만다, 그것은 싫다. 이런 '양심의 소리'일 것이다. 그리고 양심에 부끄럽지 않은 삶은 아무리 힘들어도 꺼림칙하지 않은 선명한 나날을 가져온다. 그들에겐 프레쳇이나 요나스의 이론 같은 건 애초에 필요도 없다.

확실히 양심은 독선에 빠질 위험성을 내포하고 있다. 그러나 자신이 틀릴 수 있음을 잊지 않고 다른 사람의 평가와 의견을 경청하는 태도를 유지한다면 과학적 견해의 변화에 따라 생기는 대책의 변화를 수용하는 유연성을 얻을 수 있을 것이다. 어쩌면 현재세대가 지니고 있는 양심에는 기존과는 다른 책임의 싹을 내포하고, 사람들이 확실히 자각할 수 있게 이론화되기를 기다리고 있을지도 모른다.

'세계를 구하려면 어렵게 도달하지 않으면 안 된다 (……) β세계선에.'

— 사토타쿠야, 하마자키 히로시, 와카바야시 칸지 감독, 〈STEINS: GATE〉 14화

---

13 인간, 사회, 자연을 배려해 만들어진 보석.
14 아프리카 케냐에서 생산되는 최고 품질의 장미. 아프리카의 빈곤 해결의 방법으로 등장.

우리는 왜
원전문제를 방치해왔나?

하이데거의 '게슈탈'이라는 개념[제9장 제3절 참조]은 원자력발전소의 안전한 가동을 전제로 구축된 거대한 사회구조와 그곳에 잠재된 위기를 시사하는 것으로서, 동일본대지진 이후 일본 사회에서 그 설득력을 나타내고 있다. 그러나 일찍이 원자력 발전은 일본의 미래를 밝히는 '원자의 빛'으로 기대와 환영을 받았다. 그러면서도 스리마일섬(Three mile island)이나 체르노빌 사고를 보고도 그 문제점은 좀처럼 실감하지 못했다. 현재, '지속가능성'에 기여할 것으로 상정된 기술이나 생활수단 중에서 미래세대에 무언가 악영향을 줄 수 있는 것을 찾아내야 한다. 그러기 위해서는 우리 자신이 발생 가능한 위기로부터 눈을 돌려왔다는 사실을 자각해야 할 것이다. 그렇다면 원자력발전에 관해서는 어떤 문제를 지적할 수 있을까?

제 15 장

인간은
성가신 생물

1. 베를린 상공 높이 천사는 자신의 무력함을 한탄한다

천사는 인류사를 기록한다

'계급장이라니, 멋진걸. 옛날 친구들, 꽤 많이 알았는데.'

― 빔 벤더스(Wim Wenders) 감독, 〈베를린 천사의 시〉[1]

영화 촬영소의 한 모퉁이, 나치 친위대 군복을 입은 젊은 엑스트라가 무료한 듯 촬영을 기다리고 있다. 그런 청년의 마음의 소리를 들으면서 롱코트를 입은 중년의 남성이 그의 옆을 지나간다. 청년에게는 그의 모습이 보이지 않는다. 무표정하고 다소 피곤한 기색이 보지만 지적이고 온화한 분위기를 자아내는 남자의 이름은 다미엘, 인류의 수호천사다.

아직 동서 분열의 와중에 있던 베를린. 허공 높이 우뚝 솟은 여신상의 날

---

1   원제: Wings of Desire, Der Himmel über Berlin(1987).

개 위에서 지상을 내려다보기도 하고, 거리로 나와 식당이나 세탁소에 들르며 천사는 계속 다양한 인간의 삶을 기억한다. 그리고 슬픔에 몸부림치는 여자나 불운에 괴로워하는 남자를 발견하고는 어깨와 등에 손을 얹고 마음의 고통을 덜어준다. 그러나 천사는 그 상처 자체는 치유하지 못한다. 불사의 존재인 천사는 태곳적부터 인류를 지켜보아온 역사의 증인이지만 그의 사명은 자신의 무력감을 일깨우는 끝없는 헛수고라고도 할 수 있다.

다양한 참극을 반복하면서도 여전히 싸움에 질리지 않는 어리석은 인류에게 다미엘은 난처한 감정을 느낀다. 그러나 다른 한편으로는 사랑과 가정사로 고민하고, 병에 시달리고 좌절을 거듭하다가 마침내는 죽음을 맞는 유한한 존재, 그러면서도 매일 작은 기쁨을 발견하고 희망을 이어가는 인간에게 흥미를 지니고 있었다.

그런 어느 날, 그에게 현재 상태에서 한 발 내딛는 계기가 생긴다. 서커스단에서 공중그네를 타는 여성 마리온에게 사랑을 느끼게 된 것이다. 그녀는 서커스단의 경영난으로 일자리를 잃게 될까봐 고민하며 자신의 인생이 운이 없다고 한탄한다. 그리고 가슴속 불안감을 지우지 못하면서도 언젠가는 따뜻한 바람이 불어올 것이라고 열심히 자신을 격려한다.

'시간이 치유해줄까? 그런데 시간이 병에 걸리면 어떡하지?'

— 〈베를린 천사의 시〉

다미엘은 그런 마리온의 일상을 따라가며 그녀를 돕고 싶다는 생각에 사로잡힌다. 그러다 마침내 지상으로 내려와 인간이 될 결심을 굳힌다.

같은 천사이자 그의 친구는 다미엘의 앞날을 걱정한다. 천사가 아닌 인간이 된다는 것은 영원한 생명을 잃는 것이며 한 사람의 인간으로서 인류

역사에 휘말리게 되는 것이다. 인간은 생존만을 위해서가 아니라 모든 것을 얻고 싶은 탐욕과 남을 굴복시키고 싶은 자존심 때문에 자연의 규칙을 어기는 추악한 동물이다. 그런 생물과 사는 것이 행복하다고는 도저히 생각되지 않는 것이다.

"진심이야?"
"아아, 자신의 역사를 얻는다."

— 〈베를린 천사의 시〉

다미엘은 어느 날 아침 무언가 머리에 부딪혀 놀라서 눈을 뜬다. 그러고는 곧 길 위에 누워 있는 자신을 발견한다.

그는 신이 나서 일어나 주변을 둘러보며 경쾌하게 걷기 시작한다. 정신을 차리자 머리에 통증이 느껴진다. 손을 대어보니 피가 흐르고 있다. 피는 '붉은색'이다. 핥아보았더니 짠맛이 난다. 화초의 내음과 소란스러운 거리의 풍경이 한꺼번에 밀려온다. 인간 세계에는 마음의 소리와 모습뿐 아니라 색깔과 냄새, 맛과 감촉, 온도와 무게가 넘친다. 그것은 천사로는 느낄 수 없는 미지의 세계이다.

다미엘은 마리온을 만나기 위해 발걸음을 재촉하며 서커스로 향한다.

욕심 많고 자의식이 과도한 사람 아닌 사람

인간은 불가사의한 생물이다. 자연계에는 인간 외에 자신의 사정에 따라 생활환경을 대규모로 개편하거나 같은 종족을 대량으로 말살하는 생물은 없다. 자신은 무엇을 하고 싶은 것일까, 그것을 이루기 위해서는 무엇이 필요할까. 남들에게는 어떻게 보이고 싶을까, 그러기 위해서는 어떻게 대해

〈도표 15-1〉 인간에게 주어진 표현과 그 의미

① **정치적 동물**(zoon politikon): 언어로 규칙을 만들고 '도시국가를 가지는 동물'(고대 그리스)

② **하느님의 모상**(image Dei): 동물과 신의 중간에 있는 '신을 닮은 모습'(중세 기독교 세계)

③ **호모 사피엔스**(homo sapiens): 진리를 추구하고 지성을 이용해 '지식을 얻는 인류'(17세기)

④ **인간**(human being): 선을 지향하고 깊은 애정으로 살아가는 '정감이 풍부한 존재'(18세기)

⑤ **공작인**(homo faber): 노동을 통해 물질을 생산하는 '공작하는 인류'(19세기)

⑥ **호모 루덴스**(homo ludens): 일상에서 벗어난 상태를 창조하는 '유희하는 인류'(20세기)

야 좋을까. 단순히 자신의 생명을 다하고 자손을 남기는 것에 만족하지 않고 상상력을 발휘해 욕망을 확장하고 그 만족의 성패에 일희일비하느라 마음 편할 날이 없다. 인간은 사고를 통해 얻는 것이 늘어난 반면 그로 인해 얻지 못하는 것도 늘어났다.

그런 인류의 역사에는 자연적으로는 일어날 수 없는 인위적인 참사가 무수히 반복되고 있다. 일본사든 세계사든 교과서를 펼쳤을 때 그곳에 등장하는 영웅은 대부분 국가와 민족을 위한다는 대의를 앞세운 대량학살자들이다. 그 결과로써 현재가 있다는 것을 알면서도 자신이 그들이 이룩한 위업의 희생자가 되는 것은 피하고 싶을 것이다.

도대체 인간이란 무엇일까? 각각의 개인이 아닌 그 전체상을 떠올렸을 때 소박하지만 답할 수 없는 이 같은 의문이 솟는다. 그것은 어느 시대에나 같았겠지만 서양사에서 인간 일반을 특징짓는 시도는 적지 않다[2] [도표 15-1

---

2 일본어의 인간은 관계와 세상이란 원의에서 그곳에 관여하는 일반 사람으로 바뀐 것이다.

참조].

그것들은 각각, 그때 시대마다 그려진 이상적인 인간상을 반영한 것이다. 그래서 거기에는 인간의 빛나는 일면이 부각되는 반면, 우울한 얼굴은 숨겨지게 된다.

예컨대 '호모 사피엔스'로서 인간이 얻은 근대 과학은 인간의 지식과 생활을 비약적으로 풍요롭게 했지만 자연에서는 일어나서는 안 되는 일을 초래했다. 과학적 지식은 가치중립적이지만 그것이 상식이나 기술과 결부되는 순간 인간사회의 욕망에 휘말려 세계에 간섭하기 시작한다. 그 희생에 눈을 돌리지도, 욕망을 억제하지도 않고 계속해서 과학기술의 기능에 의존할 때 인간은 자기 이외의 모든 것을 욕망 충족의 수단으로 폄훼한다.

살인, 강간, 폭행과 고문. 자신과 같은 인간인 타인을 인간으로서가 아닌 인간이 아닌 사물로 취급할 때 우리는 인간이 아니게 된다. 그리고 그 과정에 대량의 인적자원이나 고성능 과학기술이 투입되면 그 규모와 잔혹성은 개인으로서는 이룰 수 없을 정도로 거대해진다.

데카르트와 동시대의 철학자 블레즈 파스칼Blaise Pascal, 1623~1662은 인간의 자기과신 속에서 신 없는 인간의 비참함을 발견했다. 우리가 사고를 통해 만물을 장악하려 해도 '우주는 나를 감싸고 나를 하나의 점으로 삼킨다.' 그러므로 인간은 광활한 자연 속 하나의 갈대와 같이 약하다. 그런 우리가 '비참함을 모르고 신을 아는 것은 교만의 근원이며 신을 모르고 비참함을 아는 것은 절망의 씨앗이다. 예수 그리스도를 알면 그들의 동료를 얻을 수 있다. 왜냐하면 우리는 그 속에서 신과 비참함을 발견하기 때문이다.'파스칼, 〈팡세〉 —신으로써 인간을, 불사로써 죽음을, 선으로써 죄인을, 사랑으로써 증오를 ― 예수가 체현한 이들의 모순에서 우리는 자신의 고독과 동일한 것을 발견하고 예수가 경험한 속죄의 죽음을 생각함으로써 그 영혼이 구원받는다. 파스칼은 그렇게 주장했다.

정체성의 근거상실

그러나 파스칼처럼 종교에 의거해 인간의 자만을 나무라는 주장은 오늘날 그다지 설득력을 갖지 못한다. 그것은 종교뿐 아니라 우리가 삶의 버팀목으로 삼아온 것이 확실히 사라지고 있기 때문이다.

우리가 그럭저럭 각자의 고유한 인생을 살 수 있는 것은 자발적으로 사고하고 행동할 자유가 주어졌기 때문이며 그때그때의 자신에게 만족할 수 있는 것은 어느 특정한 집단 속에서 자신의 설 곳을 확보할 수 있는 경우이다. 이것을 헤겔의 술어로 치환하면 이렇다. 우리가 서로를 같은 권리를 가진 인격으로서뿐 아니라 특수한 개성을 지닌 인물로서 서로 승인하는 상태라고 할 수 있다[제2장 제3절 참조]. 그리고 우리의 이 정체성은 ① 그곳에서 태어나 마침내 그로부터 독립하여 스스로 만든 가족과 ② 독립된 개인으로서 참여한 시민사회 속에서 발견한 직장, ③ 가족과 직장을 그 토대로부터 지탱하는 것이며 나아가 자신이 그곳에 관여함으로써 성립되는 국가라는 삼중 차원을 가진다. 그리고 그것들을 한데 결속시키는 형태로 성립되는 것이다.

그러나 현대사회에서는 이들 집단이 의외로 취약하다는 사실이 드러났다. 이혼율 상승, 저출산, 고독사, 비정규직, 노동의 기계화, 서비스 잔업, 정보 누설, 사이버상의 집단따돌림, 혐오발언, 민족분쟁, 난민, 식량위기, 자원의 고갈, 방사능 오염 등등. 이들은 복잡하고도 밀접하게 얽혀 있어 우리의 정체성을 가차 없이 무너뜨린다.

이들 집단에 속한 구성원 사이에 서로 나누어야 할 가치관과 규범은 그 타당성을 확인하는 데 필요한 인간관계를 상실하고 있다. 그래서 우리는 '지금 이대로 괜찮을까? 사회가 부여한 역할을 다하는 것만으로 충실한 삶을 살 수 있을까? 만약 그렇더라도 자신의 성공 그늘에 희생되는 사람이 있다면 그들 앞에 당당히 설 수 있을까?' 하고 자문한다. 그러한 문제의식을 가지고 기존의 사회구조가 낳은 약자나 타인을 구하려는 사회적 사업이나 자원봉사에 참가하면 현상에 대한 임시대처로는 효과가 있을지 모른다. 그러나 규모나 계속성이란 측면에서 충분한 해결이 될 수 없다는 사실과 직면한다.

그래서 지금 우리 사회에는 타인에게서 받는 승인을 포기한 사람, 그것을 무의미하다고 거절하는 사람, 반사회적인 것에서 기쁨을 찾는 사람이 적지 않다.

스스럼없이 '왜 인간을 죽이면 안 되는가?'라는 질문을 던지고 그런 뒤에 '확실한 답이 없다면 죽여도 상관없지 않은가. 살인조차 금지의 근거가 명확하지 않다면 다른 규칙은 말할 것도 없다'라는 조소 섞인 단언이 이어지는 것은 이 때문이다. 그들은 '왜 인간을 죽이고 싶은가? 왜 죽여야만 하는가?' 등의 먼저 답해야 할 물음을 무시하고, 단계를 뛰어넘어 자신의 주장을 내세운다.

이런 상황에서 우리는 오랫동안 종교나 법률에 근거하여 지켜온 살인금지 약속을 유지할 수 있을까? 설득 상대는 칸트나 벤담과 같은 형태의 상식의 쇄신도 거절할 것이다. 이 때문에 윤리학에서 벗어나 실존주의 철학자에게 그 해답을 찾아보겠다.

2. 살인이 죄악인 것조차 잊고 있는 인간

살의는 죽음을 앞둔 시선에 위축된다

사르트르는 《존재와 무》[3]에서 살인을 저지르려는 자의 냉혹한 손길은 지금 막 희생되려는 순간의 빈사의 시선이 멈출 수 있다고 말했다. 범죄자뿐 아니라 전쟁이나 사형 집행에서 살인 행위를 저지르지 못하는 사람에게서 발견되는 반응이다.

세상에는 이러한 사태를 흔히 '정신을 차린다'라고 표현한다. 상식을 갖추고 '선/악'을 분별하는 상태로 돌아간다는 의미이다. 그리고 그것을 가능하게 하는 것은 가해자 자신이 상대도 자신과 같은 자유 의지를 가진 인간임을 생각해냈기 때문이라고 한다. 하지만 그런 흥분을 가라앉히고 살인을 멈추게 할 정도의 도덕직관이 있다면 애초에 '왜 사람을 죽이면 안 되는가?' 등의 질문은 하지 않을 것이다. 그래서 오늘날 필요한 것은 상식에 기대지 않는 살인 금지의 이유이다.

그렇다면 사르트르는 빈사의 시선 속에서 무엇을 발견했을까? 그 점을 밝히려면 먼저 사르트르의 독자적인 용어법[도표 15-2 참조]으로 그려진 인간상을 확인해야 한다.

사르트르에 따르면 인간의 존재 방식에는 두 가지 측면이 있다. 그 하나는 자신의 현 상황에 불만을 가지고 좀더 바람직한 자신을 '실존existence'의 형태로 만들기 위해 과감하게 자신을 변화시키고 스스로를 세계 속에 '기투projet'하는 '대자對自'[4]로서의 측면이 있다. 여기에 인간 고유의 자유가 있다. 그것은 식사나 화장, 연애, 취직, 선거나 시위와 같은 생활 전반에서 발견된다. 다른 하나는 인간이 신체라는 형태로 사물과 같이 다른 사람 앞에 내던져져 있으며 타인에 의해 변화되는 '대타적 존재'로서 측면이다. 자신이 무언가를 하려고 해도 그것이 반드시 자신의 의지대로 되지 않는

---

3 원제: Letre et le neant(1943).

4 의식적 존재자가 자기 안에 대상적 존재를 간직하여, 그것에 관계하고 있음을 이른다.

〈도표 15-2〉 사르트르의 존재론적 용어법

○ **즉자(卽自, en soi):** 사물의 존재 방식

　　'그것인 바의 것이고 그것이 아닌 바의 것이 아닌 것'

→ 자기 자신과의 동일성을 유지하는 긍정적 존재이며, 그 자신 안에 변화에 없어서
　는 안 될 '무'를, 즉 그 이전 상태의 상실을 포함하지 않는다.

○ **대자(pour soi):** 의식의 존재 방식

　　'그것인 바의 것이 아니고, 그것인 바의 것'

→ 사고에 의해 자신을 의식하여 생기는 자기분열을 지니는 비동일적 존재로서, 스스
　로가 원하는 '실재'를 목표로 자기를 변화시킴으로써 통일을 시도한다. 하지만 의
　식을 갖는 한 다시 자기분열이 생기므로 동일하게는 머물 수 없다. 또 통일 과정에
　서 자신이 관련된 '즉자'를 변화시킨다는 의미에서 '무'를 초래한다.

○ **즉자 – 대자(en soi–pour soi):** 의식의 부정성과 사물의 긍정성을 공존시키는 존재

→ 현실에서는 실현할 수 없지만 사람에게는 동경이나 절망의 대상이 된다.

것은 또 다른 대자인 타인에 의해 방해를 받기 때문이다.

　이러한 두 측면을 겸하기 때문에 인간관계의 기본형은 타인의 자유를 박
탈하고 자신의 자유를 관철하려는 부정적 관계가 된다. 그러나 이러한 부
정이 성공한다고 해도 인간은 만족하지 못한다. 왜냐하면 어떤 불만을 해
소해도 살아 있는 한 또 다른 불만이 끊이지 않아 인간은 대자라는 존재 방
식을 벗어나지 못하기 때문이다. 게다가 세상에는 다양한 인간이 있어 언
제 자신이 '대타적 존재'로 부정될지 모른다.

　인간은 누구나 항상 이런 불안정하고 우연한 상황에 놓여 있다. 그러므
로 인간이 지니는 이상은 대자로서의 자유를 유지한 채 부동의 존재인 '즉
자卽'가 되는 것, 즉 '즉자 – 대자'에 도달하게 된다. 그러나 이 이상은 인간
이 인간과 대치하는 이상 결코 성취될 수 없다. 그것을 깨닫게 하는 것이 타
인을 자신의 뜻에 따르게 하려는 투기의 좌절이다. 예컨대, 사랑하는 사람
으로부터 자신을 밀쳐내는 거절의 말이나 태도는 '즉자 – 대자'의 불가능

성을 폭로한다. 그리고 이 경험은 인간으로 하여금 자신이 의지할 바 없는 무상의 세계로 유기된 현실을 통렬히 느끼게 한다.

이상과 같은 고찰을 통해 사르트르는 인간의 존재 형식을 '자유의 형벌에 처해졌다'라고 표현한다. 그것은 성취할 수 없다고 알려진 '즉자-대자'를 추구해 기투하는 이외의 삶을 허락하지 않는 무익한 수난을 의미한다.

이런 관점에서 보면 빈사의 시선에서 무엇이 살인자를 주춤하게 만드는가 하고 묻는다면, 그 대답은 시선 속에 인간의 존재형식 자체가 떠올라 살인자로 하여금 피해자와의 동일성을 깨닫게 하기 때문이라고 해석할 수 있다.[5] 이 눈빛에는 공포와 간절함뿐 아니라 저항과 증오 같은 반발이 포함된다. 이는 피해자가 이 같은 상황에서도 대자로서 자신을 잃지 않고 있음을 뜻한다. 게다가 그 시선에는 '왜 이렇게 되었는지 모르겠다'라는 절망도 들어 있다. 그렇다면 빈사의 시선은 피해자가 가해자와 마찬가지로 자유를 가진 존재인 동시에 예기치 않은 사정으로 부득이하게 무를 초래한 적이 있는 인간 존재의 진상을 드러낸다고 볼 수 있다.

그래서 그것을 깨달은 가해자는 살의를 상실한다. 왜냐하면 가해자 자신이 살인을 쉽게 저지르지 못하고 피해자와 같은 처지에 있다는 것을 깨달을 때, 그러한 자각을 얻은 나에게 눈앞의 피해자는 자기 자신으로 비치기 때문이다.

'당신, 나를 죽이지 말라'고 다그치는 얼굴

또한 현대 프랑스 철학자 에마뉘엘 레비나스Emmanuel Levinas, 1906~1995

---

5 여기에서의 해석은 뒤의 사르트르가 강조한 타인의 시선에 의한 자아의 구성이란 논점을 읽고 이해함으로써 그의 사상의 독자성을 전면에 내세운 것이다.

는 자신 이외의 대상을 수단으로 취급하는 근대적 인식을 뛰어넘을 가능성을 찾고자 했다. 그리고 그러한 취급을 거절하는 절대적 타자로서 '얼굴 visage'을 만나 '나를 죽이지 말라'라는 살인 금지의 근거를 찾았다.

우리는 다른 사람의 표정을 통해 그 심정을 추측한다. 통상, 그것은 타인을 이해하는 것으로 여기지만 실제로는 타인을 대상화하고 자신의 형편에 맞추어 조작하는 동일화 연동의 일환이다. 그러나 얼굴은 이러한 '동일화의 폭력'에 맞서 그로부터 벗어나려 한다.

> 얼굴은 우리를 폭력적인 행위로 유혹하는 것처럼 드러나 있으며
> 위협에 노출되는 동시에 우리에게 죽이기를 금지한다.
>
> — 레비나스, 《윤리와 무한》[6]

확실히 얼굴의 피부는 신체의 다른 부분보다 무방비로 적나라하게 노출되어 있다. 게다가 얼굴에는 그 사람이 누구이고 무엇을 생각하며 어떻게 행동하는지 구분할 수 있는 외모를 가지도록 사회로부터 요구받는다. 사람들은 이 요구에 응하기 위해서 표정, 행동, 화장, 복장 등으로 맨얼굴의 빈곤을 보충하려고 한다. 그리고 이와 같이 포장된 얼굴은 이미 사회에 편입되어 그 타자성을 잃은 것으로 보인다.

그런데 우리가 남을 완전히 지배하려 할 때 타인의 얼굴은 저항을 시작한다. 자신을 사랑해주지 않는 이성의 얼굴이나 약속을 지키지 않는 아이의 얼굴은 그 용모나 표정이 아무리 아름다움과 귀여움의 특징을 지니고 있어도 보고 싶지 않은 얼굴, 마음에 들지 않는 얼굴, 때려주고 싶은 얼굴,

---

6 원제: Ethique et Infini(1982).

죽이고 싶은 얼굴로 변한다.

이 같은 얼굴의 저항은 살인이라는 상황에서 극에 달한다. 살인자는 자신이 죽이려는 타인의 얼굴을 똑바로 보지 못하는 경우가 있다. 레비나스에 따르면 그 이유는 사회적 의미를 덜어내고 본래의 연약함과 무력함이 드러난 얼굴이 단지 거기에 '있다'라는 사실에 있다. 살인자는 피해자의 얼굴을 보는 순간 자신의 존재와 그 고독을 생각해내고, 현실의 저편으로 끌려가는 듯한 두려움에 떨게 된다.

레비나스가 여기서 말하는 '존재ilya'란 인간을 무조건 구속하고 방향을 결정하게 하는 무엇이다. 우리는 평소에는 잊고 있지만, 존재에 겁먹은 경험이 있다. 그것은 불면, 피로, 권태 같은 몽롱한 상태일 때이다. 왜냐하면 그때 우리는 의식과 정신을 잃고 나로도 부를 수 없는 비인칭이 되어 고독에 빠져 무엇이 어디에서 시작되었는지 알 수 없는 소리와 진동에 불안을 느끼면서도 그곳에서 벗어날 방법을 찾지 못한다는 의미에서 단순히 존재 외에 할 수 있는 것이 없는 사실에 잡아먹히기 때문이다.

> 깨어 있을 이유도 없는데 밤새 잠들지 못하면 (……)
> 사람에게는 존재의 의무가 있다.
> 존재할 의무가 있다는 벌거벗은 사실이 압박해오는 것이다.
>
> — 레비나스, 《존재에서 존재자로》[7]

이렇게 존재는 의식이 내리는 판단 속에서는 '……가 있다'라는 형태의 서술어로 나타나지만 의식에 의한 조작에서 해방되면, 주어로 나타나 우리

---

7   원제: (De)L'existence a l'existant(1947).

를 그 속으로 집어삼킨다. 그리고 우리는 그저 망연히 그곳에 '있다'는 사실에 겁을 먹는다. 존재는 의식이나 의식의 대상인 존재자보다 근원적인 것으로서 인간을 압도하는 것이다.

따라서 살인을 하는 사람이 일체의 표정을 상실하고, 단순히 거기에 있게 된 피해자의 '얼굴'을 보고 몸서리치는 것은 그곳에 드러난 존재를 발견하고 그 속의 고독을 떠올렸기 때문이다. 이런 식으로 타인의 얼굴은 우리에게 '너는, 죽이지 말라'라고 명령하는 것이다.

철학은 대화를 이어가는 노력

이상과 같이 사르트르와 레비나스는 각기 다른 방식이기는 하지만 개개인의 의지에 앞서 그것을 규정하는 인간의 존재 형식으로 되돌아가 무엇이 살인을 막는지 탐구했다.

그들의 견해가 납득이 되든 그렇지 않든 주목할 점은 그들 모두 기존의 사회질서에 편입된 도덕직관에 호소하거나 새로운 언어를 사용해 갱신하지 않고 사실로서 살인이라는 행위를 막을 수 있는 방법을 찾으려 했다는 점이다. 그들에게 근대 이후 사회에서 계승되어온 '선/악'의 근거는 더 이상 타당성을 전제할 수 없는, 즉 자타 행위의 옳고 그름을 결정하는 기준으로서 신뢰할 수 없는 것이 되었다.

이러한 규범 상실이 우리와 무관하지 않은 것은 이미 앞에서 확인했다. 니체 이후 대부분 현대철학은 기독교 전통의 연장선상에서 성립된 사회규범과 그 기초를 다시 세우는 윤리학에 비판의 눈을 돌려 조금씩 그 신뢰를 박탈해왔다. 그리고 20세기 중반 이후 현실의 역사에서 반복된 참사와 그것을 계기로 더욱 혼미해진 사회생활을 통해 일반 시민의 내면에도 도덕규범과 사회질서에 대한 불신감이 생겨났다.

어쩌면 현실은 철학을 따라잡기는커녕 완전히 추월해버렸을지도 모른다.

가치관의 상대화와 이문화의 대립이 일상화된 현대사회에서는 더 이상 안정된 '선/악'이 구별되지 않는다. 그동안 획득한 권력과 폭력을 휘둘러 이기적 욕망 충족에 매달리는 것 외에는 달리 살아갈 방법이 없는 것일까? 그렇다면 사물의 본질을 추구하는 전통적인 철학은 이제 사람들의 관심과 신뢰를 되찾을 수 없지 않을까? 적어도 보편적으로 타당한 행위규범을 찾아내려는 전통적인 윤리학은 그 사명을 다한 것이 아닐까?

이러한 의문에 대해 프래그머티즘의 견지에 선 미국의 철학자 리처드 로티 Richard Rorty, 1931~2007는 다음과 같이 답한다.

현대는 더 이상 전통적 철학의 '기초마련주의'가 통용되지 않게 되었고 자기나 세계를 이야기하는 언설 言說은 다종다양한 '어휘 vocabulary'를 사용한 해석이 교착하게 되었다. 이 같은 복수 해석의 공존으로 이루어지는 대화의 지속만이 지향해야 할 목표가 되었다. 이 어휘에는 어떤 사람에게서 자기 자신이나 세계의 설명으로서 납득할 수 있는 언어 사용이라면 무엇이든 포함된다. 그리고 사람들은 그러한 대화 속에서 자신이 해석에 사용하는 어휘가 정말로 자신의 생활에 적합한지를 타인이 사용하는 어휘와 비교·검토함으로써 조금씩 자기이해를 변화시켜간다. 그리고 여기에 완성은 상정할 수 없다.

로티에 따르면 이러한 대화에 참여하는 사람들은 자신의 것과는 다른 어휘를 수용하는 관용이란 태도를 지녀야만 한다.

물론 그 사람들도 자신의 어휘에서 벗어나 사물을 말할 수 없기 때문에 타인과의 대화에서 '자문화중심주의 ethnocentrism'가 되고 만다. 그러나 모든 문화에 공통된 객관적 기준이 존재하지 않는 이상 대화의 출발점이 된 자문화는 이문화와의 관계 속에서 반복되고 재해석되어 유동화된다.

따라서 현대사회에 필요한 철학은 다른 문화와 규범, 대립하는 가치관과 이해를 지닌 사람들이 상생하기 위한 대화를 계속할 수 있도록 그 희망을 키워나가는 노력이 된다. 그리고 그러한 개방적인 대화의 지속과 대화의 끝에 보일 '강제 없는 합의'를 위한 '연대solidarity'가 전통적인 철학이 추구해온 본질과 보편타당성을 대체할 목표인 것이다.

이상과 같은 로티의 전망을 받아들였을 때, 우리는 현대사회에서 가능 윤리학의 조건을 추측할 수 있다. 그것은 특정 규범을 절대시하지 않고 그 고찰에 관여하는 사람들이 납득한 것만을 정당하게 여기는 윤리학이다. 그래서 다음에서는 그러한 과제에 착수한 하버마스의 시도를 소개하고자 한다.

3. 선/악을 결정하기 어려운 시대에 대화를 계속하기 위해

강제로부터 자유로운 대화의 가능성

강제로부터 자유로운 대화라고 하면 '생각한 것을 그대로 말하면 되니까 간단하다'라고 생각할 수도 있다. 그러나 생각해보면 그것은 좀처럼 실현되기 어려운 상태다. 말하는 상대가 누구이고, 자신과 어떤 관계에 있는가? 또 어떤 화제를 어떤 상황에서 꺼낼 것인가? 이러한 조건의 차이에 따라서 우리는 말하는 내용을 바꾸거나 말의 순서나 어휘사용, 태도 등을 임기응변으로 구분해 사용하기 때문이다.

'세미나 합숙은 어디서, 무엇을 할까'라는 주제를 예로 들어보자. 학생들끼리 대화할 때 세울 수 있는 계획과 선생님과 함께 대화할 때의 그것과는 제안할 수 있는 내용이 다르고 의견을 말할 때의 태도도 다르다. 아무리 친해져도 교원과 학생 사이에 학교제도의 지위와 권한의 차이가 포함되어 있기 때문이다. 같은 경어를 사용하는 대화라도 동등한 개인 사이에 서로를 존경해서 사용하는 경우와 사회적인 역할 분담이나 명령계통을 배경으로 해서 이루어지는 경우는 서로 의미가 다르다. 다소 극단적인 구분이지만, 후자는 사회적 권력관계에 기초한 강제된 대화가 될 수 있고, 전자는 지배나 억압으로부터 해방된 자유로운 대화이다.

하버마스는 '강제로부터 자유로운 의사소통은 어떻게 해야 가능할까?'라는 문제를 추구한 철학자이다. 그의 과제는 나치즘에 대한 반성을 출발점으로 하여, 가능한 한 시민 일반의 자발적인 의견교환과 합의형성으로 제어된 민주적인 사회를 실현하는 데 있다. 그러나 그러기 위해서는 자신들이 '국가로 불리는, 일방적으로 명령을 내리는 정치조직'이나 '경제적 이익 추구에 특화되어 그에 반하는 행위를 용납하지 않는 기업체'의 톱니바퀴일 수밖에 없다는 상식을 부정할 필요가 있다. 그래서 하버마스는 자유로운 대화의 가능성을 열어놓는 조건하[8]에서 사물의 '선/악'이 어떻게 다루어질지를 밝히는 '담론윤리학Diskurse thik'을 구상했다.

하버마스에 따르면 자유로운 대화의 성립은 참가자들이 다음 조건의 충족을 자타에 대해 서로 요구해야 할 필요가 있다. 그것은 우선 서로에게 상대가 의사소통 능력을 갖고 있다고 가정하는 것이다. 그것은 자타의 발화가 그것을 만족시키지 못하면 부적절하다고 판단되는 기준, 즉 '타당청구Geltungsanspruch'를 통해 서로의 발언에 관해 비판이나 변명을 하는 능력이다[도표 15-3 참조].

또 대화 참가자는 서로가 충분히 납득할 수 있는 합의에 도달할 것을 목

---

8 이 시도는 사회학 현장에서의 언어교류에 기초한 생활세계에 대한 목적에 맞는 합리적인 시스템에 의한 식민지화라는 관점에서 현대사회의 실상을 기술하는 시도와 연동된 것이다.

〈도표 15-3〉 자유로운 발화가 충족해야 할 타당청구

타당청구	발화의 종류	논의의 종류 ⇒ 메타 레벨(meta level)
① 이해가능성 청구 –	일반적인 언어사용 →	설명적 논의
② 진리성 청구 –	사실확인적 발화 →	이론적 논의 ⇒ 이론적 토의
③ 정당성 청구 –	규제적 발화 →	실천적 논의 ⇒ 실천적 토의
④ 성실성 청구 –	표시적 발화 →	언행일치

표로 하기 위해서는 그곳에서의 대화에는 사회적 압력이나 시간적 제한과 같은 장애가 존재하지 않는다는 가정을 세워야 한다. 그리고 그러한 이상적 발화상태를 가능한 한 현실화할 수 있도록 협력한다는 태도를 서로 유념해야만 한다.[9]

이러한 조건이 충족될 때 대화는 각각의 타당청구에 입각해서 말하면, ① 참가자가 동등하게 이해할 수 있는 단어를 사용하여 ② 올바른 정보만을 교환하며 ③ 서로가 정당하다고 생각하는 견해만을 제시하고 ④ 자신의 발언과 합의내용을 배신하지 않는 상태를 실현한다. 그리고 각각의 타당청구는 대화의 추이에 따라 그 중요도를 변화시키는 예컨대 '안락사'라는 논제는 그 정의에 관한 이론적 논의와 법률상의 허용조건에 관한 실천적 논의가 필요하게 된다 점에서 그때마다 발화나 논의의 종류가 변한다. 단, 어떤 종류의 논의도 모든 타당청구가 충족되지 않으면 자유로운 대화로 인정되지 않는다. 그리고 평상시의 발화나 논의에 의거한 전제가 의문시되었을 경우, 논의는 전제 자체의 타당성을 검토하는 '토의Diskurs'라는 메타 레벨로 이행한다. 지금부터는 이 일련의 과정을 구체화해보자.

---

9 하버마스는 자유로운 대화의 통제원리 내지 도달목표인 이상적 발화상황이 대화의 실제 조건으로 오해를 받음으로써 1970년대 중반부터 이 표현을 사용하지 않았지만 이 책에서는 이미지의 용이성을 고려하여 채택했다.

선/악을 고정하지 않는 토의

우리가 일상생활 속에서 '살인은 금지다'라는 규제적 발화를 언급할 때, 그 배후에는 '살인은 나쁜 것이다'라는 윤리규범이 전제된다. 그래서 살인의 여러 사례 시비가 화제가 되는 실천적 논의에서도 같은 규범에 입각해 '전쟁은 하지 말아야 한다'라거나 '사형은 폐지해야 한다'라는 주장이 제기된다. 그러나 다른 한편으로 '모든 살인이 금지되어야 하는가'라는 의문은 생길 수 있다. '국민의 생명을 지키기 위해 전쟁은 필요하다'라거나 '사형은 흉악범죄를 억제한다' 또는 '안락사는 자살 방조라는 측면에서 살인의 일종 아닐까?'라는 다양한 예외 사례와 반대 의견이 제기될 수 있다. 이러한 견해를 다투기만 한다면 대화는 실천적 논의에 머무르겠지만 배경적 규범에 대해 '원래 살인은 나쁜 것인가?'라는 의문이 제기되면 실천적 토의로 이행한다.

대화 참가자는 토의에서 종교, 법률, 윤리학, 실존사상 등 다양한 관점에서 제시되는 '살인의 시시비비에 관한 근거'를 비교 검토하여 어느 것이 받아들일 가치가 있는지를 협의한다. 그리고 합의 형성 결과, '살인은 나쁜 것이다'라는 명제의 근거가 교체될 수도 있고, 합의에 이르지 못하고 기존의 근거가 유지될 수도 있다. 반대로 일체의 근거가 거부되고 이 명제 자체가 포기될 수도 있다. 하버마스에 따르면 만약 그렇게 된다 하더라도 토의가 자유로운 대화의 조건을 충족한다면 합의 내용을 부정할 수 없다는 것이다.

다만 잊지 말아야 할 것은 그렇다고 해서 토의의 합의 내용에 대한 타당성이 절대적인 것은 아니라는 점이다. 어떤 합의든 그것은 언제나 비판의 가능성이 열려 있고 그 타당성은 잠정적인 것에 그친다. 거꾸로 말하면 합의 내용은 그것이 비판받지 않는 한에서만 대화 참여자에게 타당성이 유지된다. 따라서 토의의 형식적인 조건을 정하는 '담론윤리학'은 대화 내용에 일체의 간섭이나 제한을 가하지 않는 대신, 그곳에서의 결정사항이 객관성이 아닌 상호주관성을 갖는 것에 머문다는 것을 분명히 하는 이론이다.

이 같은 담론윤리학이 기본적으로 로티의 시대인식과 공명하는 것임은 이미 명백하다. 하지만 이런 윤리학으로는 살인 금지와 같은 사회생활의 기반을 확보할 수 없지 않을까 하는 의심이 들기도 한다. 이 때문에 하버마스는 그러한 형식적 조건의 실현으로 확보되는 인간관계의 바람직한 모습을 고찰한다.

우선 거짓 정보와 변명을 통한 발뺌, 이익 유도와 어거지 등의 외적 강제를 제외한 자유로운 대화는 구조적으로 합의 형성에 대한 참가자의 자발적 관여를 짜넣으려 한다. 이 때문에 합의 내용은 그것을 준수하도록 대화 참가자의 방향을 잡는 약속이란 의의를 지니고, 이야기를 나눈 동료들과 자기 자신을 배신할 수 없다는 강제 없는 구속력을 발휘한다. 여기서는 자신들이 결정한 것을 협력하고 실현한다는 민주주의적인 태도가 길러진다. 또한 자유로운 대화를 통해서 얻은 신뢰 관계의 체험은 앞으로도 대화에 참여할 권리가 손상되지 않도록, 자신뿐만 아니라 누구나 그럴 수 있도록 발언 기회와 내용을 제한하는 권력과 압력에 대항해 서로를 지키는 자유주의적 태도를 배양하게 된다. 그리고 이러한 태도를 갖춘 인간관계는 타인의 존재를 전제로 하기 때문에 그곳에 참여하는 사람들 사이에서 '살인은 나쁜 일이다'라는 명제가 의문시되는 일은 거의 생각할 수 없다.

천사는 언젠가 인간이 된다

이상과 같은 '담론윤리학'의 원형은 아렌트가 《인간의 조건》에서 제시한 정치사상이다. '전체주의' 시대를 살았던 그녀는 인간이 다시는 같은 실수를 범하는 일이 없도록 현대의 대중사회에 대한 비판기준을 고대 그리스의 민주제에서 찾고 다음과 같은 이상을 제시했다.

아렌트에 따르면 고대 그리스의 광장^{아고라}에서는 시민이 정치적 안건에 대해 각자 의견을 개진하고, 서로 협의하고 합의에 이른 의견을 공통의 목적으로 삼아 서로 협력하여 실현하는 '활동^{action}'이 이루어졌다.[10] 이곳에서는 누구나 독특한 개성을 지닌 인물로 존경받고, 그 공로에 따라 정당한 평가를 받을 수 있다는 충실감을 입을 모아 칭송했다. 게다가 그들 사이에는 항상 다른 의견이 발생할 수 있음을 주지시키고, 반대의견을 가진 사람의 존재야말로 그곳에서 논의가 개방적이고 자유롭게 이루어진다는 증거로 여겼다. 이러한 활동은 복수의 다른 발상을 가진 사람들이 모임으로 해서 혼자서는 실행은커녕 생각조차 할 수 없는 것, 즉 전례 없는 창조적 프로젝트를 제안, 합의, 실행할 수 있었다. 게다가 새로운 세대의 참여도 허용했기 때문에 지난 세대의 사후에도 그것을 계속할 수 있는 기적을 일으켰다.

아렌트가 묘사한 이러한 고대의 '활동적인 생활^{vita activa}'은 사실의 기록이라기보다는 오히려 전체주의라는 시대상황에 대항하기 위해 구상한 안티테제^{antithesis}[11]이다. 그것은 과거를 상기하는 형태로 제시된 현재에 대한 비판 기준이다. 그러나 그녀는 그런 활동을 탁상공론에만 그치지 않았다. 나사렛 예수나 미국 혁명과 같은 실제 역사 속에서 부분적으로나마 활동의 요소를 갖춘 인간의 삶을 발견하고, 현대에도 그것을 목표로 삼을 수 있다는 희망을 보여주려고 시도했다. 그리고 이러한 관점에서 보면, 하

---

10 아렌트의 활동 개념에는 생존욕구를 충족하기 위한 '노동(labour)'과 자기능력의 물질화로서 '일(work)'과 관계를 통해 서양사회의 역사적 변천을 파악하려는 목적도 들어 있다.

11 그리스어로 반대라는 뜻으로 반대 의견, 반대편, 반대 주장, 반정립, 반대 명제 등을 뜻하는 말이다.

버마스의 담론윤리학은 아렌트의 의지를 이어받아 활동과는 다소 형태는 다를지라도 자유로운 대화로 사람들이 상생할 가능성을 현실사회에서 개척하고자 한 시도로 해석할 수 있다.

이러한 아렌트에서 하버마스로 이어지는 행보는 마치 '역사의 천사'가 지상에 내려와 인간 사회에 관여하는 과정과 같다.

영화 〈베를린 천사의 시〉의 모티브 중 하나는 나치에 쫓겨 망명 도중에 비명의 죽음을 맞는 발터 벤야민Walter Benjamin, 1892~1940의 사상이다. 벤야민은 유고에서 파울 클레Paul Klee의 그림 〈새로운 천사Angelus Novus〉에 자신을 비유하면서 '역사의 천사'의 사명과 그 한계를 서술했다.

그에 따르면 '역사의 천사'는 인류의 진보에 짓밟히고 그 흔적조차 사라지려 하는 희생자, 즉 유대교의 전통을 기록하고 어떤 형태로든 상기될 수 있도록 하여 구제에 대한 희망을 연결하는 데 있다. 그러나 천사는 그런 시대의 강풍을 물리치지 못하고 오히려 그것에 떠밀려가는 취약한 존재일 뿐이다.

그것은 마치 이스라엘을 목표로, 독일에서 프랑스를 경유해 스페인으로 건너가려고 했던 벤야민의 자화상이다. 그러나 파리에서 레지스탕스 활동을 하던 아렌트가 그에게서 넘겨받아 미국으로 건너간 뒤, 훗날 하버마스가 소속될 프랑크푸르트학파의 멤버에게 전해진 이 유고에서 벤야민은 다음과 같이 말하기도 한다.[12]

과거를 역사적으로 연관짓는 것은 그것을 '원래 있었던 대로' 인식하는 것이 아니다. (……) 위기의 순간에 뜻하지 않게 역사의 주체 앞에 나타나는

---

12 프랑크푸르트학파는 1930년대 독일에서 호르크하이머(M. Horkheimer, 1895~1973)와 아도르노(T. W. Adorno, 1903~1969)를 중심으로 결성된 철학, 인문, 사회과학의 경계를 넘어선 연구그룹이며, 지금도 계속되고 있다.

과거의 이미지를 파악하는 것이다.

– 발터 벤야민, 《역사의 개념에 대하여》[13]

이 벤야민의 말은 아렌트의 뇌리에 떠오른 활동이라는 과거의 이미지가 지금 그대로는 일어날 수 없는 미래를 품고 다음 세대에 맡겨질 희망이었음을 시사한다. 설사 소박해도 또 아무리 유치하게 느껴져도 어떤 위기를 감지하고 자신과 세상의 상식을 의심하고 자신이 바람직하다고 생각하는 무언가를 상상하는 것은 지금과는 전혀 다른 미래를 포착하는 계기가 될 수 있다.

그렇다, 그러니까 우리는 어렸을 때 문득 터무니없는 질문으로 부모나 선생님을 난처하게 만든 경험이 있을 것이다. 그 답을 찾으려 나름대로 고민했던 그때에 철학의 원점이 있었다. 아무리 나이가 들어도 납득할 만한 해답을 찾지 못하는 한 어린 시절에 가졌던 의문은 불현듯 되살아난다. 일상이 흔들리고 상식이 깨지고 위기가 소리도 없이 다가올 때 그것은 유령처럼 모습을 나타내 우리 뇌리를 배회한다. 그런 의문은 우리에게 불안을 준다. 그러나 그곳에는 새로운 희망이 숨어 있을지도 모른다.

이제 여러분은 그런 것은 아무래도 좋은 것일까?

아이는 어렸을 때 / 항상 신기했다

왜 나는 나이고 네가 아닌가? / 왜 나는 여기에 있고 그곳에 없을까?

시간의 시작은 언제이지? / 우주의 끝은 어디지?

이 세상에서 살아가는 것은 / 그저 꿈인가?

---

13 원제: Über den Begriff der Geschichte(1940).

보는 것 듣는 것 감지하는 것은 / 이 세상 앞의 환영

악이 있다는 게 정말일까? / 나쁜 사람이 있다는 게 진짜야?

도대체 어땠을까? / 내가 내가 되기 전에는?

내가 내가 아닌 후에 / 나는 대체 무엇이 될까?

– 〈베를린 천사의 시〉

전자화된 나의
생활기반은 어디에 있는가?

1990년대 중반 PC와 스마트폰이 일상생활의 일부로 보급되기 시작했을 무렵, 인터넷상에서 일어나는 일들은 가상현실로 불리며 실생활과는 다른 '꿈의 세계'라고 생각했다. 그러나 그 이후 정보단말의 고성능화, 기억매체의 대용량화, 네트워크 환경의 정비가 비약적으로 진행되어 각종 SNS가 등장함에 따라 우리는 '몸을 가진 자신'이자 동시에 '전자화된 자신'으로 생활하게 되었다. '전자적 현실'은 가상이나 꿈이기는커녕 '물질적 현실'을 지탱하는 하부구조로 바뀐 것처럼 보인다. 그렇다면, 그러한 상황에서 살고 있는 우리에게 인터넷상의 커뮤니티 속에 가족과 학교, 직장과 국가를 대신해 정체성의 기반이 될 수 있는 것이 존재할까?

끝내며

교실이라는 다른 세계에서의 투쟁

어째서 싸우는 것은 나인가

"모두 너 때문이잖아!"

—안노 히데아키(庵野秀明) 감독, 〈에반게리온 신극장판: Q〉[1]

신작이 공개될 때마다 대학 곳곳에서 "봤어? 재밌었어?" 하고 화제가 되는 영화가 있다. 말하지 않아도 다 아는 〈에반게리온 신극장판: Q〉이다. 특히 수업 중에 잠자기로 유명한 학생도, 〈Q〉 얘기라면 내가 '예컨대'라는 말만 해도 얼굴을 들고 바라볼 정도였다.

그도 그럴 것이 처음부터 우주라는 예상치 못한 무대에서 이래도 되나

---

1   원제: Neon Genesis Evangelion: Q(2012).

싶을 정도로 짜릿한 액션이 전개된다.

2012년 개봉 당시 많은 대학생은 이 드라마틱한 전투장면에 매료되었고, 열기가 식은 뒤에는 〈서序〉와 〈파破〉라는 앞의 두 편과 속편인 〈Q〉 사이에 무슨 일이 있었는지, '실제로는 병행세계를 그린 것이 아닐까' 혹은 '시간이 순환하는지도 모른다'라는 의문과 가설이 오갔다.

나는 이른바 서브컬처 비평이나 숨은 소재 찾기에도 흥미가 없는 편이라 '그런 성가신 영화, 내키지 않는걸' 하고 생각하면서도 '모르면 아무 말도 할 수 없으니까' 하며 보게 되었다. 그런데 그 수수께끼 같은 이야기보다 똑바로 보기 힘들 정도로 자극적인 색채 사용이 인상에 남았다.

안노 감독은 예전부터 바다와 하늘을 붉게 물들여 극중 세계의 기괴함과 불온함을 표현해왔다. 그리고 이번 'Q'에서 많이 사용된 '빨강'은 검붉게 변색된 흡사 '피'와 같은 색이었다.

물론 〈에반게리온〉의 스태프는 일본의 프로덕션 디자인에 새로운 바람을 불러왔을 정도로 우수하므로 분명 의도적인 채색이었을 것이다. 그 '빨강'은 관객으로부터 안정된 그러나 더 이상 존재하지 않는 상식적인 세계라는 토대를 빼앗고 스크린에 비친 절망적인 세계로 끌어들이는 수단이었을지도 모른다.

그 기술 속에 감쪽같이 빠져들었는지 내게는 첫머리에 인용한 유명한 대사가 몹시 잔혹하게 와닿았다. '일본인의 신조는 헤아림과 배려야.' 이것은 이성에 대해서 무신경한 소년 신지를 몰아붙이는 기센 소녀 아스카를 타이르려고 그들의 지휘관 미사토가 한 말로, 변모된 모습을 나타내는 대사다.

그녀는 네르프NERV2에서 이탈해 우주에서 단독 항행을 계속하는 여단

---

2 영화 속에서 네르프는 UN소속 특무기관으로, 모든 법규를 초월하는 무장집단.

의 사령관을 맡고 있다. 과거의 전투에서 쓰러졌다가 이제 막 긴 잠에서 깨어나 아직 상황을 파악하지 못하는 신지를 향해 그 대사를 내뱉는다. 급기야 신지의 목에 기폭장치까지 부착한다.

'지금 너를 둘러싼 상황은 너 자신이 초래한 것이므로 그 책임을 져라, 그렇지 않으면 불평할 자격이 없다'라는 것이다.

그러나 이것은 너무 상식을 벗어난 요구다. 설사 그 일에 자신이 연관되어 있다고 해도 자신이 의도하지 않은 모든 결과를 책임지는 것은 그리스 신화의 영웅이 보이는 무모함이거나 비전투원에게 무리한 임무를 떠맡기는 전시의 발상으로, '정상적인 성인'의 논리가 아니다. 어쩌면 안노 감독은 자연의 무서운 힘과 과학기술의 폭주 앞에서 인간의 무력함을 뼈저리게 깨달은 현대사회에서는 그러한 비상시의 단호함 없이는 살아갈 수 없음을 말하고 싶었을지도 모른다.

너무 평범한 감상이지만 그렇게 추측할 이유가 없는 것도 아니다. 왜냐하면 그 작품 세계 속에서 '이카리 신지碇シンジ'라고 이름 붙여진 소년은 줄곧 '햄릿의 한탄'을 끌어안고 싸울 이유를 찾아왔기 때문이다.

> "이 세상의 관절이 어긋나버렸다. 아아, 무슨 연유란 말인가? 그것을 바로잡기 위해 태어났단 말인가."
>
> – 윌리엄 셰익스피어, 《햄릿》[3]

'좀비'는 기계에 무관심

대학 안에도 예상을 뒤엎는 이상사태가 일어나고 있다. 교실에서 인간이

---

3 원제: Hamlet(1601년경).

완전히 사라져버린 것이다.

"대학 교수님은 모두 기계 같아요."

수업이 끝나고 천진스러운 미소를 지으며 한 여학생이 말을 걸어왔다. 그게 언제였을까? 그때 나는 '나도 그렇게 보이려나' 하고 깜짝 놀라는 한편, '너희는 좀비 같아'라고 생각했다.

확실히, 수업은 기계적으로 해낼 수 있다. 조금 무섭긴 하지만, 학문적 지식을 정확하게 있는 그대로 전달하려고 마음먹고, 좋게 말해 잡념을 버리고 나쁘게 말하면 획일적으로 말하다 보면 말은 거침없이 술술 쏟아져 나온다. 보통은 생각하고 또 생각하고, 횡설수설하며 자신이 무엇을 말하고 싶은지도 모른 채 고생해가며 이야기한다. 예컨대, 피로나 수면 부족으로 어떻게든 끝내려고 마음먹었을 때가 수업은 훨씬 순조롭게 진행된다.

그러나 그러한 청산유수처럼 나오는 말은 학생의 머릿속을 통과해 사라질 뿐이다. 그리고 '너무 빨라서 제대로 듣지 못했다'는 댓글이 달려 실망하기 일쑤다.

그런 경험 때문에 나는 가능한 한 타성으로 진행하는 수업은 피하려고 해왔다. 적어도 노력은 했다. 하지만 문제는 교단 위에만 있는 게 아니다. 스마트폰 보급 이후에 확실히 교실 안의 소리가 바뀌었다. 학생들은 수업 중에도 스마트폰을 옆에 두고 일정한 간격으로 확인하기를 게을리하지 않는다. 인터넷에 접속하면 그곳에는 무료 심심풀이 콘텐츠가 준비되어 있다. 게임, 애니메이션, 동영상, SNS……. 소리만 내지 않으면 손안에서 여러 가지를 할 수 있다. 사용금지를 시키고 싶어도 '소형 PC' 대용으로 학습을 할 수 있으니 감당이 안 된다.

기초적인 용어나 중요한 논점을 설명할 때조차 필기 소리가 나지 않는다. 열심히 손을 움직이는 것은 어학 예습이나 리포트 작성에 열심인 학생이다. 칠판에 적힌 내용을 베껴 쓰기는 하지만 그곳에 그려진 그림이 해설되어 있을 때 웬일인지 고개를 아래로 향한다. 몇몇 학생은 '스마트폰'으로 찍어 자료를 남기는 것에 만족한다. 교재나 프린트를 읽고 다음 페이지로 넘어가도 종이를 넘기는 소리가 들리지 않는다. '아무도 듣고 있지 않은가?' 하고 불안해져 "에반게리온" 하고 중얼거리면 일제히 고개를 드니 내 목소리가 들리기는 하는가 보다. 하지만 그 역시 5분도 가지 않아 다시 스마트폰을 체크한다.

교단에서 보는 교실의 풍경은 검은색과 갈색의 동그스름한 물체들로 채워져 있다.

철학에 관심이 없는 것일까? 아니면 세대 차이일까? 학생이 보기에 나는 중년의 아저씨일 테니까. 뭐, 철학에 열의를 보이며 남들보다 튀어봤자 스스로 괴짜 대열에 합류하는 것이겠지.

이런 생각을 하며 서는 교단 위는 고독하다. 내가 교실에 가서 말을 시작하지 않으면 아무것도 진행되지 않는다. 열심히 준비해서 지식과 생각을 전달하려 해도 그것이 듣고 있기만 하는 것인지, 듣고 이해를 하는 것인지 순간적으로는 판단이 안 설 때가 있다. 확신이 서지 않은 채 입 밖에 낸 말은 갈 곳을 잃고 허공을 떠돌다 산산이 흩어진다. 하지만 수업이 끝나는 종이 울리는 순간, 실내는 숨을 쉬기 시작한다. 수많은 인간을 닮은 무언가가 비틀적거리며 방을 나가고 교수는 혼자 남겨진다. 그렇다, '좀비'는 스마트폰 이외의 기계에는 관심을 보이지 않는 것이다.

그렇지만 나는 운이 좋은 편이다. 다행히도 대개의 경우, 수업에 관해 의견을 주고받을 수 있는 학생을 만날 수 있었다. 간혹 전문가 뺨치는 학습량과 탐구력으로 내가 혀를 내두를 정도의 학생이 있는가 하면, 왜 그런 부분에서 이상한 생각을 할까 하고 나를 어처구니없게 만드는 학생도 있다.

그래서 늘 자문해본다. 도리어 다소 무서운 경험을 해도 좋으니 철학 수업에 온 학생들에게 나는 무엇을 전달하고 싶은가 하는 점이다. 그 답은 아직 확실치 않지만, 적어도 '절망하는 것은 간단치 않다'라는 점은 전하고 싶다.

철학은 상식을 해킹한다

'죽음에 이르는 병'이라는 말을 들어본 적이 있는가? 이것은 덴마크의 철학자 쇠렌 오뷔에 키르케고르Søren Aabye Kierkegaard, 1813~1855의 주요 저서 제목으로,《신약성서》의 〈라자로의 부활〉에서 '이 병은 죽음에 이르지 않는다'는 예수 말씀에 기초하고 있다. 그리고 여기서 죽음이란 육체의 죽음이 아니라 영혼의 죽음, 즉 신앙의 상실을 의미한다.

키르케고르는 잇단 가족의 불행에 신의 저주를 느꼈고, 그것을 자신이 태어나기도 전에 아버지가 저지른 성적 비행과 결부시켜 고뇌의 나날을 보냈다. 그리고 '자신의 불행에 휘말려서는 안 된다'는 생각에 사랑했던 연인과의 약혼을 파기한다. 게다가 이 사실이 잡지에 보도되면서 세간으로부터 격렬한 비방과 모략을 받는다. 예나 지금이나 익명의 악의는 화제가 싫증이 날 때까지 끝없이 증식한다. 무자비하게 사생활을 침해당한 키르케고르는 인간이 절망에 빠지지 않고 하나의 나로 진정으로 충실한 삶을 살기 위해서는, 다시 말해 진정한 실존을 얻으려면 꼭 필요한 것이 무엇일까 하는 문제를 추구했다.

키르케고르에 따르면 인간의 실존에는 다음 세 가지 단계가 있다.

① 심미적 실존: 감각되는 욕망충족으로 만족한 상태
② 윤리적 실존: 이성을 이용해 사회규범에 충실한 상태

③ 종교적 실존: '단독자'[4]로서 신앙을 새롭게 하는 상태

인간이 나임을 추구할 때, 감성을 사용하든 이성을 사용하든, 좋든 싫든 인간 일반이란 틀에 얽매여 나의 주체성을 상실해버린다. 욕망의 만족을 추구하는 나는 하나의 동물로서 존재하며, 그 만족은 찰나적이어서 결코 다함이 없는 절망을 가져온다. 그런 상태에서 벗어나 욕망을 초월한 선善을 목표해도 이번에는 집단의 질서 속에 자리매김하여 그로부터 생기는 독선과 위선에 직면해 절망을 느끼게 된다. 이렇게 인간은 모든 것을 내다보는 신 앞에 서서 자신을 속이지 못하고 고독해진다.

그리고 자신에게 성실하기 위해 아무런 도움에도 의존하지 않고 자신의 자유와 책임을 지는 단독자로서 신을 대할 때 나는 신앙에 대한 결단이 요구된다. 인간이 아닌 신이 예수로 성육신Incarnation 했다는 이해할 수 없는 절대적 모순을 믿을 수 있을까? 신앙을 버린다는 참된 절망과 표리일체의 선택사항을 앞에 두고 세속적인 자기 집착을 버리고 다시 신앙을 택하는 것이 참된 신앙이다. 이런 신앙 속에 있을 때 인간은 '죽음에 이르는 병'에 위협받지 않는다.

이 같은 키르케고르의 실존사상을 우리는 간단히 납득할 수 없다. 그러나 일상생활에서 생기는 고통과 좌절은 신에 직면할 정도로 심각한 상태까지는 이르지 않지만 우리 마음은 정체감과 무력감에 침식당한다. 그러므로 사물을 상식의 연장선에서만 생각하는 상태를 탈출하여 굳이 '지금 여기에 있는 고독한 나'로서 자신과 세계를 재조명하는 것은 현재 생활을 참고

---

4 전체(집단)의 반대편에 서는 존재로서, 혼자의 삶에 만족하고 자신감을 느끼는 '철학의 주인공'이라 불러야 하는 사람.

견디기 위해서도 필요한 일이다. 또한 이 책이 축적해온 작업을 관통하는 것이기도 하다.

AI 인공지능 연구의 1인자 레이 커즈와일Ray Kurzweil, 1948~은 2045년 즈음 컴퓨터의 성능이 인간의 지성을 뛰어넘는 '기술적 특이점technological singularity'에 도달할 것이라 예측했다. 그에 따르면 과학기술의 진보는 수치가 계속해서 배로 늘어나는 게임처럼 '지수함수적 상승'을 하다가 특이점 이후에는 거의 수직상승하게 된다. 다시 말해, '인간보다 우수한 컴퓨터'가 '그 자신보다 우수한 것'을 개발하기를 반복하여 마침내 '인간의 상상을 훨씬 초월하는 수준'에 이른다는 것이다. 그리고 그 과정에 있는 2030년경에는 나노머신의 두뇌 삽입 등을 통해 외부기기가 필요 없는 '가상현실virtual reality'이 실현되어 인간은 대부분의 시간을 그 안에서 보내게 될 것이라고 예고한다.

이러한 미래의 가상현실은 신체 안팎에서 생기는 제약에서 해방된 정신만이 교류하는 곳이라는 의미이며, 서양적 전통에서 보면 '진정한 현실virtual reality'이란 의미를 가질 수 있을지 모르겠다. 또한 물질세계 쪽에서도 인간의 노고나 고통, 고뇌가 과학기술로 모두 해소되지 않을까 하는 기대가 생긴다. 진학과 취업이 결정되고 친구나 애인의 선택사항이 마련되며 범죄와 재해가 예방되고, 병과 노화를 피할 수 있다. 나아가 죽는 방법조차 원하는 대로 선택할 수 있게 되는 그런 물질세계에 살면서 꿈같은 가상현실에 가슴 설레는 것은 분명 즐거운 날들일 것이다.

그러나 이 같은 생활을 시시하다고도 생각할 수 있다. 좌절도 실연도 공포도 불안도 없는 세계는 다르게 말하면 도전도 환희도 놀라움도 감탄도 성장도 없는 세계이다. '미래에 사는 나'는 게임이나 애니메이션 같은 '누군가의 이야기'에 몰입해 무료함을 달래려 애쓸 것이기 때문이다. 게다가 아이러니컬하게도 그 모습은 현재의 나와 한없이 닮아 있다.

다소 진부한 공상이지만, 이런 사소한 발상의 전환으로도 우리의 삶과 세계의 의미를 변화시킬 수 있다.

그것은 대학생활도 마찬가지다.

입학식에서 총장이나 학장이 말하는 것처럼 미래의 꿈에 필요한 지식이나 기능을 익히기 위해 날마다 정진하는 이상적인 대학생 상 따위는 비록 기술계 학생이라도 거의 실현 불가능하다. 실제 대학생들의 눈앞에는 할 수 없는 일과 흥미를 느낄 수 없는 일이 산적해 있기 때문이다. 그러나 그러한 좌절과 단념은 집착할 필요가 없는 것을 명확히 하고, 추구 가능한 목표라는 의미에서의 진정한 꿈의 범위를 좁혀줄 것이다.

이러한 전망이 섰을 때, 우리가 매일매일의 실패에서 느끼는 참담함은 만능이 아닌 자신의 '보잘것없음'에 대한 깨달음으로 변하고, 그럼에도 노력한 자신에 대한 사랑스러움으로 승화된다. 그러므로 좌절은 재미있는 것이며, 그것이 대학이라는 가공세계에서의 경험이라면 더욱 안심하고 즐길 수 있는 것이다.

이런 식으로 철학은 우리의 사고나 감정에 침투하여 거침없는 호기심 또는 망상과는 종이 한 장 차이의 상상력을 부추겨 상식을 내부에서 무너뜨리도록 유혹한다. 그리고 그 유치한 희망은 각자의 대화와 행위를 통해 현실화의 가능성을 키워나간다. 어처구니없는 소리라고 생각할지도 모르지만, 그것은 상식의 테두리 안에서 사물을 바라보기 때문이다.

학생들은 흔히 '이수 과목에는 흥미를 가질 만한 수업이 없다'라고 불평한다. 그러나 그것을 해소하기 위해 다른 학부의 강의를 청강하지도 다른 대학의 교수에게 연락하지도 않는다. 그렇다는 것은 정말 흥미를 느끼는 공부가 없는 것이 아닐까? 단순히 자신의 특기 분야나 익숙한 오락이 없다고 말하는 것은 아닐까? 하는 생각이 든다. 내가 이렇게 말하면 그들은 하나같이 '그런 상식에서 벗어난 일을 해서 망신을 당하거나 상처 입기는 싫다'라고 답한다.

그러나 그런 걱정은 하지 않아도 좋다. 기껏해야 시험이나 동아리 정도의 경험밖에 없는 대학생에게 상처받을 만한 무언가가 있을 리 없다. 사실대로 말하면 어른이 지키는 것이라고 해봐야 지위나 체면 같은 과거의 성과에 지나지 않는 것들뿐으로, 지금 여기에 살고 있는 나의 알맹이가 아닌 경우가 많다. 그러니까 당당히 바보가 되어도 좋은 것이다. 배우려는 의지를 부끄러워하거나 비웃는 사람은 그가 몇 살이든, 어떤 지위에 있든 성장을 멈춘 '꼰대'에 지나지 않는다.

이렇게 보면, 우리는 아직 키르케고르가 말하는 진정한 절망에 직면할 만큼 호기심과 상상력을 다 발휘해보지도 않았음이 분명하다.

어느 날 해질 무렵 교실에서

마지막으로 개인적인 추억을 하나 소개하겠다. 지금으로부터 십수 년 전, 내가 처음으로 맡아 진행한 수업이 야간 교직과목의 '윤리학'이었다. 이수 학생은 기껏해야 네 명이 전부였다. 관공서에서 일하면서 교원자격을 취득하려는 사람이 있는가 하면, 원하는 학부에 진학하지도 못했고, 그렇다고 재수할 배짱도 없어 참여하기도 했다. 그리고 가족에게 부담을 주지 않으려 낮 동안에는 아르바이트를 해서 학비를 벌며 다니는 사람도 있었고 끝내 무엇을 하는지 정체가 불분명한 사람도 있었다. 그런 그들의 한 가지 공통점은 저녁 시간, 교실에 도착했을 때는 이미 체력이 바닥난 상태여서 의지만으로 간신히 버티고 있다는 사실이었다.

나는 그때까지 대학원에서 전문분야만 연구했기 때문에 수업 경험이 없었고, 학생시절의 기억도 아득하기만 했다. 그래서 일단, 고등학교 교과서에 실린 학설 전부를 상세하고 정확하게 망라하면 '불평은 나오지 않겠지'라는 계획이었다.

그러나 그런 생각이 통할 리 없었다.

나의 질문에 학생들은 요점을 벗어난 대답만 하는 것이 아닌가. 그래서 왜 그렇게 생각하는지 물어보며 기초 지식을 확인했더니 애초에 기본적인 이해가 결여되어 있다는 사실을 알았다. 단어를 그 소리나 글자로 기억할 뿐, 어떤 상황에서 사용하는지 그 결과, 어떤 것을 주장할 수 있는지 전혀 염두에 두지 않았다.

그래도 소수의 주제를 천천히 다룬다면 본인도 모르는 사이에 바로잡을 수 있을 터였다. 그러나 그 수업에 그만한 여유는 없었다.

어떻게 해야 할지 몰라서 나는 한 학생에게 물어보았다.

"지금 방식으로는 어려울까?"

그러자 그가 이렇게 대답했다.

"괜찮습니다. 저는 고난이 있으면 의욕이 솟는 타입이라서요."

그렇다. 나의 수업은 고난이었다.

그날은 아마 살면서 가장 침울한 날이었을 것이다. 자기혐오에 사로잡혀 집에 갈 엄두도 못 내고 새벽까지 낯선 거리를 계속 거닐었다.

나는 그 이후 가르치는 것을 그만두었다. 그리고 다시 교편을 잡았을 때는 학생들이 무엇을 알고 있는지 살피고 그와 관련된 학설을 조금씩 대화 속에 끌어들이려 했다. 그래서 수업의 화제는 점차 넋두리나 자랑거리, 추억 혹은 미래의 꿈, 새로 나온 게임이나 데이트 신청 방법 등에 초점이 맞춰졌다. 그리고 일단 교실은 즐거운 장소가 되었다. 그래도 학생은 지쳐 있었다. 잡담이 반 이상이니 피곤할 때는 졸기 일쑤였다.

그날도 작은 교실, 각각의 제 위치에 앉은 학생들이 한 명, 또 한 명 머리를 숙이고 건강한 숨소리를 내며 졸기 시작했다. '일을 마치고 온 수업은 힘들겠지'라고 생각하면서 조금 목소리를 낮춰 이야기를 계속했다. 그런데 교단 앞에 자리 잡은 가장 성실한 학생이 졸기 시작했다. 열심히 눈을 뜨려고 애를 쓰는데 안타깝게도 실내는 따뜻하고 조용했다. 날도 완전히 저물어 바깥은 어둠이 내린 상태였다.

조금 후 내가 칠판에 글씨를 다 쓰고 돌아서니 그는 잠들어 있었다.

교실 안의 모든 학생이 '숙면 중'이었다.

나는 '깨우기엔 좀 불쌍하니 누구 하나 깰 때까지 기다리자'라는 생각으로 의자에 걸터앉아 교탁에 턱을 괴고 그들의 모습을 바라보았다.

그리고 어느새 나도 잠이 들어버렸다.

에필로그

이 책은 대학의 사회과학계 학부에 재학 중인 학생들을 위한 '철학 안내서'로 기획되었다. 그러나 철학이라는 광범위하고 다양한 분야를 망라하기란 불가능하기 때문에 전문 과정에서 다루는 주제의 배경에 있는 상식의 유래와 문제점에 초점을 맞추는 데 방침을 두었다. 따라서 내용은 철학의 한 분야인 '윤리학', 특히 '근대 이후의 규범적 윤리학'을 중심으로 했다. 진급이나 졸업 후에도 사물을 이해하고 평가할 때 참고로 해주면 고맙겠다.

학설의 문맥 설정이나 설명 방법은 구두 해설과 보충이 없이도 이해할 수 있도록 노력했다. 그래서 통상적인 '교과서'나 '개설서'에서는 찾아볼 수 없는 설명 방식이나 내용 생략이 적지 않게 포함되어 있다. 관심을 끄는 부분이 있다면, '일반 교과서'에서 '원저'를 거쳐 '연구서' 순으로 읽어나가길 추천한다. 이 책에 단편적으로 등장한 개념이 더 절실하고 치밀한 지적 격투의 문서임을 깨닫게 될 것이다.

또한 보통 '입문서'의 경우는 필자의 견해는 삼가야 하지만 실제 사건이나 가공의 이야기에서 가져온 주제에 관해 독자에게 이야기하는 구성을 채택한 경우에 각각의 학설에 관한 필자의 평가가 논의를 맞춰가는 과정에서 제시되기도 하였다. 이 점에 관해 독자가 반발 또는 의문을 가질 수 있겠지만 그것은 필자에게 바람직한 반응이다.

옮긴이 이진원

경희대학교 일어일문학과 졸업하고 현재 번역 에이전시 엔터스코리아 출판 기획 및 일본어 전문 번역가로 활동하고 있다.

Photo Credit
225p Madame Tussauds / shutterstock.com
       Museum Mönchengladbach / shutterstock.com

대학생이 알아야 할
리얼 철학

초판 1쇄 인쇄일 2021년 12월 07일
초판 1쇄 발행일 2021년 12월 14일

지은이   오오하시 모토이
옮긴이   이진원
발행인   이지연
주간   이미숙
책임편집   이정원
책임디자인 이경진
               권지은
책임마케팅 이운섭
경영지원   이지연

발행처   ㈜홍익출판미디어그룹
출판등록번호 제 2020-000332 호
출판등록   2020년 12월 07일
주소   서울시 마포구 독막로18길 12, 2층(상수동)
대표전화   02-323-0421
팩스   02-337-0569
메일   editor@hongikbooks.com

제작처   갑우문화사

ISBN   979-11-9142-060-9 (03100)